西南大学经济管理学院"双一流"建设学术专著

西南大学中央高校基本科研业务费专项资金资助（SWU1709208）
西南大学经济管理学院"百年梦·学科建设"专项出版项目

农村产业融合发展的金融服务创新与政策协同研究

张林 著

西南大学出版社
国家一级出版社 全国百佳图书出版单位

图书在版编目(CIP)数据

农村产业融合发展的金融服务创新与政策协同研究 / 张林著. -- 重庆：西南大学出版社, 2024.5
ISBN 978-7-5697-2102-7

Ⅰ.①农… Ⅱ.①张… Ⅲ.①农业产业-产业发展-研究-中国②农村金融-商业服务-研究-中国 Ⅳ.
①F323②F832.35

中国国家版本馆CIP数据核字(2023)第234133号

农村产业融合发展的金融服务创新与政策协同研究
NONGCUN CHANYE RONGHE FAZHAN DE JINRONG FUWU CHUANGXIN YU ZHENGCE XIETONG YANJIU

张林　著

责任编辑：朱春玲
责任校对：罗　勇
特约校对：蒋云琪
装帧设计：米可设计
排　　版：瞿　勤
出版发行：西南大学出版社
　　　　　　重庆·北碚　　邮编：400715
印　　刷：重庆新生代彩印技术有限公司
幅面尺寸：185 mm×260 mm
印　　张：16.25
字　　数：334千字
版　　次：2024年5月第1版
印　　次：2024年5月第1次印刷
书　　号：ISBN 978-7-5697-2102-7
定　　价：59.00元

前言

21世纪以来，中国政府高度重视"三农"问题，2004—2023年连续20年中央一号文件都聚焦"三农"问题，逐步形成了系统的支农、惠农、强农和富农的政策框架，而且政策实施效果非常显著。尽管如此，"三农"领域仍存在诸多问题亟待研究解决。一是大量的农村优质劳动力、资金等生产要素资源不断向城镇转移和集聚，乡村地区农业兼业化、农民老龄化、村落空心化等乡村衰落问题日益突出。二是中国农业发展既承受着"价格天花板"下压和"成本地板"抬升的双重挤压，又面临着农业生产、价格补贴"黄线"逼近和资源环境"红灯"亮起的双重约束。农村发展不平衡不充分的问题愈发严重，已经成为全面建成社会主义现代化强国和实现全体人民共同富裕的突出短板，因此，加快推进农业发展方式转型势在必行。2014年底中央农村工作会议提出要大力发展农业产业化，促进农村产业融合发展。此后，中共中央、国务院及各部委、职能部门就农村产业融合发展问题发布了系列政策文件，对农村产业融合发展进行了总体部署，也为农村产业融合发展实践指明了方向。

在国家政策引导和多方共同努力下，近年来农村产业融合发展呈现出良好势头，但仍处于试点探索阶段，参与农村产业融合发展的新型农业经营主体大多处于创业初期，前期资本积累不足，投资项目尚不成熟，资金回笼速度较慢，长期受融资难、融资贵、融资慢等问题困扰，极大地制约了农村产业融合发展的进程。金融无疑具有"逐利"和"嫌贫爱富"的本性，以追求自身利润最大化的商业性金融很难成为支持农村产业融合发展的主力军。而且，中国农村金融服务无论是机构数量和融资水平，还是服务质量与制度环境均严重滞后，尤其是作为农村金融制度重要组成部分的农业产业化融资体系尚未完全建立，使得农村产业融合发展实践普遍存在农村金融服务体系不完善、协同机制不健全、农村金融资源稀缺、农村金融服务持续性和协同性差、农村金融服务供给不足且结构失衡等问题，金融支持不足成为农村产业融合发展的主要短板。那么，如何充分发挥不同类型金融机构的比较优势，加强各类组织支农的协同性，充分调动财政资金、金融资本、社会资本支持农村产业融合发展的积极性和主动性？如何根据农业农村实际情况，有针对性地创新农村金融产品和服务、优化农村金融服务流程,减缓农村产业融合发展过程中的金融供需结构性失衡,从而提高农村金融服务效率和质量?这些都是当前阶段有效推进农村产业融合发展和乡村产业振兴亟待研究解决的重要议题,也是本书研究的逻辑起点。

本书中的研究是在国家社会科学基金一般项目(23BJY149)、教育部人文社会科学基金青年项目(18YJC790218)、中国博士后科学基金特别资助项目(2019T120803)、中国博士后科学基金面上资助项目(2018M643396)和重庆市社会科学规划重点项目(2018ZDJJ05)等项目研究基础上,对相关问题进行延展和深化所形成的。本研究旨在深入探究金融支持农村产业融合发展的理论逻辑和作用机理,全面考察农村产业融合发展现状及存在的问题,科学评价农村产业融合发展水平及区域差异情况,并实证检验普惠金融、财政金融协同对农村产业融合发展的影响效应,归纳总结金融支持农村产业融合发展的国内外经验与教训,提出金融支持农村产业融合发展的服务路径和模式创新,构建金融支持农村产业融合发展的政策框架,从而为加快推进农村产业融合发展提供理论借鉴、经验证据和决策参考。

本书研究得到了温涛教授的指导和帮助,得到了张玲、王小华、张雯卿、丁晓兰的参与帮助,得到了何茜、曹星梅、邹迎香、王龙基、刘秋伶、杨艺慭等研究生在资料收集、数据整理等方面的帮助。本书研究是在作者博士后出站报告(获得"优秀"等级)的基础上修改完成的,特别感谢西安交通大学冯根福教授,西南大学温涛教授、祝志勇教授、涂建军教授、罗超平教授、王定祥教授在出站报告答辩时给予的宝贵修改意见。此外,在研究过程中得到了教育部社会科学司、中国博士后科学基金会、重庆市社会科学界联合会、重庆市金融学会、西南大学社会科学处、西南大学经济管理学院、西南大学普惠金融与农业农村发展研究中心等的大力支持,在此一并致谢。当然,书中存在的缺陷和错误在所难免,敬请指正!

目录

研究摘要 ···001
  1. 研究的主要内容 ···001
  2. 研究的基本结论 ···002
  3. 研究的重要观点 ···005
  4. 研究的政策建议 ···006
  5. 研究的主要创新 ···008

第1章 绪论 ···011
  1.1 研究问题及背景 ···011
  1.2 研究目标与内容 ···014
  1.3 研究思路与方法 ···016
  1.4 国内外文献综述 ···019
  1.5 研究数据与资料 ···027

第2章 农村产业融合发展与金融服务创新的理论源泉 ·············029
  2.1 产业发展理论 ··029
  2.2 农村金融理论 ··037
  2.3 微型金融与普惠金融理论 ··043
  2.4 金融创新理论 ··048
  2.5 本章小结 ···050

第3章 农村产业融合发展与金融服务创新的理论框架 ·············052
  3.1 农村产业融合发展与金融服务的概念界定 ·······················052
  3.2 农村产业融合发展与农业产业化的联系和区别 ·················056

3.3 农村产业融合发展在乡村振兴中的地位和作用 ……………………058
　　3.4 金融服务创新促进农村产业融合发展的作用机理 ………………059
　　3.5 金融服务支持农村产业融合发展的支撑条件 ……………………061
　　3.6 本章小结 ……………………………………………………………068

第4章 农村产业融合发展与金融服务创新的现实考察 ……………………070
　　4.1 农村产业融合发展的演进历程 ……………………………………070
　　4.2 农村产业融合发展的基础与现状 …………………………………074
　　4.3 农村产业融合发展面临的主要问题 ………………………………097
　　4.4 金融支持农村产业融合发展的现实基础 …………………………099
　　4.5 金融支持农村产业融合发展的现实困境 …………………………108
　　4.6 本章小结 ……………………………………………………………117

第5章 省际农村产业融合发展水平与区域差异分析 ………………………119
　　5.1 省际农村产业融合发展水平测度 …………………………………119
　　5.2 省际农村产业融合发展水平的区域差异 …………………………131
　　5.3 省际农村产业融合发展的分布动态演进 …………………………137
　　5.4 本章小结 ……………………………………………………………144

第6章 农村普惠金融与农村产业融合发展的耦合协调度 …………………145
　　6.1 农村普惠金融与农村产业融合发展的耦合互动机理 ……………145
　　6.2 系统耦合协调度评价指标方法 ……………………………………148
　　6.3 系统耦合协调度评价结果与分析 …………………………………152
　　6.4 系统耦合协调度的区域差异及分布动态演进 ……………………159
　　6.5 本章小结 ……………………………………………………………164

第7章 财政金融服务协同对农村产业融合发展的影响效应 ………………166
　　7.1 财政金融服务协同影响农村产业融合发展的理论机理 …………166
　　7.2 实证研究设计：指标、模型与数据 ………………………………169
　　7.3 财政金融服务支持农村产业融合发展的影响效应 ………………174
　　7.4 本章小结 ……………………………………………………………183

第8章　农村产业融合发展与金融服务创新的经验借鉴 ············ 184
8.1 日本"六次产业化"与金融服务创新的经验借鉴 ············ 184
8.2 韩国农村产业融合发展及其政策体系的经验借鉴 ············ 188
8.3 法国乡村旅游发展及其政策体系的经验借鉴 ············ 190
8.4 对中国农村产业融合发展与金融服务创新的镜鉴 ············ 193
8.5 本章小结 ············ 197

第9章　农村产业融合发展的金融服务路径优化与模式创新 ············ 199
9.1 金融支持农村产业融合发展的服务路径优化 ············ 199
9.2 金融支持农村产业融合发展的服务模式创新 ············ 208
9.3 金融支持农村产业融合发展的配套机制设计 ············ 218
9.4 本章小结 ············ 223

第10章　农村产业融合发展与金融服务创新的政策建议 ············ 225
10.1 加快完善配套政策为农村产业融合发展保驾护航 ············ 225
10.2 营造良好环境增加服务供给助力产业融合发展 ············ 227
10.3 多措并举、多力合作提升农村产业融合发展水平 ············ 229
10.4 加快金融创新和市场体系完善以满足多元化需求 ············ 231
10.5 加强各类项目资金的流向监管提高资金精准性 ············ 233
10.6 加快构建多部门协同服务机制提高金融服务效率 ············ 234

参考文献 ············ 236

研究摘要

在国家政策引导和多方实践部门共同努力下,近年来中国农村产业融合发展呈现出良好势头,但农业发展基础依旧薄弱,融合主体带动能力不足,农村产业融合发展仍面临着诸多困难,尤其是从业主体融资难、融资贵、融资慢的问题亟待解决。金融是产业发展的核心和血脉,在总体处于金融抑制状态的农业农村领域,金融服务是促进农村产业融合发展的关键动力。然而,当前中国农村金融资源总量稀缺,农业产业化融资体系尚未完全建立,在金融支持农村产业融合发展的实践中,普遍存在农村金融服务供给不足且供需结构失衡、金融服务创新持续性差、长期大额贷款少、农业保险发展滞后等众多问题,金融支持不足成为限制农村产业融合发展的短板,极大地制约了农村产业融合的发展进程。因此,在全面贯彻实施乡村振兴战略的背景下,从中国农村产业融合发展与金融服务的客观现实出发,采用科学的理论和研究方法全面考察农村产业融合发展的金融服务创新及支持政策问题,无疑具有重要的理论价值和现实意义。

1. 研究的主要内容

本研究主要由理论研究、实证研究和政策研究三大部分构成。其中,理论研究是本课题研究的逻辑起点,实证研究是确保科学构建金融服务创新支持农村产业融合发展具体措施的关键性环节,政策研究是本课题研究的重点和价值归宿。

理论研究"农村产业融合发展与金融服务创新的理论源泉及理论框架"的具体内容包括:农村产业融合发展与金融服务创新的理论回顾与理论渊源;农村产业融合发展与金融服务创新的概念内涵与外延拓展;农村产业融合发展与金融服务创新的作用机理与支撑条件。

实证研究"农村产业融合发展与金融服务创新的现实考察及关系检验"的具体内容包

括：农村产业融合发展与金融服务创新的国际经验总结和中国镜鉴；农村产业融合发展与金融服务创新的现实考察与问题诊断；省际农村产业融合发展水平与区域差异分析；农村普惠金融服务与农村产业融合发展的耦合协调度与动态演进；财政金融服务影响农村产业融合发展的协同效应检验。

政策研究"农村产业融合发展的金融服务创新与政策协同"的具体内容包括：农村产业融合发展的金融服务路径优化、模式创新与配套机制设计；农村产业融合发展与金融服务创新的具体政策框架。

2. 研究的基本结论

（1）农村产业融合发展顺应了我国农业经济发展的新形势和新要求，是推进农业供给侧结构性改革的重要途径，是探索中国特色农业现代化道路的必然要求，对农业"转方式、调结构、提质量、增效益"具有重要意义，需要高度重视。近年来，中国乡村地区农业兼业化、农民老龄化、村落空心化等乡村衰落问题日益突出，农业长期粗放式经营积累的深层次矛盾逐步显现，农业发展面临着"价格天花板"下压与"成本地板"抬升的双重挤压，农业生产、价格补贴"黄线"逼近和资源环境"红灯"亮起的双重约束，农民增收面临着家庭经营收入增长空间有限和非农收入增长压力倍增的双重困境，农村发展不平衡不充分的问题愈发严重，落后的乡村面貌与繁荣的城市经济形成鲜明对比，"三农"问题成为全面建成社会主义现代化强国的关键短板。因此，加快推进农业发展方式转型和实施乡村振兴战略具有重要的时代意义。推进农村产业融合发展将实现三次产业关系在农村的优化组合和空间重构，将催生生物农业、智慧农业、休闲农业、创意农业等农村新业态，以及农村电子商务、产地直销、会员配送、个性化定制等新模式，是新形势下推进农业发展方式和农民生活方式转型的应有之义。农村产业融合发展具有延伸农业产业链、提升价值链、共享增值收益等典型特征，是构建现代农业产业体系、实现乡村产业振兴的关键举措，是拓宽农民增收渠道、促进农民收入持续增长最终实现生活富裕的重要途径。

（2）中国推进农村产业融合发展的产业基础和金融支持基础日益夯实，试点成效逐步突显，但由于目前尚处于试点探索阶段，农村产业融合发展与金融支持都面临着诸多问题。当前，中国农业生产能力稳中有升、一村一品快速推进、都市农业稳定增长、农业产业化经营组织蓬勃发展，农村产业融合发展的产业基础不断夯实。农村金融扶持"三农"的政策体系逐步完善，政策性金融、商业性金融与合作性金融功能互补、相互协作的格局正在形成,农村信贷、保险、担保等基础金融服务覆盖广度持续提升,农村现代化支付体系、农村信用体系和担保体系等金融基础设施建设不断改善,金融支持农村产业融合发展的基础条件不断形成和完善。在国家政策引导和多方实践部门的共同努力下,农村产业融合发展试点范围不断扩大,农村产业融合发展产业形态不断丰富,农村产业融合发展的模式日益多元化,从业主体利益联结机制不断完善。然而,由于农村产业融合发展与金融支持当前仍处于试点探索阶段,面临着诸多问题。农村产业之间相互融合的程度不高、融合发展水平低、产业链条较短,从业主体的带动能力、经营能力和创新能力不强,农村基础设施建设相对滞后,公共服务供给明显不足,土地、资金、人才等生产要素对农村产业融合发展的制约比较严重。金融支持农村产业融合发展的指导理论定位不清、调控对象把握不准,农村金融机构涉农贷款供给总量不足,且金融产品和服务同质化现象严重,非银行金融机构发展严重滞后,新型农业经营主体的直接融资渠道不畅,县域金融机构缺乏创新权限,农村金融机构可持续发展能力有待加强,多部门协同服务机制不健全,金融服务效率偏低。

(3)大多数省份农村产业融合发展目前尚处于中等水平,全国及不同分区农村产业融合发展水平整体上都呈现出一定的上升态势,但表现出明显的区域差异性。农村产业融合发展综合指数测度及区域比较分析结果显示,目前大多数省份农村产业融合发展尚处于中等水平,仅北京、天津等地区进入较高水平行列,大多数省份在样本调查期间表现出不同程度的增长或保持相对稳定状态。然而,中国农村产业融合发展表现出明显的区域差异性,试点地区农村产业融合发展水平明显高于非试点地区,东部地区高于中西部地区,非农业大省高于农业大省,粮食主产地区高于非粮食主产地区。省级单元保持稳定状态的概率较高,不同状态之间的流动性较弱,地区差异收敛表现出渐进式演进过程。具体来看,不同分组情况下地区相对差异具有异质性,但要小于全国整体相对差异,且地区相对差异总体表现为在波动中收敛。地区相对差异是整体相对差异的主要来源,地区绝对差异从2015年开始试点以后呈明显的逐年缩小趋势。

(4)农村普惠金融在支持农业农村发展方面大有可为而且至关重要,但当前中国农村普惠金融发展速度较慢水平较低,普惠金融服务与农村产业融合发展的系统协调度尚处于勉强协调或中度协调阶段。农村普惠金融旨在帮助弱势群体以可负担成本充分获得金融服务和金融产品,在支农支小方面大有可为而且至关重要。普惠金融服务与农村产业融合发展的耦合互动不仅仅是二者互助互利的双赢关系,还可以辐射出更多的经济社会效应。但是,当前中国省际普惠金融发展速度较慢,而且发展水平整体偏低,存在明显的省际差异和两极分化现象,东部地区普惠金融发展水平明显高于中西部地区。目前,只有北京、上海普惠金融与农村产业融合发展的系统协调度处于良好协调阶段,其他省份二者系统协调度仍处于勉强协调或中度协调阶段,均表现出普惠金融发展相对滞后、普惠金融服务供给不足、普惠金融发展水平较低影响两系统协调关系的改善等问题。普惠金融与农村产业融合发展的系统协调度存在较大的区域差异,地区间相对差异是区域差异的主要来源,地区相对差异和地区绝对差异都随着农村产业融合发展试点的推进而逐渐缩小。

(5)金融尤其是商业性金融"逐利"和"嫌贫爱富"的本性使其并不青睐经济效益相对较低的农业农村,加强金融对农业农村领域的支持,必须加强政府财政的科学引导,强化财政支农服务对金融支农服务的协同配合。实证研究结果表明,财政支农、农业信贷和农业保险对农村产业融合发展具有显著影响作用,提高财政支农水平、农业信贷规模和农业保险深度均有助于促进农村产业融合发展,而且财政支农的促进作用最大,农业信贷的促进作用次之;财政支农对农业信贷和农业保险的影响效应具有协同作用和强化作用,加强财政支农、农业信贷和农业保险的协同配合有助于加快农村产业融合发展;农业保险及其对财政支农、农业信贷的协同促进作用存在一定的区域异质性。加快推进农村产业融合发展,各省份需要不断加强财政支出、农业信贷和农业保险对农业农村农民的大力支持,同时需要充分发挥财政对信贷、保险的引导和配合作用,充分发挥财政支农、农业信贷、农业保险促进农村产业融合发展的协同效应。

(6)在金融资源总量有限且整体处于抑制状态的农业农村领域,要提高金融支持农村产业融合发展的服务效率必须不断优化金融服务路径、创新金融服务模式并设计相应的配套机制,还需要构建完善的协同政策框架。农村产业融合发展是一项复杂的系统工程,涉及的点多面广,金融需求总量巨大且种类多样。在农村金融资源总量有限的现实情况下,要提高金融支持农村产业融合发展的服务效率必须充分发挥政府部门、金融机构、社会组织以及农村产业融合从业主体的作用和比较优势。农村金融机构在为农村产业融合发展从业主体提供基础服务的同时,需要把握好乡村产业发展和农村基础社会建设两个核心领域,农业产业化示范基地、产粮大县、休闲农业与乡村旅游示范县、农村产业融合发展示范基地等重点区域,家庭农场、农民专业合作社、龙头企业等重要主体,同时管控好农村产业融合发展的关键阶段并实施不同的金融服务手段。根据各地区农村产业融合发展特征与金融资源禀赋条件,金融支持农村产业融合发展可以采用政银保多位一体模式,"股金+合作资金""股金+银行资金"信用合作和产业信用协会互助等合作社内部的信用合作模式,"专业合作社+农户+农业企业+金融机构"等全产业链融资模式,政策性农业产业发展基金模式和以互联网平台为基本依托的互联网金融模式。农村产业融合发展的金融服务路径优化与模式创新还需要设计服务帮扶机制、激励约束机制和动态监测机制等配套机制,多措并举、多力合作、多方协同构建相应的政策框架。

3. 研究的重要观点

(1)农村产业融合发展是农业发展方式转型的应有之义,是实现农民收入稳定增长的关键举措,是实现农村产业兴旺和生活富裕的最有效途径。金融支持是农村产业融合发展的动力源泉,全面贯彻实施乡村振兴战略必须高度重视金融对农村产业融合发展的有效支持。

(2)鉴于农村产业的弱质性、农村环境的排外性、农村金融的高风险性,追求利润最大化的商业性金融很难成为支撑农业产业融合发展的主力军。农村普惠金融旨在帮助贫困农户[①]、小微企业、低收入者等弱势群体以可负担成本充分获得金融服务和金融产品,在支持农业农村发展方面大有可为而且至关重要。农村普惠金融与农村产业融合发展的耦合互动不仅仅是二者互利互惠的双赢关系,还可以辐射出更多的经济社会效应,应当高度重视和加快发展农村普惠金融。

(3)供需结构失衡和服务效率低下是当前金融支持农村产业融合发展面临的主要问题。在农村金融资源总量有限的情况下,金融支持农村产业融合发展必须兼顾效率和公平,在提供普遍支持的同时还应突出重点,找准支持的核心领域、重点区域、重要主体和关键阶段。政策性金融、商业性金融、合作性金融和互联网金融等应明确自身的核心功能和市场定位,充分发挥各自的比较优势,协同支持农村产业融合发展。需要以财政资金为引导、金融资本为核心、社会资本为补充的多部门协同服务机制,根据地方农村产业融合发展特征分类创新金融服务模式,以农业保险为主干、农业担保为辅助,协同其他多方力量构建金融支持农村产业融合发展的风险分担体系,还需要从人才、法律、科技、信息、基建等多个方面构建协同政策框架。

(4)农村产业融合发展是一种动态化产业发展方式,从业主体的资金需求具有明显的阶段性特征和动态变化趋势,推进农村产业融合发展需要根据从业主体发展特征创新农村金融服务。农业产业链金融是推进产业链整合和价值链提升的重要金融支持模式,正好契合农村产业融合发展延伸农业产业链和提升农业价值链的典型特征与发展趋势,是有效解决农村产业融合发展从业主体"融资难、融资贵、融资慢"问题的重要方式,应大力发展和广泛试点。

[①] 本书为农村产业融合发展的金融服务创新与政策协同研究,涉及大量关于贫困农户、贫困地区等相关描述。因研究需要,有些地方未做时间说明。

4. 研究的政策建议

（1）加快完善配套政策为农村产业融合发展保驾护航。首先，从宏观上加强统筹协调和规划引导，打破部门分割和行业垄断局面，充分发挥政府的宏观调控和引导支持作用；在相互协作的基础上，充分发挥各职能部门的优势实行专业化分工，并明确相应的责任和义务，防止实践中存在缺位和叠加现象，提高效率。其次，加快完善农村产业融合发展的土地制度，加大对农村产业融合发展建设用地的政策倾斜力度，创新土地流转方式，健全土地流转价格市场形成机制，适当提高农村产业融合发展项目设施用地标准和规模，切实满足合理性用地需求。再次，加快完善农村专业人才的引进机制和农村外出劳动力的回流机制，设立专项基金建立复合型人才定向培养机制，完善新型职业农民教育培训体系，努力打造一支懂农业、爱农村、善经营、会管理的实用型科技骨干职业农民队伍。最后，加大农业科研经费投入，建立农业科技投入稳定增长机制，灵活运用多种手段激励农业科技创新；建立人才培育和创业支持基金，完善农业科技特派员制度，对农业科技创新做出重大贡献者予以重奖；加强农业农村知识产权保护，加快农村知识产权交易平台建设，完善农业科技成果转化利益分配机制，加快推进农业科技成果转化。

（2）营造良好环境、增加公共服务供给助力农村产业融合发展。首先，持续推进包容性新型城镇化建设，促进城乡产业的均衡化合理化发展，大力发展特色产业和支柱产业；促进城乡要素的自由流动高效配置，促进城乡居民的充分互动友好往来，促进城乡要素市场、消费市场一体化发展；强化"工业反哺农业"战略，建立农村工业产业园区，将更多的农业增值收益留在农村留给农民。其次，加快乡村道路的新修扩建硬化，为农业生产资料运输、农产品销售、城镇居民下乡、农村居民入城提供便利；加快推进涉农基础设施建设、增加农村公共服务供给，改善农村人居环境，为农村产业融合发展创造条件；完善农业农村环保政策，加强农业环境污染监察，促进农业农村生产、生活、生态一体化发展；强化财政对金融支农的引导、支持和鼓励，为金融机构服务"三农"营造良好环境，提升金融支农的积极性和持续性。

（3）多措并举、多力合作提升省际农村产业融合发展水平。首先，加快建立对从业主体的引导机制和激励机制、从业主体经营效益的共享机制、推出国家支持政策；加强政策宣传、经验总结和典型示范，增强新型农业经营主体参与产业融合的积极性；加强产业规划和布局，新建特色产业园区和产业基地，加快产业集聚。其次，以农牧结合、农林结合、农渔结合、循环发展为导向，形成农业内部紧密协作、循环发展的复合型农业生产方式；以生产、加工、销售为关键环节，以区域特色产业和支柱产业为核心，大力发展多种全产业链融合发展模式;不断拓展农业功能,推进农业与旅游、教育、文化、康养等产业的深度融合,培育休闲农业、旅游农业、文化农业、创意农业等新型业态;推进互联网、物联网、云计算、大数据、人工智能、数字信息等现代技术在农业农村的集成应用。最后,始终坚持"基在农业、惠在农村、利在农民"的基本原则,以农民合理分享农业增值收益和持续增进农民福祉为核心,建立健全订单农业、股份合作、服务带动、反租倒包等多种利益联结机制,形成利益共享、互利互惠、包容互促的利益共同体。

(4)加快农村金融服务创新与农村金融市场体系完善,满足多元化金融需求。首先,引导设计多种期限结构的信贷产品,尤其是政策性金融机构可在年度总资金中确定一定比例用于设立专门的中长期低息贷款;根据产业融合发展从业主体的特征开发设计农村承包土地经营权抵押贷款、农民工返乡创业贷款等多种新型贷款产品;以供应链核心企业为中心,探索开发"农业协会+农户""农业龙头企业+农户"等多种新型贷款模式。其次,开设农村产业融合发展金融服务绿色通道,建立农村产业融合发展小微业务部,强化农村社区零售基础金融服务供给;增加金融咨询、融资规划、财务管理等特色金融服务;充分利用现代信息技术,大力推进金融科技与农村金融的深度融合,发展数字普惠金融,破解农村金融难题。再次,加速农村产权制度改革,加快农村资产资本化或证券化;鼓励和支持符合条件的从事农村产业融合发展的经营主体上市融资,吸引风险投资,发行企业债券和私募债券;强化社会资本参与和支持,在特定领域或环节实施政府和社会资本合作(PPP)融资模式;拓宽农业生产生活特殊设备的融资租赁范围,积极探索发展大宗农产品期货市场,不断创新农产品期货种类。最后,加大农业保险推广宣传,优化财政资金对农业保险的补贴方式,增强农民购买农业保险的意愿;创新农业保险产品种类、扩大农业保险试点范围,提高农业保险覆盖面;完善农业保险法律法规体系,适度简化保险流程,提高农业保险理赔效率。

(5)加强各类项目资金流向的动态监管,提高资金支持精准性。金融支持农村产业融合发展,既要"子弹充足",又要"弹无虚发"。首先,提高财政专项资金预算管理的科学化、精细化水平,明确资金的使用流程和使用范围,高标准打造全省统一的、集"报备备案、公开公示、预警监管、信息共享、政策宣传、统计分析"等多功能为一体的农村产业融合发展财政专项资金监管平台,动态监测财政专项资金的发放情况和使用去向,提高财政支农资金的使用效率。其次,制定针对农村产业融合发展专项贷款的管理办法,规范专项贷款资金的监管流程,明确主管部门和业务经理的监管职责,监督检查的方式和程序;强化业务经理的职责意识,加强业务经理和主管人员的业务技能培训,特别是贷后调查的分析判断能力,加强对金融机构涉农贷款的追踪调查与管理。

(6)加快构建多部门协同服务机制,提高金融服务效率。金融支持农村产业融合发展需要多个部门的协同支持。首先,明确政策性金融、商业性金融与合作性金融之间的比较优势,加强分工与合作,防止错位、缺位、叠加并存的现象;加强银行业金融机构与证券机构、保险公司、租赁公司等金融同业的合作,积极探索建立涉农信贷与涉农保险的互动机制。其次,加强政府与担保公司和信用评级公司、银行类金融机构与信用评级公司和抵押物评估交易处置机构、金融机构与农业科技部门等社会服务组织之间的协同服务机制,解决新型农业经营主体融资困境,提高金融服务效率和服务质量。

5. 研究的主要创新

(1)研究视角的突破和创新。本研究以全景的整体化视角、动态的立体化视角和协同的系统化视角相结合探讨农村产业融合发展与金融服务创新问题,在研究视角方面具有突破和创新。采用全景的整体化视角进行理论研究,既比较系统地回顾了农村产业融合发展与金融服务创新的相关基础理论,又科学地界定了农村产业融合发展与金融服务创新的内涵外延,并在此基础上梳理了农村产业融合发展与金融服务创新的内在作用机理和支撑条件,突破了现有相关研究的理论视角局限。采用动态的立体化视角进行实证研究,从历史与现实、宏观与微观、理论与实证、定量与定性等多维统一角度,全面剖析了农村产业融合发展与金融服务创新的发展历程、现实成效、问题诊断、水平测度、区域差异、系统协调、动态演进等主要内容,突破了已有农村产业融合发展与金融服务创新问题研究的实证视角局限。采用协同的系统化视角进行政策研究,基于中国农村产业发展和农村金融供给的现实格局,全面系统地提出了针对农村产业融合发展的金融服务优化路径、创新模式、配套机制和协同政策框架,突破了已有农村产业融合发展与金融服务创新的视角局限。

(2)研究范式的突破与创新。本研究以多学科下的内涵分析与逻辑推演相结合,多手段下的统计分析与计量检验相结合,将农村产业融合发展与金融服务创新问题研究纳入多学科交叉的研究范式内,实现了对既往相关研究分析范式的突破与创新。农村产业融合发展是一项系统的复杂工程,涉及经济、金融、社会、政治、管理、生态等多个方面。因此,在全面贯彻实施乡村振兴战略的背景下,农村产业融合发展与金融服务创新问题既是农村经济学、金融经济学、产业经济学、管理学关注的焦点,同时也是社会学、政治学、统计学、生态学等研究的重点。本研究以应用经济学、农林经济管理、社会学等学科为支撑,以产业发展理论、农村金融理论、金融创新理论等为理论借鉴,将农村产业融合发展与金融创新问题纳入多学科交叉结合的分析范式内,将拓展农村产业融合发展与金融服务创新问题研究的新边界和新视野,与现有文献相比在研究范式上具有一定的创新。

(3)研究内容的突破与创新。理论研究部分,本研究遵循"理论源泉→理论框架→作用机理→支撑条件"的逻辑思路,广泛挖掘和科学吸收利用已有理论资源,联系客观实际深入剖析基本概念及内涵,科学揭示金融服务与农村产业融合发展的作用关系及必要的支撑条件。实证研究部分,本研究遵循"经验借鉴→现实考察→问题诊断→水平测度→区域差异→系统协调→作用效应"的逻辑思路,在发展历程回顾的基础上,首先利用宏观统计数据和微观调查数据分析农村产业融合发展与金融服务创新的试点成效、基础条件、现实困境,测度省际农村产业融合发展水平和区域差异,考证普惠金融服务与农村产业融合发展的系统协调度,实证检验财政金融服务创新对农村产业融合发展的影响效应,实现了实证研究内容的突破和创新。政策研究部分,本研究遵循"路径优化→模式创新→机制设计→政策配套"的逻辑思路,首先归纳总结了国际经验及中国镜鉴,然后根据中国农业农村实际情况和战略目标定位,形成了中国农村产业融合发展与金融服务创新的顶层设计,提出了农村产业融合发展的金融服务优化路径、创新模式与配套机制,提出了促进农村产业融合发展与金融服务创新的政策措施,实现了政策研究内容的突破和创新。

第1章 绪论

1.1 研究问题及背景

长期以来,"三农"问题一直备受关注。2004—2023年连续20年中央一号文件都聚焦"三农"问题,逐步形成了系统的支农、惠农、强农和富农政策框架,而且政策效果非常显著。统计数据显示,中国城镇化率从2004年的41.76%上升到2020年的63.89%,实现了"十七连升";农林牧渔业总产值从2004年的36 238.99亿元快速增长到2020年的137 782.17亿元,实现了"十七连增",年均增长率为8.68%;粮食总产量从2004年的46 946.95万t快速增长到2015年的66 060.27万t,实现了"十二连增",2016年粮食总产量(66 043.51万t)稍有下降,2020年又快速回升到66 949.15万t;农村居民人均可支配收入从2004年的3 027元一路快速跨越5 000元(2009年)和10 000元(2014年)大关,2020年已经上升到17 131元,实现了"十七连增",年均增长率为11.75%。尽管如此,我们仍不能被这些亮丽的数据所蒙蔽双眼,必须正确看待并立即解决其背后隐藏的一些不容忽视的现实问题。一是随着工业化、城镇化、现代化的不断推进,城市快速扩张和发展,大量的农村优质劳动力、土地、资金等生产要素资源不断向城镇转移和集聚,尤其是青壮年劳动力"逃离式"地离开农村,乡村地区农业兼业化、农民老龄化、村落空心化等乡村衰落问题日益突出(陈学云、程长明,2018)。二是农业长期粗放式经营积累的深层次矛盾逐步显现,中国农业发展既承受着"价格天花板"下压和"成本地板"抬升的双重挤压,又面临着农业生产、价格补贴"黄线"逼近和资源环境"红灯"亮起的双重约束(王兴国,2016)。农村发展不平衡不充分问题愈发严重,落后的乡村面貌与繁荣的城市经济形成鲜明对比,"三农"问题成为全面建成社会主义现代化强国的关键短板,加快推进农业发展方式转型和实施乡村振兴战略势在必行。

2014年12月底召开的中央农村工作会议首次提出要大力发展农业产业化,把产业链、价值链等现代产业组织方式引入农业,促进农村一二三产业融合互动发展。2015年中央一号文件提出推进农村一二三产业融合发展(以下简称"农村产业融合发展"),开启了我国农村产业融合发展的新篇章。此后,国务院办公厅、国家发展改革委、农业农村部等部门先后出台了《国务院办公厅关于推进农村一二三产业融合发展的指导意见》《国务院办公厅关于支持返乡下乡人员创业创新促进农村一二三产业融合发展的意见》《国家发展改革委办公厅关于进一步做好农村一二三产业融合发展试点示范工作的通知》《农业部关于推动落实农村一二三产业融合发展政策措施的通知》《关于印发国家农村产业融合发展示范园创建工作方案的通知》等一系列文件,对农村产业融合发展进行了总体部署,并为实践提供了行动指南。2017年,党的十九大适时启动乡村振兴战略,要求促进农村一二三产业融合发展,支持和鼓励农民就业创业,拓宽增收渠道。要坚持农业农村优先发展,要重点解决农民收入增长乏力、农业产业发展受阻等问题,要按照产业兴旺、生态宜居、乡风文明、治理有效、生活富裕的总要求,建立健全城乡融合发展体制机制和政策体系,加快推进农业农村现代化。2018年,《中共中央 国务院关于实施乡村振兴战略的意见》和中央一号文件再次提出,乡村振兴战略的重点是产业兴旺,构建农村产业融合发展体系是实现产业兴旺的关键举措,要构建农村产业融合发展体系,要将农村产业融合发展纳入乡村振兴战略的重点工作范畴。2018年9月出台的《乡村振兴战略规划(2018—2022年)》、2019年中央一号文件、2019年《国务院关于促进乡村产业振兴的指导意见》和2020年中央一号文件等国家层面的政策文件也多次提及农村产业融合发展的新载体新模式、农民利益联结机制等问题。"十四五"规划和2035年远景目标纲要明确提出,要继续推进农村产业融合发展,延长农业产业链条,丰富乡村经济业态,拓展农民增收空间。可见,农村产业融合发展是新阶段中国农业农村经济发展的重大战略,是推进农业供给侧结构性改革的重要途径,是拓宽农民增收渠道、构建现代农业产业体系的重要举措,是加快转变农业发展方式、探索中国特色农业现代化道路的必然要求,顺应了我国农业经济发展的新形势和新要求,对农业"转方式、调结构、提质量、增效益"具有重要意义,受到各级政府的高度重视。

在国家政策引导和实践部门多方共同努力下,近年来中国农村产业融合发展呈现出良好势头,但农业发展基础依旧薄弱,融合主体带动能力不足,农村产业融合发展仍面临着诸多困难,尤其是融合主体融资难、融资贵、融资慢的问题亟待解决。金融是产业发展的核心和血脉,在总体处于金融抑制状态的农业农村领域,金融服务是促进农村产业融合发展的关键动力(张红宇,2015)。加大金融支持,有利于引导农村产业融合发展扶持政策与信贷资金有效对接,发挥政策对信贷支农资金的撬动作用,引导信贷资金向产业融合领域投放;有利于促进构建现代农业产业体系、生产体系和经营体系,延伸产业链、提升价值链、重组供应链;有利于集成利用资源要素,促进农业产业首尾相连、上下衔接,增强融合发展的内生动力和协同优势;有利于加大科技创新和人才培养力度,培育让农民分享二三产业增值收益的新型经营主体,推动农业生产、加工、销售、休闲旅游等一体化融合发展,提升农村融合型产业的辐射带动能力。

金融尤其是商业性金融"逐利"和"嫌贫爱富"的本性使其并不青睐经济效益相对较低的农业农村。为此,2016年2月中国农业银行印发了《中国农业银行关于做好农村一二三产业融合发展金融服务的意见》,同年8月农业部(现农业农村部)与中国农业银行联合印发《农业部办公厅 中国农业银行办公室关于金融支持农村一二三产业融合发展试点示范项目的通知》,2017年5月农业部与中国农业发展银行联合印发了《农业部办公厅 中国农业发展银行办公室关于政策性金融支持农村一二三产业融合发展的通知》,2017年8月国家发展和改革委员会办公厅印发了《农村产业融合发展专项债券发行指引》,要求积极发挥商业性金融、政策性金融、企业债务融资等对农村产业融合发展的支持作用。

农村产业融合发展是一项系统性、长期性、复杂性的工程,涉及的点多面广,不同类型从业主体在贷款渠道、贷款规模、贷款方式、融资成本及构成等方面千差万别(王吉鹏等,2018),即使同一主体在不同发展阶段的金融需求也各不相同。而且,当前中国农村金融资源稀缺,农村金融服务严重滞后,农业产业化融资体系尚未完全建立(张红宇,2015;中国人民银行农村金融服务研究小组,2019)。现有政策虽然从宏观层面为金融支持农村产业融合发展明确方向提供指导,但微观层面的针对性和靶向性略显不足,导致在金融支持农村产业融合发展的实践中普遍存在农村金融服务供给不足且供需结构失衡、金融服务创新持续性差、长期大额贷款少、农业保险发展滞后等众多问题(罗晓,2014;张林、温涛,2019a;孟秋菊,2018),金融支持不足成为农村产业融合发展的短板,极大地制约了农村产业融合的发展进程(朱信凯、徐星美,2017)。因此,在全面贯彻实施乡村振兴战略的背景下,鉴于农村金融资源稀缺的现实困境和金融支持农村产业融合发展过程中所暴露出的诸多问题,本研究结合省际层面的宏观统计数据和课题组在重庆、四川、湖南、安徽等地区所考察的一些经典案例以及所收集到的涉及农户、新型农业经营主体的微观调查数据,系统地研究促进农村产业融合发展的金融服务创新及协同政策框架,以期为加快推进农村产业融合发展提供科学的经验证据和决策参考。

1.2 研究目标与内容

1.2.1 研究目标

总体研究目标是立足于全面贯彻实施中国乡村振兴战略的现实背景,应用科学的理论和现代计量分析方法,以系统性的理论研究与实证研究为基础,探索农村产业融合发展中具体的金融服务路径和金融服务创新模式,以及相应的协同政策框架,从而为加快金融支持农村产业融合发展提供理论借鉴和证据支持。

在研究过程中试图回答以下几个关键问题:

① 金融服务创新与农村产业融合发展的理论关系是什么?
② 金融服务支持农村产业融合发展的现实问题及原因是什么?
③ 金融服务支持农村产业融合发展的路径、模式及协同政策包括哪些?

为实现课题的总体目标并回答以上关键问题,本研究必须实现以下几个具体目标。

(1)在回顾和借鉴产业发展理论、农村金融理论、微型金融与普惠金融理论、金融创新理论等相关理论的基础上,综合运用金融学、产业经济学和农村经济学的知识,科学界定农村产业融合发展等相关概念及内涵,重点论述农村产业融合发展与农业产业化的区别和联系,农村产业融合发展在乡村振兴战略中的重要作用及二者的相互关系,金融服务与农村产业融合发展的相互作用机理与支撑条件等内容,从而搭建农村产业融合发展与金融服务创新的理论分析框架。

(2)利用微观调查资料和宏观统计数据,全面掌握农村产业融合发展与金融服务现状,金融服务支持农村产业融合发展的现实基础,诊断金融服务支持农村产业融合发展存在的主要问题并初步找出原因;利用计量模型分析方法,客观评价农村产业融合发展水平及区域差异和分布动态演进趋势,实证考察普惠金融发展与农村产业融合发展的系统耦合协调度、区域差异及动态演进趋势,实证考察财政金融服务协同对农村产业融合发展的影响效应,以期为后续的政策研究提供证据支持。

(3)在国内外经验借鉴基础上,科学提出促进农村产业融合发展的金融服务路径优化、金融服务模式创新及配套机制,并构建促进农村产业融合发展与金融服务创新的协同政策框架,为金融支持农村产业融合发展提供决策参考和实践指南。

1.2.2 研究内容

研究立足于乡村振兴战略背景,在中央经济工作会议等的重要精神和《国务院办公厅关于推进农村一二三产业融合发展的指导意见》《农业部办公厅 中国农业银行办公室关于金融支持农村一二三产业融合发展试点示范项目的通知》《农业部办公厅 中国农业发展银行办公室关于政策性金融支持农村一二三产业融合发展的通知》等重要政策文件的指导下,基于中国推进农村产业融合发展的经验事实,在借鉴相关基础理论的基础上,从农村产业融合发展的概念及内涵出发,首先从理论上分析金融服务支持农村产业发展的作用机理、支撑条件,进而搭建农村产业融合发展与金融服务创新的理论框架。然后实证考察农村产业融合发展与金融支持的现状及存在的问题、农村产业融合发展水平测度与区域差异分析、普惠金融发展与农村产业融合发展的系统耦合协调度、财政金融服务协同对农村产业融合发展的影响效应。最后提出中国农村产业融合发展与金融服务创新的顶层设计,研究金融支持农村产业融合发展的优化路径和创新模式,并提出金融支持农村产业融合发展的相关政策建议,以期为推进农村产业融合发展提供咨询建议。

从结构上看,本课题的研究内容包括绪论、理论研究、实证研究和政策研究四个部分。理论研究是本课题研究的逻辑起点,实证研究是确保科学构建金融服务创新支持农村产业融合发展的政策框架的关键性环节,政策研究是本课题研究的重点和价值归宿。具体研究内容和框架设计如下。

第一部分是绪论,为课题的第1章。主要阐述本课题的研究问题及背景、研究的目标与内容、研究思路与研究方法、国内外文献综述、研究数据与资料等。

第二部分是理论研究部分,为课题的第2章和第3章。第2章重点归纳总结了与本研究内容相关的基础理论。包括:产业融合理论、产业集群理论和农业多功能性理论等产业发展理论,农业信贷补贴论、农村金融市场论和不完全竞争市场论等农村金融理论,微型金融理论和普惠金融理论,金融服务创新理论和金融制度创新理论等。第3章首先界定了农村产业融合发展与金融服务的概念及内涵,然后分析了农村产业融合发展与农业产业化的联系和区别,农村产业融合发展在乡村振兴中的地位和作用,最后在此基础上研究阐释了金融服务支持农村产业融合发展的作用机理,以及金融支持农村产业融合发展的支撑条件。

第三部分是实证研究部分,包括第4~7章。第4章主要基于文献资料、调查数据和统计数据实证考察了农村产业融合发展的演进历程,对既有政策进行了梳理和解读,分析了农村产业融合发展的典型模式与利益联结机制、农村产业融合发展面临的主要问题、金融支持农村产业融合发展的现实基础和困境。第5章在农业产业链延伸、农业多功能性发挥、农业服务业融合、农民就业和增收、城乡一体化发展5个维度构建了农村产业融合发展的综合评价指标体系,并测度了2008—2018年中国省际农村产业融合发展水平、区域差异及分布动态演进。第6章阐述了农村普惠金融与农村产业融合发展的理论逻辑和二者耦合互动机理,然后从金融服务可得性、金融服务使用效用性、金融服务可持续性和金融服务创新性4个维度构建了普惠金融发展的综合评价指标体系,建立耦合协调度模型实证分析了中国各省市普惠金融与农村产业融合发展的系统耦合度、协调度,以及二者系统协调度的区域差异和分布动态。第7章建立了动态面板数据模型和中介效应模型,实证检验财政金融服务创新影响农村产业融合发展的总体效应、协同效应与区域差异性。

第四部分是政策研究部分,包括第8~10章。第8章归纳总结了日本、韩国、法国等国家和我国台湾地区农村产业融合发展与金融支持的经验。第9章提出金融(服务创新)支持农村产业融合发展的路径优化(核心领域、重点区域、重要主体、关键阶段)与模式创新(政银保多位一体模式、合作社内部信用合作模式、农业产业链融资模式、政策性产业基金模式、互联网金融模式、投贷结合模式等),以及相应的服务帮扶机制、激励约束机制、动态监测机制等配套机制。第10章构建了促进农村产业融合发展与金融服务创新的政策框架。

1.3 研究思路与方法

1.3.1 研究思路

本课题严格遵循了"理论研究→实证研究→政策研究"的应用经济学一般研究过程的基本逻辑思路。其中,理论研究是本课题的逻辑起点,实证研究是本课题的内在基础,政策研究是本课题的价值归宿,体现出本课题理论研究的主旨,研究总体设计如下。

(1)理论研究的具体路径为:"理论源泉→理论框架→作用机理→支撑条件"。研究以全面贯彻实施乡村振兴战略和加快推进农村产业融合发展为现实背景,广泛挖掘和科学吸收、利用已有理论资源,以适合于中国的研究结论为起点,在充分认识中国农业农村经济与农村金融发展关系特殊性的基础上,将农村产业融合发展及金融创新置于整个宏观经济背景之中,联系客观实际深入剖析基本概念及内涵;在充分认识和理解农村产业融合发展与农业产业化的联系与区别、农村产业融合发展在乡村振兴战略中的地位和作用基础上,科学揭示金融服务支持农村产业融合发展的直接作用效应和间接作用效应,并进一步指出金融服务创新支持农村产业融合发展所必要的基础支撑条件。

(2)实证研究的具体路径为:"经验借鉴→现实考察→问题诊断→水平测度→区域差异→系统协调→作用效应"。本部分首先归纳国内外关于农村产业融合发展与金融支持的经验教训,并总结其对中国的启示。然后在农村产业融合发展历史进程回顾的基础上,利用宏观统计数据和微观调查数据分析农村产业融合发展与金融服务创新的发展现状,并诊断农村产业融合发展与金融创新面临的现实问题,建立农村产业融合发展的综合评价指标体系,测度省际农村产业融合发展水平和区域差异,考证普惠金融服务与农村产业融合发展的系统协调度,实证检验财政金融服务对农村产业融合发展的影响效应,从而为加快推进农村产业融合发展与金融服务创新提供科学的实证依据。

(3)政策研究的具体路径为:"路径优化→模式创新→机制设计→政策配套"。首先,以提高金融服务创新支持农村产业融合发展的效率和质量为目标,结合国内外典型案例分析,提出农村产业融合发展的金融服务优化路径、金融服务创新模式及配套机制设计;其次,有针对性地提出促进农村产业融合发展与金融服务创新的政策建议。

本研究的技术路线如图1-1所示。

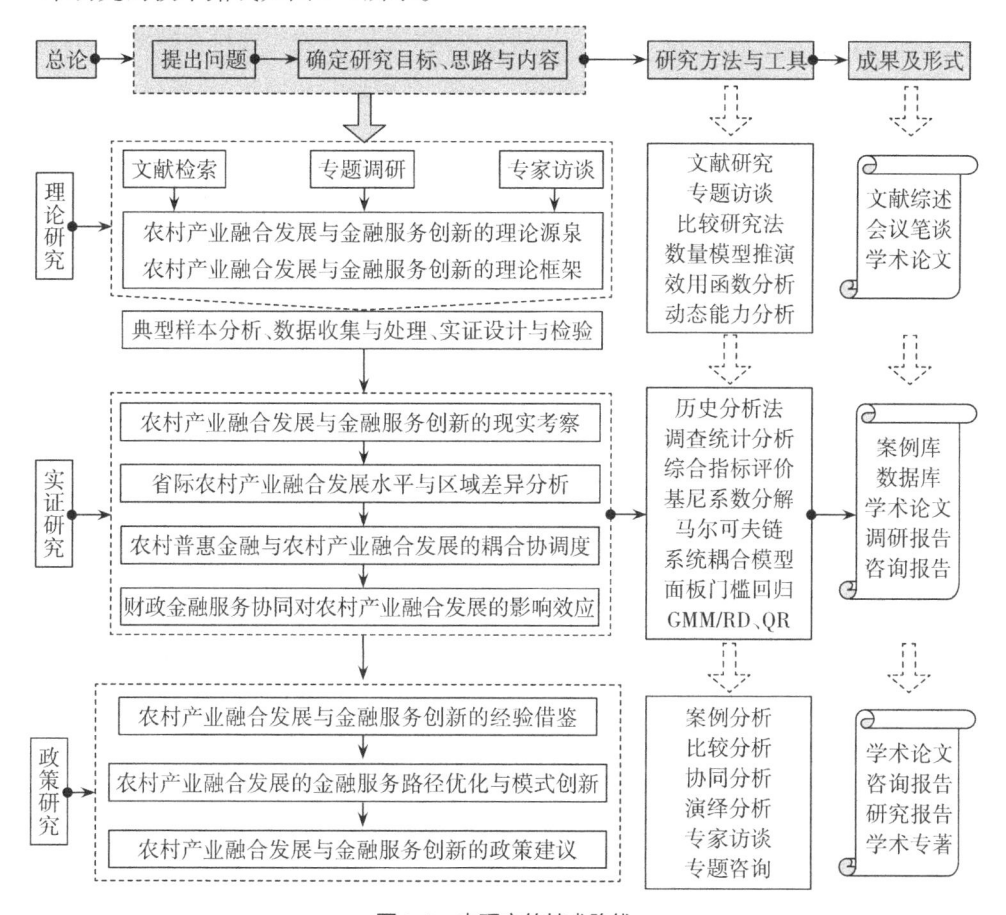

图1-1 本研究的技术路线

1.3.2 研究方法

本课题在实际研究中力求做到规范研究和实证研究的紧密结合。规范研究注重基本概念界定和内涵揭示,并以此为基础展开理论分析;实证研究在规范研究和典型调查的基础上展开,将定性的、定量的、时序的和截面的分析相结合;定性分析注重制度和比较分析法的运用;定量分析强调数据可靠、方法实用、手段先进。各部分具体采用的研究方法和研究手段如下。

(1)理论研究部分将在借鉴经典理论基础上构建农村产业融合发展与金融服务创新的理论框架,综合运用文献分析、辩证分析、系统分析、比较分析、理论推演等多种分析方法。①农村产业融合发展与金融服务创新的理论源泉研究,在既有研究成果的基础上,将主要运用文献分析法和归纳总结,围绕产业融合理论、农村金融理论、微型金融与普惠金融理论、金融创新理论等,通过对国内外相关文献及发展动态的回顾、述评,跟踪最新研究进展,为研究奠定坚实的理论基础。②农村产业融合发展与金融服务创新的理论框架构建,将综合金融学、农村经济学、产业经济学等多科学的研究范式,依据"概念是反映客观现实本质属性的思维形式"的哲学认识,结合中国"三农"发展与农村金融发展的客观现实,基于农村产业融合发展与金融服务创新二者各自"成长"与"演化"的逻辑关联关系,科学界定农村产业融合发展与金融服务创新的概念及内涵,比较分析农村产业融合发展与农业产业化的联系和区别,揭示金融服务支持农村产业融合发展的作用机理及支撑条件,构建起本研究的理论分析框架,从而为后续研究建立起逻辑起点。

(2)实证研究部分将以制度经济学、比较经济学、经济效率理论等为基础,综合运用历史分析、制度分析、动态分析、统计分析、均衡分析、计量分析等方法。①农村产业融合发展与金融服务创新的现实考察研究,将主要运用历史分析、制度分析、统计分析结合文献研究法开展。②省际农村产业融合发展水平与区域差异分析,将采用综合指标评价法、统计分析法、比较分析法测算省际农村产业融合发展水平及其变化趋势,采用Dagum基尼系数及其分解法、非参数核密度估计法、马尔可夫链分析法考察农村产业融合发展水平的区域差异及分布动态演进趋势。③农村普惠金融与农村产业融合发展的耦合协调度研究,将采用综合指数测度法、系统耦合协调度模型、Dagum基尼系数及其分解法、非参数核密度估计法、马尔可夫链分析法、统计分析法、比较分析法。④财政金融服务协同对农村产业融合发展的影响效应研究,建立面板数据模型实证考察农业信贷、农业保险、财政支农影响农村产业融合发展的总体效应、协同效应和区域差异性。

(3)政策研究部分,将综合运用案例研究、制度分析、归纳总结、逻辑推演、系统论证等多种分析方法。①农村产业融合发展与金融服务创新的经验借鉴部分,主要采用文献研究法、案例分析法、制度分析法、归纳总结法等。②农村产业融合发展的金融服务路径优化与模式创新部分,采用制度分析法、案例分析法、文献分析法、比较分析法等多种方法,提出农村产业融合发展的金融服务路径优化及配套机制,提出农村产业融合发展的金融服务创新模式及典型案例。③农村产业融合发展与金融服务创新的政策建议部分,主要以新制度经济学、制度创新理论和制度金融学理论为基础,采用文献分析法、归纳总结法、比较分析法、演绎分析等方法。此外,在实施上述研究方案的时候,我们还将对各地区农户、新型农业经营主体、农村企业、农村集体经济组织、农村金融机构、金融监管部门和县乡村干部进行问卷调查、实地考察和访谈笔录,充分了解他们的经济金融行为,有效把握各地区农村经济金融发展状况。我们还将对农业农村经济学、产业经济学相关领域的知名学者、业界精英进行专题访谈,以保证现实问题把握的准确性、理论与方法的前沿性、政策的科学有效性。

1.4 国内外文献综述

1.4.1 乡村振兴及金融服务的研究现状

目前,关于乡村振兴战略的研究主要以规范性研究为主,研究主题包括城乡融合发展与乡村振兴的关系(刘彦随,2018;白雪秋等,2018),乡村振兴中的产业融合与六次产业发展问题(周立等,2018),乡村价值提升与乡村振兴战略的保障措施(张军,2018),乡村振兴战略的重要抓手和重点领域、需规避的几种倾向和需要重点把握好的主要问题(张晓山,2017;王亚华、苏毅清,2017;黄祖辉,2018;郭晓鸣等,2018;姜长云,2018;冯海发,2018),乡村振兴战略的基本原则和核心路径(陈龙,2018),乡村振兴战略的科学内涵、理论逻辑与实现路径(廖彩荣、陈美球,2017;杨新荣等,2018;杨仪青,2018;文丰安,2018;),乡村振兴的战略定位与战略构想(叶兴庆,2017;刘合光,2018;林峰等,2018),农民组织、特殊小镇和产业融合在乡村振兴战略中的重要作用(Zhang,2018;Onltsuka,2018;杨梅、郝华勇,2018;周立等,2018),新乡贤和社会工作在乡村振兴战略中的重要作用(高万芹,2018;陈相云,2018),乡村振兴的土地制度创新和宅基地制度改革(陈美球等,2018;刘锐,2018),乡村振兴中的文化与教育(索晓霞,2018;张志增,2017;赵淑清,2018;郭新斌,2018),乡村振兴的法律保障体系和法治建设(晏国耀,2018;胡胜,2018;张帅梁,2018)。

与之同时,也有部分学者研究了金融支持乡村振兴战略的相关问题。研究主题主要包括金融支持乡村振兴战略面临的制约因素(赵子锐,2018;张玉华,2018),金融支持乡村振兴战略的实现路径、重点领域和政策着力点(张翼,2018;李鑫,2018;刘涛、尹洋,2018;杨李娟、彭振江,2018;李创,2018),金融支持乡村振兴战略的国际经验及中国启示(吴盛光,2018),乡村振兴战略中农村金融体制改革的问题和构建现代农村金融制度的措施(温涛等,2018;陈放,2018;蒋远胜、徐光顺,2019),乡村振兴战略与农村普惠金融体系构建(黄良杰,2018;王曙光等,2018),以及绿色金融、政策性金融、供应链金融、互联网金融、村社型合作金融等金融业态在乡村振兴战略中的地位和作用(冯延成,2018;于玲燕,2018;

朱泓宇,2018;王波、郑联盛,2019;刘刚,2019;王四春、许雪芳,2020;刘晓东、陈江;2020)。实证研究方面,张婷婷和李政(2019)利用滚动回归模型和随机波动时变参数结构向量自回归模型(TVP-SV-VAR)从农村经济发展和农民收入的视角研究了农村金融发展对乡村振兴的影响。郭佳莲(2019)基于全国11家省级农村信用社的案例材料,研究了农村金融支持乡村振兴战略的问题及原因、具体路径等。关于金融支持乡村振兴的战略定位,韩国强(2018)认为应围绕"农业强、农村美、农民富"建立健全适合"三农"特点的农村金融体制机制,把更多金融资源配置到农村经济社会发展的重点领域和薄弱环节,提供更优质更高效更全面的金融服务,满足多元化多样性的"三农"金融需求;陶伟梁(2018)认为银行类金融机构要做振兴产业的"供血站"、做服务金融交易的"主渠道"、做扶贫普惠的"担当者"、做金融支持乡村振兴的"实干家"。田杰(2020)研究发现新型农村金融机构可以通过抑制农村资金外流从而为乡村振兴带来巨大助力。在具体政策措施方面,赖秀福(2018)建议制定金融服务乡村振兴指导意见,建立健全金融支持乡村振兴的激励机制,完善政策性担保和风险补偿机制,积极推广"金融服务网格化"模式,赵海(2018)建议厘清各类金融机构的职能定位,明确金融投入重点,创新融资模式和优化金融支农环境。

目前关于乡村产业振兴的研究尚处于起步阶段,少数研究成果以政策建议为主。于建嵘(2018)认为推进乡村产业振兴务必要立足国情,将确保粮食安全作为乡村产业振兴的基础和底线,要发展特色高效农业产业,要将乡村产业振兴与人才振兴、文化振兴、生态振兴和组织振兴协同推进。陈文胜(2018)认为推动乡村产业振兴应该以品牌引领产业优化,以科技创新驱动产业提质,以适度规模经营补齐产业短板,以城乡融合激发产业活力,以"园""区"建设促进产业集聚。张红宇(2018)认为推动产业振兴需要从要素分配均等化、公共服务供给一体化、农村重点领域改革、乡村产业融合发展等方面做文章。毕美家(2018)认为要充分发挥农民专业合作社在规模化经营、标准化生产、社会化服务等方面的优势,有效解决农业生产经营规模小、服务体系不健全、生产端与消费端存在矛盾等问题。目前国内关于金融支持乡村产业振兴的研究,主要集中在金融服务与新型农业经营体系(汪艳涛等,2014;林乐芬、法宁,2015;王蔷、郭晓鸣,2017;蒋例利等,2018)、资本下乡与农村产业发展的关系(徐宗阳,2016;王京海、张京祥,2016),金融支持与农业供给侧改革(艾睿,2016;李东林等,2017;李春光等,2018),农业价值链融资(何广文等,2014;马九杰等,2018;张庆亮,2014;姜松,2018;庞金波等,2017),农业供应链金融模式创新(邵娴,2013;彭路,2015;陈永辉等,2018)等方面。专门研究金融支持乡村产业振兴的文献仍非常少见,相关研究都是内含于金融支持乡村振兴战略之中。比如:张贵年(2018)实证研究了乡村振兴背景下金融支持对新型农业经营主体的影响效应。朱海鹏(2019)研究了供应链金融服务乡村产业振兴的路径。何广文和刘甜(2019)研究了乡村振兴背景下金融对创业农户的支持作用。吴比和张灿强(2018)、骆昭东(2018)、杨李娟和彭振江(2018)从金融支持乡村产业发展的工具、路径、模式、重点领域、重点对象、配套体系构建等方面提出了政策建议。

1.4.2 农业产业化及金融支持的研究现状

国外关于农业产业化经营与金融服务的相关研究,早期侧重论述农业产业化经营对现代农业发展的重要性(Davis、Goldberg,1957;Schultz,1964),现代相关研究侧重归纳农业产业化的诱发因素和必备条件(Fei、Ranis,1984;Gray、Boehlje,2007)。国外学者(Fei和Ranis,1984)的二元经济理论认为,农业产业的实质性发展只有通过对应的金融支持与制度保障才能实现。随着农业产业化发展与金融支持实践和研究的不断推进,学者们分别从健全农村金融供给体系、完善农村资本市场、提供金融咨询服务、统筹民间金融与政策扶持等角度提出了解决农业产业化发展中融资问题的具体路径(Larry,1997;Klose、Outlaw,2005;Mazure,2007;O'Toole,2014)。国内关于农业产业化经营的研究主要集中在农业产业化经营的组织形式和路径创新(蔡海龙,2013;姜长云,2013;万伦来等,2010;蒋永穆、高杰,2012;刘畅、高杰,2016;张晓芳,2016)、农业产业化经营评价指标体系及评价方法(王刚等,2009;黄红球,2013;倪文等,2012;信桂新等,2017)、农业产业化经营中绩效和效率评价(刘克春,2009;张莉萍、王鼎,2016;李伟,2017;何劲、祁春节,2018)、农户参与农业产业化经营的意愿及影响因素(赵凯等,2013)等方面。

关于农业产业化的金融支持研究,基本脉络为:首先,从农村金融与农业经济的内在逻辑、农村金融的供需现状、农业产业化主体融资的特殊性和制度安排等方面定性阐述了金融支持农业产业化发展的必要性(齐成喜等,2005;罗富民等,2007;方行明等,2011;徐全忠,2013);紧接着对农村产业化发展水平与金融支农程度之间的关系进行了定量分析与验证(朱建华,2010;陈池波等,2011;尹成远等,2013)。并进一步分析了金融服务支持农业产业化存在的问题及成因,主要包括市场信息不对称、信用评价担保体系不健全、产业投融资机制不健全、风险控制手段缺乏、民间金融不规范、政府支持力度不够等(温铁军等,2007;黄祖辉等,2009;朱建华等,2010;吕忠伟,2014);在此基础上探索了中国农业产业化金融支持模式的创新路径,提出了打造"信贷+保险+期货+基金"政策组合拳(高连水,2012),创新金融产品和服务(汤金升等,2014),完善农村金融生态链建设(孙龙,2014)等措施。同时,方行明等(2011)和王吉鹏等(2018)研究发现不同类型的农业经营主体在其成长周期的各个阶段有不同的融资规模、融资模式和资金供给渠道,金融支持农业产业化发展必须做好金融成长周期和企业成长周期的有效衔接。此外,还有部分学者研究了财政支持对农业产业化的影响作用。朱湖根等(2007)实证研究了中国财政支持农业产业化经营项目对农民收入增长的影响,发现财政支持农业产业化经营项目对农民收入增长具有显著影响作用,但该影响的作用具有滞后性。万伦来等(2013)研究发现要实现农业综合开发产业化经营财政支出的效率必须以牺牲公平为代价,发展加工业的财政支出要向富裕地区倾斜,发展种植养殖业的财政支出要向贫困地区倾斜。

1.4.3 农村产业融合发展相关问题的研究现状

目前,关于农村产业融合发展的相关研究主要集中在以下几个方面。

一是农村产业融合发展的内涵、路径、模式等问题的研究。产业融合的本质是交易成本内部化,农村产业融合发展是产业融合理论在农村经济发展中的应用和创新(李治、王东阳,2017)。因此,农村产业融合发展从根本上讲属于产业融合发展,是农业产业化经营的"升级版",是农村经济转型升级的必然要求,有助于推进城乡一体化发展、农业供给侧结构性改革、农民持续增收和新型农业经营主体构建(王乐君,寇广增,2017),但在发展基础、利益联结机制、资源环境条件、信息技术进步、政府扶持引导等方面与农业产业化经营相比具有显著变化(张晓山,2015)。农村产业融合发展的主要驱动因素包括技术创新、制度创新、市场需求扩大、农业多功能综合开发等(李治、王东阳,2017)。关于农村产业融合发展的路径和模式,姜长云(2016)认为主要包括按顺向融合方式延伸农业产业链、按逆向融合方式延伸农业产业链、农业产业化集群型融合、农业功能拓展型融合和服务业引领型融合5条路径,其相应的政策着力点集中在完善农村产业融合发展的利益联结机制、搭建农村产业融合发展增强创新能力的平台、创新农村服务业发展理念和体制机制3个方面。吕岩威和刘洋(2017)认为农村产业融合发展的主要路径包括纵向一体化、工商资本引领、龙头企业引领和现代电商平台4种,其相对应的融合模式包括纵向一体化对应产业渗透和产业间重组的融合模式,龙头企业引领以及现代电商平台对应产业渗透的融合模式,工商资本引领对应产业交叉的融合模式。部分学者研究认为,推进农村产业融合发展有利于促进传统产业创新、拓宽产业发展空间、产生新的产业形态(刘海洋,2018),也有助于实现农村产业兴旺、解决农村空心化和老龄化问题、缩小城乡差距和提高农业经济效益(万宝瑞,2019)。

二是关于我国农村产业融合发展问题及对策的研究。目前,我国农村产业融合发展仍处于初级阶段,主要存在农业"接二连三"产业融合程度低、相关行业发展水平不高,农业生产经营主体发育缓慢、实力不强、带动力弱,农业生产要素流通体系不健全、要素瓶颈尚未突破,利益联结不紧密等问题(葛新权、和龙,2017;梁立华,2016;汤洪俊、朱宗友,2017)。除此之外,苏毅清等(2016)根据我国6个省份的调查研究发现,农村产业融合发展存在对产业融合的概念认识不清,导致工作上的定位不准,对培育产业公地的重要性认识不足,城乡融合发展不足,农民对多功能性的认识和理解不足,开展农村三产融合发展的最终目的尚需明确等几个问题。针对这些问题,学者们也纷纷提出了一些对策建议。农村产业融合发展应坚持依托农业、立足农村、惠及农民,通过融合使得农村一二三产业之间紧密联系、协调发展,最终实现农业产业链延伸、产业范围扩展和农民收入增长(姜长云,2015;马晓河,2015;程郁,2015)。农业产业化经营、农产品加工业、休闲农业对农村产业融合发展具有重要的推动作用,应推进农业的适度规模经营和多类型规模经营,建立以农民合作组织为核心的多元化农业服务体系,构建农业纵向融合的经营体制与利益机制(张红宇,2015;黄祖辉,2015;刘明国,2015)。农村产业融合发展的重点区域应在县和县级以下地区,主要载体和平台应是农民家庭、农民合作社,不应由工商资本来主导融合,要让全产业链的增值尽可能落到农民身上(姜长云,2015)。农村产业融合发展应以推动农业现代化为目标,其政策着力点在于建立产业链与农民的利益联结机制,要依托农业资源整合市场要素,注重"产、城、人"互动融合,借力金融政策支持(张首魁,2016)。应当建议积极培育农村新型经营主体、加强农村基础设施建设、推动产业融合的行业发展,加强相关的激励措施和相关人才培养,加强产业融合的利益联结机制建设(汤洪俊、朱宗友,2017)。推进农村产业融合发展需要完善工商资本进入农业的相关政策,破除产业融合发展的要素制约、鼓励技术和商业模式的创新与普及(张义博,2015),需要激活能量生成机制、打通能量传导渠道、完善能量分配模式以及营造有利外部环境(胡海、庄天慧,2020),既要支持农户和合作社内生发展,又要支持龙头企业带动农村产业融合发展(王乐君、寇广增,2017)。但是,农村产业融合模式需由"接二连三"向更加紧密的"互联网+""文化创意+"融合模式转型,因为"互联网+农业"和"文化创意+农业"新型经营主体的融合效果要明显优于"接二连三"的新型经营主体(冯贺霞、王小林,2020)。

三是关于国内外农村产业融合发展的经验借鉴或相关案例研究。蔡派和戴露颖(2015)总结了河北和山东两省农村一二三产业融合发展的经验及启示。雷德雨和张孝德(2016)总结和比较了美国和日本农村金融支持农业现代化的经验及其对中国的启示,并提出了在农村金融支持下,因地制宜地提高我国农业科技化、集约化、效率化、生态化水平,推动农村产业融合发展的政策建议。王思冰(2016)总结了日本等国家和我国台湾地区金融支持农村产业融合发展的经验。李玉磊等(2016)在对中国农村一二三产业发展现状及问题的分析基础上,总结了日本、法国和韩国农业生产一体化发展的理论和实践经验,并提出了中国农村一二三产业融合发展的政策建议。刘海洋(2016)以吉林省吉林市孤店子镇为案例,总结了该镇在推进农村产业融合发展过程中的一些主要措施。欧阳胜

（2017）以武陵山片区为案例研究对象,分析了该地区农村一二三产业融合发展的基层党组织引领型、农旅一体化带动型、电商平台助推型、纵向一体化延伸型四种典型融合模式,并对各模式的内涵及特征进行深入分析。卢千文和姜长云（2016）基于湖北省宜昌市的调查,发现农村产业融合发展目前主要有农业产业链延伸、三次产业集聚集群发展、农业农村功能拓展、种养业重组主导的循环经济等产业融合模式。

四是关于农村产业融合发展评价指标体系构建及应用的研究。关浩杰（2016）基于数据可得性,结合五大发展理念提出了我国农村一二三产业融合发展综合评价指标体系。李芸等（2017）以北京市农业发展为研究对象,从农业产业链延伸、农业多功能性发挥、农业服务业融合发展、农民增收与就业、农业增效、城乡一体化发展6个维度设计了包含18个具体指标的评价指标体系,并利用2011—2014年北京市的农业发展数据进行了实证研究。冯伟（2016）从产业链延伸、多功能性发挥、农业服务业融合、农民增收就业和城乡一体化5个维度选取了多项指标,构建了农村产业融合发展综合评价指标体系。与之相似的,蒋一卉（2017）和李芸（2017）也从完全相同的5个维度选取指标构建了农村产业融合水平综合评价指标体系,并运用熵值法对2005—2014年北京的农村产业融合发展水平进行了定量评价研究;王玲（2017）利用相似的指标和方法实证研究了2015年江苏的农村产业融合发展水平。李晓龙和冉光和（2019a）、王丽纳和李玉山（2019）从农业产业链延伸、农业多功能性发挥和农业服务业融合3个维度构建了包含5个指标的农村产业融合发展的评价指标体系,前者研究了农村产业融合发展的创业效应,后者研究了农村产业融合发展对农民收入增长的影响作用及区域差异。李晓龙和冉光和（2019b）在研究农村产业融合发展对城乡收入差距的影响效应时,从农业产业链延伸、农业多功能性拓展、农业新业态培育、农业服务业融合发展和利益联结机制完善5个方面构建评价指标体系,对各地农村产业融合发展水平进行了测度。张林和温涛（2019）、张林和张雯卿（2021）从农业产业链延伸、农业多功能性发挥、农业服务业融合、农民增收与就业、城乡一体化发展5个维度构建了省际农村产业融合发展评价指标体系,前者实证研究了财政金融服务及其协同对农村产业融合发展的影响效应,后者实证研究了普惠金融与农村产业融合发展的耦合协同度及动态演进关系。

程莉和孔芳霞（2020）从农业内部整合型融合、农业产业链延伸融合、农业功能拓展型融合、先进技术渗透型融合4个层面构建农村产业融合发展评价指标体系,并借助耦合协调度模型、熵值法测度了2004—2016年长江上游地区的农村产业融合发展水平。陈国生（2019）从农业产业链延伸、农业多功能性评价、农业服务业一体化发展评价、农民收入与就业促进、社会效应5个维度构建了包含24个具体指标的评价体系,实证研究了湖南省农村产业融合发展水平及其提升机制。陈盛伟和冯叶(2020)从农业产业链延伸、农业多功能性、农业服务业融合、农民增收、农业增产、农村经济繁荣等6个维度设计了包含40个具体指标的评价体系,采用熵值法和双基点法(TOPSIS法)测算了山东省的农村三产融合发展水平。余涛(2020)从产业融合的基本类型,即产业重组、产业延伸、产业交叉、产业渗透4个维度设计了包含8个具体指标的评价体系,采用熵值赋权法和线性加权求和法测算了中国省际农村产业融合发展水平。李晓龙和陆远权(2019)从农业产业链延伸、农业多功能性发挥和农业服务融合发展3个维度构建了包含5个指标的农村产业融合发展水平评价体系。张林等(2020)在实证研究农村产业融合发展的增收效应时,从农业产业链延伸、农业多功能性发挥和农业服务业融合发展3个维度设计了包含6个具体指标的农村产业融合发展水平评价体系。

五是关于农村产业融合发展的经济社会效应的实证研究。王丽纳和李玉山(2019)、张林等(2020)利用中国省际面板数据研究了农村产业融合发展对农民收入增长的影响,发现农村产业融合发展对农民收入增长具有显著的促进作用,但该作用存在明显的区域异质性。齐文浩等(2021)、李乾等(2018)、朱桂丽和洪名勇(2021)等学者基于微观调查数据或典型案例的实证研究发现,农村产业融合发展可以通过延伸产业链、农村产业发展配套服务、提升农产品附加值、促进非农就业、农产品增值、利益联结等多种路径促进农民收入增长,参与农村产业融合可以使农户家庭人均经营性收入显著提升164.7%(李姣媛等,2020),而且相较于传统农业单一发展模式,农户增收效应在50%以上(李云新等,2017)。但是,农村产业融合发展对农户增收的促进作用极易受制度、要素、经济社会发展水平等多种因素制约(郭军等,2019)。同时,农村产业融合发展也有助于缩小城乡收入差距(李晓龙、冉光和,2019),有助于促进农村低收入农户家庭增收进而缩小农民内部收入差距(杨晶、丁士军,2017;蔡洁等,2020;齐文浩等,2021),可以通过产业链延伸和多功能性发挥促进农民生活质量提高(张林等,2021),可以显著地促进农村多维贫困减缓,参与农村产业融合发展的多维贫困程度比非参与者降低了22.5%(杨歌谣、周常春,2021),但农村产业融合发展对农村贫困减缓的作用存在边际递减的非线性驱动效应(李晓龙、陆远权,2019)。此外,农村产业融合发展还有助于美丽乡村的组织建设、文化建设、经济建设和制度建设(王丹玉等,2017),而且农村产业融合发展与美丽乡村建设之间存在耦合关系,农村产业融合为美丽乡村建设提供产业支撑,美丽乡村建设为产业融合提供便利条件和人力资源保障(陈英华、杨学成,2017)。

1.4.4 金融支持农村产业融合发展的研究现状

随着农业产业融合发展的不断推进,关于金融支持与农村产业融合发展关系的研究逐渐引起了学者们的广泛关注,但目前仍以规范性研究为主,实证研究较少。相关研究主要集中在金融支持对农村产业融合发展的作用和重要性,农村产业融合发展对金融支持的影响等方面。

一是关于金融支持农村产业融合发展的问题和政策建议。有学者(King 和 Levine,1993;Levine,2004)研究发现金融支持可以通过加速资本积累、提高资本配置效率两个途径来扩大产业规模和提升产业效率,进而促进产业融合。还有学者(Rajan 和 Zingales,1998)利用42个国家和地区1980—1990年的面板数据实证研究发现,金融发展降低了企业的外部融资成本、促进企业创新,对产业融合发展具有正向促进作用。张红宇等(2016)认为加大金融支持有利于引导农业产业融合发展扶持政策与信贷资金有效对接,发挥政策对信贷支农资金的撬动作用,引导农村金融系统稀缺的信贷资金向产业融合领域流动,推动新型农业经营主体快速发展壮大。因此,黄祖辉(2015)、刘明国(2015)、朱蓝澜(2015)等学者建议加大金融支持农村一二三产业融合发展的力度。但是,中国农村金融服务无论是机构数量和融资水平,还是服务质量与制度环境均严重滞后,尤其是作为农村金融制度重要组成部分的农村产业化融资体系尚未完全建立(张红宇,2015;中国人民银行农村金融服务研究小组,2019),农村产业融合发展实践中普遍存在农村金融服务供给不足且供需结构失衡、金融服务创新持续性差、长期大额贷款少、农业保险发展滞后等众多问题(罗晓,2014;张林、温涛,2019a;孟秋菊,2018),新型农业经营主体在面临融资难、融资贵问题的同时又面临融资慢的问题,金融供给不足和服务低效成为农村产业融合发展的最大短板(朱信凯、徐星美,2017)。针对这些问题,国家发展改革委宏观院和农经司课题组(2016)认为加快金融支持农村产业融合发展,需要在支持金融机构增加服务供给、拓宽融资渠道、完善农村信贷担保政策、支持农业政策性保险等几个方面下功夫。鉴于农村产业发展的高风险性和金融逐利的本性,金融支持农村产业融合发展需要政府财政资金的引导和支持。谷壮海等(2017)实证研究了柳州农村三产融合发展与金融嵌入之间的关系,并发现可以从加强财政金融政策与产业政策之间的协调、激活金融服务主体、贯彻灵活的信贷政策、加强信贷产品创新、推行农业科技金融、加强农业信用体系建设等6条途径来提升金融支持农村产业融合发展的作用效果。张林和温涛(2019b)基于中国2005—2016年省际面板数据的实证研究也表明,财政支农有助于强化农业信贷和农业保险对农村产业融合发展的影响效应,加强财政支农与金融服务的协同可以加快农村产业融合发展进程。

二是农村产业融合发展对金融支持的反向作用。有学者(Stefanie Bröring et al.,2007)研究发现产业融合对金融创新具有正向促进作用。郭晓杰(2014)认为农村产业融合发展有利于延长产业链条和产业结构调整,有利于促进新兴产业发展,进而有利于促进金融支持路径演进。冯伟(2016)认为农村一二三产业融合发展可将现代科学技术、商业模式、资本运作理念引入农村,促进包括金融保险服务在内的现代服务业融合发展。当然,农村产业融合发展也对农村金融发展提出了新要求和新挑战,"六次产业"的发展要求农村金融机构和农村金融市场加快深化改革,不断创新和完善农村金融市场体系。除此之外,近年来与农村产业融合发展较为契合的农业价值链融资模式引起学者们的广泛关注(Miller and Linda,2010;Kopparthi and Kagabo,2012)。国内部分学者还聚焦于金融支持新型农业经营主体、小微型企业等相关领域,研究了金融需求特点、金融发展环境、金融支持机制和模式创新等问题。在金融支持现代农业机制与模式方面,加快金融创新步伐成为一致意见。吴迪(2012)认为信贷优惠政策、农业保险以及农产品期货市场是支持农业发展的有效措施。张云(2013)认为不能再延续小农经济条件下的传统农业信贷经营方式,必须创新业务模式,建立政府主导的金融支持机制,持续提升商业银行现代农业金融服务能力,并提出农业产业链金融模式、特色抵押质押创新模式、综合化经营服务模式、多方合作信用支持模式。

1.5 研究数据与资料

1.5.1 研究数据

本研究的数据既有宏观层面国家法定或权威的统计数据资料,也有相关政府部门和科研院校所公开的微观调查数据和课题组自己组织的问卷调查数据,主要来源包括以下四个方面。

(1)统计年鉴:2004—2019年历年的《中国统计年鉴》《中国金融年鉴》《中国人口和就业统计年鉴》《中国财政年鉴》《中国农村统计年鉴》《中国期货证券统计年鉴》《中国区域经济统计年鉴》《中国县(市)社会经济统计年鉴》《中国乡镇企业统计年鉴》《中国乡镇企业及农产品加工业年鉴》《农产品成本收益资料汇编》《农业统计年鉴》《农业统计提要》《新中国六十年统计资料汇编》《中国住户调查年鉴》《中国农村贫困监测报告》《中国农村住户调查年鉴》《全国农村固定观察点调查数据汇编》等,除此之外还包括相关各省历年统计年鉴。

(2)统计公报和统计报告:历年《国民经济和社会发展统计公报》《区域金融运行报告》《中国金融行业分析报告》《中国银行业运行报告》《中国农村金融服务报告》《中国农村金融发展报告》《金融机构贷款投向统计报告》等。

（3）一些重要网站：中华人民共和国农业农村部、中华人民共和国财政部、国家统计局、中国人民银行、中国证券监督管理委员会等网站以及政府相关部门的公告数据，除此之外还包括各省统计信息网以及统计局网站。

（4）实际调查：通过本课题组织的对农户、农村企业、农村金融机构和县乡干部的问卷调查，了解其在农民生产经营活动中的经济金融行为，为研究积累了原始数据。本课题主要对重庆、四川、河南、江苏、湖南、山西等部分县的农户、新型农业经营主体、农村金融机构、基层干部等相关主体进行了问卷调查和访谈，对农业农村经济领域的知名学者、业界精英进行了专题咨询和论证。

1.5.2 研究资料

本课题研究过程中检索、查阅和引用了大量文献资料，既有官方的重要文件，也有本领域专家学者的经典论著，具体包括以下三个部分。

（1）研究中必要的定性资料。主要是国家公开的政策文件、权威性的报告（如历年中央一号文件、党的十九大报告、党的十九届四中全会报告、各级政府工作报告、历年中央经济工作会议文件、历年中央农村经济工作会议文件等）。同时还包括各级政府和职能部门所公开发表的规划文件，比如《乡村振兴战略规划（2018—2022年）》《推进普惠金融发展规划（2016—2020年）》《全国农产品加工业与农村一二三产业融合发展规划（2016—2020年）》等。

（2）各级政府部门和研究机构的专业研究报告。主要是中国人民银行、国家统计局、国务院发展研究中心、中国社会科学院及其相关研究机构历年发布的专业报告，如《金融发展报告》《中国农村金融服务报告》《中国农村金融发展报告》《农村经济绿皮书》《"三农"贷款与县域金融统计》等，北京大学数字金融研究中心所发布的《中国互联网金融发展指数》《中国数字普惠金融指数》《互联网金融情绪指数》《数字技术推动普惠金融》等，农业部（现农业农村部）软科学委员会组织编写的《农业软科学研究丛书》，以及鉴定合格的国家和省部级相关课题研究报告。

（3）部分资料来自相关领域学者们的论著。引用论文主要来自权威性学术期刊，如：《中国社会科学》《经济研究》《管理世界》《世界经济》《数量经济技术经济研究》《经济学季刊》《金融研究》《中国软科学》《中国农村经济》《农业经济问题》《经济科学》《中国农村观察》、The American Economic Review、China Economic Review、China Agricultural Economic Review、The Journal of Finance、The Quarterly Journal of Economics、The Journal of Developing Economies、Econometric Reviews、Econometrica、Econometric Theory、Journal of Political Economy、American Journal of Agricultural Economics、Journal of Agricultural Economics 等。

第2章　农村产业融合发展与金融服务创新的理论源泉

理论创新源于对前人理论的吸收、扬弃和对实践的深刻思考与总结。科学研究特别是应用研究必须以客观经济行为的基本发展规律为前提,以前人的研究成果为基础,在借鉴相关基础理论的基础上去实现突破和创新。本研究正是在深入考察农村产业融合发展过程中金融服务不协同和效率低下等客观现实问题的基础上提出和开展研究的。在进行系统的理论与实证研究之前,需要对相关基础理论及其对本研究的潜在影响进行梳理和分析,明确农村产业融合发展与金融服务创新的理论依据。因此,本研究首先要对已有的相关理论成果进行归纳和总结,为后面的分析提供理论依据。根据本研究的研究内容和研究目标,可供本研究借鉴的基础理论主要包括:产业发展理论、农村金融理论、微型金融与普惠金融理论、金融创新理论等。本章着重对这些基础理论进行归纳、总结和借鉴。

2.1 产业发展理论

2.1.1 产业融合理论

关于产业融合的研究最早源于数字技术出现而导致的产业交叉。1978年,麻省理工学院尼古路庞特用三个重叠的圆圈来描述计算、印刷和广播三者的技术边界,并认为三个圆圈相交叉的领域是成长最快、创新最多的领域,由此开启了学界对产业融合研究的大门。进入20世纪80年代以后,关于产业融合的研究逐渐多起来,产业融合理论的研究逐渐发展成为产业经济理论研究的前沿性课题,给企业发展战略、产业创新、产业政策制定等提供了新的视角,对产业分类和产业组织理论提出了新课题。

关于产业融合的研究,美国学者(Rosenberg,1963)从技术视角出发,在研究美国机器工具产业演化中发现了同一技术向不同产业扩散的现象,并把这种现象定义为"技术融合"。此后,Gaines(1998)、Fai(2001)和Lind(2004)等众多学者都沿用了这一思路。Yoffie(1997)从产品视角出发将融合定义为"采用数字技术后原来各自独立产品的整合"。Greensteina和Khanna(1997)以数字融合为基础将产业融合定义为"为了适应产业增长而发生的产业边界的收缩或消失"。植草益(2001)从产业融合的原因及结果两个角度将产业融合定义为"通过技术革新和放宽限制来降低行业间的壁垒,加强行业企业间的竞争合作关系"。欧洲委员会"绿皮书"将融合定义为"产业联盟和合并、技术网络平台和市场等三个角度的融合",并对相关产业融合管制问题进行了说明。但这些相关研究主要从信息融合角度进行界定,但事实上从20世纪70年代开始,随着信息化的推进和经济服务化趋势的加深,发达国家在信息、金融、物流、能源等领域就出现了产业融合现象。国内学者最早研究产业融合现象及其本质的是周振华(2002),其认为产业融合就是以数字融合为基础,为适应产业增长而发生的产业边界收缩或消失。厉无畏(2002)从产业发展角度出发,认为产业融合是不同产业或同一产业内不同行业通过相互渗透、相互交叉等方式最终融为一体,并逐步形成新产业的动态发展过程,表现为新产业或新增长点的出现。马健(2006)试图将多个视角综合起来并将产业融合定义为由于技术进步和放松管制,发生在产业边界和交叉处的技术融合,在经过不同产业或行业之间的业务、组织、管理和市场的资源整合后,改变了原有产业产品和市场需求的特征,导致产业内的企业直接竞争合作关系发生改变,从而导致产业界限模糊化甚至重划产业边界。除此之外,还有一些学者从产业转型与创新(何立胜,2006)、价值模块整合(朱瑞博,2003)、系统自组织理论(胡金星,2007)等多个视角对产业融合的概念进行了界定。

综合已有的相关文献对产业融合的界定可知,产业融合就是不同产业内或同一产业内不同行业之间通过交融交叉、重组重叠、渗透等多种形式形成新产业、新行业、新业态的产业动态发展过程。产业融合是在经济全球化、高新技术迅速发展的大背景下,产业提高生产率和竞争力的一种发展模式和产业组织形式,其核心在于将不同产业之间的边界弱化模糊化,提高产业竞争力,提升产业发展的利润空间从而增加企业的经济效益。从市场角度分类可以分为供给方面融合和需求方面融合,供给方面主要是技术融合,需求方面主要是产品融合,其中技术融合又可进一步分为技术替代融合与技术整合或补充融合(Greensteina、Khanna,1997)。从产品视角可以分为替代型融合、互补型融合和结合型融合(张磊,2001;周振华,2004)。从产业融合形式可以分为高新技术渗透融合、产业间延伸融合、产业内部重组融合、新旧产业替代融合(聂子龙、李浩,2003)。从融合方向上可以分为横向融合、纵向融合和混合融合（胡永佳，2008），其中横向融合的实质是产业规模扩张和产业边界重组，纵向融合的实质就是产业链的延伸。

从内部而言，产业融合的过程受技术创新的影响较大，技术创新是产业融合发展的内在驱动力。伴随着技术创新，传统的生产经营模式逐渐被更加先进的、高效的、完善的经营管理模式所互补或替代。技术创新开发出了替代性或关联性的技术、工艺和产品，然后通过渗透扩散融合到其他产业之中，从而改变了原有产业的产品或服务的技术路线，改变原有产业的生产成本函数，从而为产业融合提供了动力；同时，技术创新改变了市场的需求特征，给原有产业的产品带来了新的市场需求，从而为产业融合提供了市场空间。对企业而言，竞争合作的压力和对范围经济的追求是产业融合的企业动力，企业在不断变化的竞争环境中不断谋求发展扩张，不断进行技术创新，不断探索如何更好地满足消费者需求以实现利润最大化和保持长期的竞争优势。当技术发展到能够提供多样化的满足需求的手段后，企业为了在竞争中谋求长期的竞争优势便在竞争中产生合作，在合作中产生某些创新来实现某种程度的融合。从外部而言，管制的放松为产业融合发展创新外部条件。管制放松会不断放宽跨产业经营的界限，促进各个产业的交流合作和竞争，最终形成产业融合。产业融合的结果则以产生新的产业或者新的增长点为标志。

随着经济全球化和市场体制、产业体系的不断细分，以及现代科学技术的发展和创新，产业融合现象逐渐扩大到各个产业领域。我国自改革开放以来，信息产业、物流产业、能源产业及金融业等迅速发展，其中信息产业、金融业、能源产业已经出现融合萌芽。产业融合理论在农村产业融合发展的应用过程中将会出现新型育种、农产品加工、农村电子商务、智慧农业、工厂化农业、信息化农业、采摘农业、休闲观光以及乡村旅游等多种新产业新业态，将会形成"产加销一体化""农工贸一条龙"等多种新模式，最终可以延伸农业产业链、提高农业附加值、盘活农村各类资源、提供更多就业岗位、延伸农村产业价值链、提高农民收入。

2.1.2 产业集群理论

产业集群起源于19世纪末马歇尔对产业区的论述，真正形成一种经济学理论是在20世纪80年代，其由美国经济学家迈克尔·波特创立。1990年，迈克尔·波特在《国家竞争优势》一书中将产业集群定义为在特定领域内相互关联并在地理位置上集中的企业和组织的集合。1998年，迈克尔·波特在《集群与新竞争经济学》一文中进一步解释产业集群中所包含的产业范畴，处在上、中、下游的产业都会在产业集群中出现，企业因在集群中的分工不同、作用不同，而在集群中形成竞争。2003年，迈克尔·波特在《竞争论》一书中，对产业集群的定义进行了更为详细的解释，他认为产业集群是一个以价值链为基础、以某一产业或相关产业为核心的地方生产系统,吸引大量与集群中核心产业联系密切的企业及支持服务机构在空间上集聚,形成强劲且持续的竞争优势。总体来看,产业集群理论的发展经历了三个阶段:第一阶段在工业化前期,主要研究传统产业集群中的企业之间的合作与互助关系;第二阶段是在工业化后期,主要研究企业的竞争关系、信息沟通以及交易成本等;第三阶段是在知识经济时期,主要用于研究技术、文化、知识等对产业集群的影响。

产业集群就是大量的中小企业在特定区域内形成企业集聚区。集聚区内的企业在市场交易和竞争的过程中密切联系、协同创新,并且进行专业化分工,进而提高区域产品竞争力和创新驱动力。产业集群是相互之间具有密切联系的企业、生产要素供应商、公共服务机构、金融服务机构及其他相关厂商和机构在某一空间区域内集中所形成的群体。基本涵义是:在特定区域的特别领域,集聚着一批相互关联的企业、供应商、关联产业和专门化的制度和协会,通过区域集聚形成有效的市场竞争,构建出专业化生产要素优化集聚洼地,使企业共享区域公共设施、市场环境和外部经济,降低信息交流和物流成本,形成区域集聚效应、规模效应、外部效应和区域竞争力。可见,产业集群可以获得外部经济效应、可以有效解决企业交易费用、能够产生学习和创新效应。首先,单个企业往往难以在市场中获得准确完整的信息,其发展不能适应"瞬息万变"的市场,规模效应更是遥不可及。但产业集群包含数量庞大的企业,企业之间技术、信息、知识和经验的快速传播和交流,以及专业化的分工协作,提高了企业的生产效率和产品质量。高质量的产品吸引其他地区的消费者进行购买,容易形成外部规模经济效应。其次,产业集群内的企业大部分处在同一区域内,地理位置相对接近,可以有效降低企业的搜寻成本、信息成本和执行成本等费用。在环境瞬息万变的动态环境中,这种产业集群现象比纵向一体化安排和距离相对较远的企业联盟安排更为有效。最后,产业集群内的各个企业之间除了互补互促的合作关系外,还存在激烈的竞争关系,为了能够适应激烈的市场竞争,企业会不断进行技术和组织结构创新,而技术创新的溢出效应也会带动周边企业的发展壮大,这种创新的外部效应是产业集群获得竞争优势的重要因素。

产业集群主要具备以下四点特征。第一,集聚性。在空间结构方面,构成产业集群的企业或机构在地理位置上是邻近的;在产业关联方面,产业集群内的各个企业所从事的业务也彼此相近且互相关联。地理位置的相邻以及经营业务的相关使产业集群得以形成。第二,竞争性。产业集群内存在一系列上、中、下游企业,并且进行专业化分工,集群内的企业之间也必然会有竞争。为提高在集群中的竞争力,企业要不断优化组织结构,进行技术研发。第三,一体化。产业集群是以某一个或几个相关产业为核心,以价值链为基础的地方生产系统,企业之间联系密切,生产和市场高度一体化。第四,多样化。产业集群内的企业大部分是中小企业,中小企业的特点在于机制灵活、对市场的适应性强,能够发挥"小而专""小而活"的优势,使得产业集群呈现出多样性的特征,充满活力。

农村产业融合发展是在特定区域范围内,一定的条件下形成的同一产业内和不同产业间相互渗透、相互交叉、相互融合的过程,以农业产业为基础,以二三产业的技术、人才、资金等要素为媒介,以农业产业链、价值链、供应链和农业功能提升为途径的集农业产加销一体化的农村三次产业融合发展过程。在农村产业融合发展过程中,重新配置和组合农村三次产业间的要素,有利于形成新的产业并吸引集聚更多的要素,从而形成产业集群和企业集群。同时,产业集群为产业融合提供资源集聚、空间支撑等必要条件,同时产业融合的成长在某种程度上又会促进产业集群的形成和壮大,降低产业集群内的交易成本,推动产业集群综合竞争力的提高。因此,产业集群理论是产业融合发展的重要基础理论。归纳起来,产业集群理论主要有以下几个重要的学派和观点。

(1)马歇尔的新古典产业区理论。

1920年,马歇尔在《经济学原理》中从新古典经济学的角度将规模经济分为"外部规模经济"和"内部规模经济"两类。"外部规模经济"是由于某一产业在特定区域的集聚发展,引发了该区域生产企业整体规模扩张和成本降低,"内部规模经济"则是产业中单个企业生产规模的扩张引起资源利用、组织和经营等效率提升的经济。马歇尔认为外部规模经济与产业集群存在着密切的关系,外部规模经济引起了产业的集群,即企业集聚的动力就是要追求外部规模经济。存在着产业关联的上、中、下游企业或生产、销售同类产品的企业在特定的区域集中,从而提高生产资料的使用效率,引发外部规模经济,进而促进中小企业在特定区域内集聚形成产业集群,马歇尔将其称为"产业区"。马歇尔认为,外部规模经济主要体现在三个方面。一是有特定的劳动力市场。多数潜在的劳动力供求都在产业区内集聚。二是专业化生产而取得的中间产品。产业区的形成对于辅助性工业的生产和服务起到了推动作用。作为一种中间投入品存在的辅助性工业的生产和服务,对于降低产业区内的生产成本,支持更加专业化的生产起到了积极作用。三是可获得的技术和信息。在当时环境条件下,信息传递受到距离的严重影响,相关联的企业在产业内集聚有助于技术、知识及信息在企业间快速传播和应用,技术外溢产生的知识、信息共享为企业间搭建了协同创新的环境。

(2)韦伯的工业区位理论。

韦伯在1929年出版的《工业区位论》一书中对集聚经济进行了解释,他从运输和劳动力两个角度分析了产业集群能够达到的最大规模,并试图通过探索工业生产获得的区位原理来阐释地域间的大规模人口流动以及产业发展与城市人口集聚的相互关系。韦伯提出产业集聚的过程分为两个阶段。第一阶段是企业不断发展壮大,扩大经营规模,引起产业集中;第二阶段是具备完善组织方式和经营结构的大型企业在特定空间区域内集中,吸引从事相关业务的企业在其周边开展经济活动。韦伯认为,考虑成本的最小化是企业区位选择的一个基本要素,而集聚能减少企业的生产费用从而节省成本。韦伯在区位的选择上考虑运输、劳动力成本等影响因素后,肯定了集聚的积极作用,并把集聚分为初级和高级两个阶段。初级阶段是企业通过自身规模的扩大而产生的集聚;而高级阶段是企业间通过联系和组织形成的集聚。根据韦伯的集聚经济思想,产业集群发展归因于四个主要因素:一是技术设备整体功能性的加强促进了地方集中化,二是劳动力组织专业化促进了产业集群化,三是产业集群可以最大限度地获取低成本信用甚至消灭中介人,四是产业集群可以带动基础设施建设从而降低企业经常开支成本。

(3)帕鲁的增长极理论。

帕鲁在1950年提出了"经济空间"的概念,即多种不同关系组成的构成体及各种抽象关系构成的集合体。一个国家要实现内部各个地区的统一均衡发展是不现实的(经济增长通常不会同时出现在所有区域),而要集中力量扶持发展一个或数个"增长中心",再通过经济发展扩散效应带动其他地区发展。经济增长在地理空间上是不均匀分布的,并且是以不同强度点状进行分布,通过各种渠道在区域影响区域发展进程。因此,应当选择具备良好经济发展基础、自然资源条件、区位优势的地理空间作为增长极,并且通过激发增长极地区优势产业的极化和扩散效应带动周边地区经济发展。根据帕鲁的思想,可以将经济空间分为工厂占有由计划所定义的空间、工厂占有作为力场的空间、工厂占有同质集聚体的空间等三大类。一般而言,增长极会出现在有活力且高度联合的第二类空间中。与工业区位理论的观点不同,增长极理论认为产业集聚无论在形成阶段还是在发展过程中都会受到政府干预的影响。

2.1.3 农业多功能性理论

农业多功能性的概念最早源于日本20世纪80年代所提出"稻米文化",日本早期的水稻种植不仅具备农业生产功能,还具有传承历史文化、促进经济增长、维护社会稳定和保护生态环境等多种功能。1985年,欧盟在完成共同农业政策改革后也提出,要在保障农业经济性功能充分发挥的基础上积极发掘农业的文化性、社会性、政治性和生态性功能。此后,国际组织也对农业多功能性概念进行了丰富和拓展。农业多功能性概念首次被用于国际组织正式文件是在1992年联合国环境与发展大会通过的《21世纪议程》中。1996年,世界粮食首脑会议通过了《世界粮食安全罗马宣言》和《地方界粮食首脑会议行动计划》,这两个重要文件明确提出要考虑农业的多功能特点,借此来实现农业和乡村可持续发展,证明农业的多重功能和多重价值已经得到广泛认可。1999年,日本颁布的《粮食·农业·农村基本法》,指出农业除具有经济功能外,还具有社会功能、生态功能、政治功能等多种功能。此后,经济合作与发展组织、WTO、联合国粮食及农业组织等多个国际组织都对农业多功能性进行了解释和说明,带动了农业多功能性在全世界广泛传播,与之同时,关于农业多功能性的研究逐渐成了政界和学界关注的热点,农业多功能性理论也逐渐发展起来。2007年,我国中央一号文件明确提出要开发农业多种功能,此后党的十八届五中全会又提及此问题,发展多功能农业逐渐成为党强农惠农富农的主要政策主张之一。

可见,农业多功能性是指农业不仅具备生产农副产品、促进农业农村经济增长的基本经济性功能,还同时具备传承历史文化、保护自然环境、创造就业机会、维持社会稳定等其他多重功能,这些功能主要表现在提供农产品(基本功能)、提供劳动就业和社会保障、保持社会和政治稳定、支撑和改善生态环境、保护文化的多样和休闲等方面,而且不同功能之间相互依存、相互制约、相互促进。农业功能多样性的展现,不仅仅是农业自身功能多样性的一种表达,更重要的是它反映了农业自身功能的多样性对国民经济相关部门和社会发展相关领域的一种重要关联作用。因此,在推进农村产业融合发展的进程中应以此为切入点,将农业逐步应用到医疗、教育、太空、生物等各个领域,使农业多功能性被最大程度地挖掘出来。

(1)农业的经济功能。经济功能是农业的基本功能,具体包括粮食供给功能、农民收入保障功能、原材料供给功能、内需拉动功能等。粮食供给功能主要是为消费者提供保质保量的农副产品。粮食供给同时兼具保障国家粮食安全等方面的社会功能和政治功能。农民收入保障功能是指农业生产经营过程中的家庭经营性收入对农民收入持续增长具有重要的贡献,尽管随着工业化、城镇化进程的不断加快,工资性收入对农村居民人均可支配收入的贡献比例逐渐升高,但家庭经营收入仍然是农民增收的重要渠道,特别是对专业大户、家庭农场等新型农业经营主体来说。原材料供给功能,主要是农业企业为以农副产品为原材料的工业提供原材料供给,比如农产品加工企业。农业原材料供给功能将农业与第二产业、第三产业紧密联系起来,为农村产业融合发展创造了条件。内需拉动功能,是指农民不仅仅是要素市场的供给者,同时也是要素市场的需求者和产品市场的需求者,农民在提供农产品原材料的同时也需要购买农业生产资料,需要购买日常生活资料。此外,与农业相关联的乡村旅游、体验农业等新兴产业也是拉动内需的重要业态。

(2)社会功能。农业的社会功能主要体现在创造就业岗位、提供社会保障和促进社会发展等方面。农产品供应需要经历生产、加工、流通和服务等环节,每个环节都能创造就业机会,容纳劳动力就业。农副产品质量、数量及其安全性直接影响着居民的健康状况和最基本的生存需要,与社会保障和发展联系密切。

(3)政治功能。农业的政治功能体现在保障社会的有序运转。农业发展为政治稳定提供了前提和保证,农业发展质量直接关系到农业经营者的切身利益,影响农民的生活质量和政治选择,而且农副产品是国家重要的战略储备物资,任何国家都不可能单纯依靠进口农产品满足本国居民对农产品的需求,因此农业具有重大的政治功能。而且,从历史的角度来看,农业的制度设计和制度安排往往会起到推动、停滞,甚至逆转社会发展的作用。

(4)生态功能。农业的生态功能主要表现在维持生态平衡、节约自然资源、保护自然环境、供给生物质能等方面。农业生产经营所需的耕地、水土、山林等自然资源是构成农村生态环境的主体,直接影响农村生态环境的建设。通过发现和利用农业内部之间、农业与其他产业之间的经济技术并联,就可能形成新的产业链条进而促进产业循环,实现低碳功能。农业生态功能的发挥有助于改善农村人口的生活环境、保障资源的可持续利用、防治自然灾害以及促进农村经济的发展。另外,农业的生态功能对农村引进农产品加工、服务业,分解消化相关企业排放物产生的负外部性,保障农业新业态的有序发展具有促进作用。能源供给问题是全球性的压力,世界各国都在大力开发和寻找新能源,而生物能源占有重要地位。

(5)文化功能。农业的文化功能主要体现在保护文化的多样性和提供教育、旅游和休闲等的作用上。我国农耕文化历史悠久,其本身就是历史文化的产物,蕴含着丰富的文化资源,由此所产生的民俗文化更是形成了有美学意境的和谐理念和艰苦奋斗、开拓创新的先进精神,这些构成了农业的民俗文化传承功能和人文精神教化功能。农业的文化功能主要通过具有地域特征的农产品品牌体现出来,通过品牌的塑造可以提升农业的形象和竞争力。

农业多功能理论可以为农村一二三产业融合发展拓展新思路。其可为农村产业融合发展提供重要的理论支撑与依据,二者之间联系密切,相辅相成。农业多功能开发得越充分,农村产业融合的可能性越大;农村产业融合越紧密,农业功能展现越多。农业多功能性理论明确了农业具备巨大潜能,有利于农村产业融合发展过程中农业技术和发展模式的创新与管理,提高农业开发和管理效率;发展多功能农业,涉及农业资源、农业环境、农村文化、农村社会建设等各个领域,可以为农业外部投资者投资农业找到更多的切入点;在保护生态和不突破环境容量的前提下,把潜在的、闲置的、利用不合理不充分的农业资源转化为现实的、充分合理利用的状态,进而扩大农业资源利用的边界。并且通过开发农业的多种功能调整农业产业结构,在优化农林牧渔业结构的同时,依托农业的多样性功能,发展农村加工业和旅游业、服务业,增加了农民的就业门路,有效提升了农民的收入水平,促进了农村一二三产业的融合。农村产业融合发展也会继续拓展农业的新功能,丰富农业多功能性理论的内容,同时拓宽农村地区资源开发利用渠道,提高农业经济效益。

2.2 农村金融理论

在金融总体处于抑制状态的农业农村领域,金融支持是农村产业融合发展的关键动力(张红宇等,2016),因而,研究农村产业融合发展的金融服务创新问题必须借鉴现代农村金融发展理论。早在20世纪中期,Hasody就曾提出一种典型观点,他认为,由于大多数农民属于小农,提高他们的收入水平应该通过政府发展和组织对小农的贷款来达到。Rodan(1943)的"大推进"(Big Push)理论,主张农业国家要实现工业化,就必须全面地、大规模地、同比率地在各个工业部门(尤其是基础设施建设方面)投入资金。Lewis(1954)也认为,农民需要的资本远超过他们能够进行的储蓄,信贷资金对于小农业、小工业发展和农民收入水平提高是必不可少的。随后,经济学家开始研究发展中国家金融制度落后,经济增长缓慢的原因,开辟了以研究发展中国家金融与经济关系为特征的"金融发展理论",并形成了本课题的重要理论支撑。Nelson(1956)认为克服资本稀缺是农村经济发展的关键所在,提出只有政府进行大规模的资本投资,使投资和产出的增长超过人口增长,才能冲出"陷阱",实现人均收入的大幅度提高和经济增长。Nurkes(1953)指出无论从需求方面还是从供给方面看,发展中国家的资本不足容易产生恶性循环,成为经济发展的障碍;他认为,恶性循环的成因在于发展中国家人均收入过低,人均收入过低的原因是资本稀缺,而资本稀缺的根源又在于人均收入过低,低收入使一国贫穷,低收入和贫穷无法创造经济发展所需要的储蓄,而没有储蓄就没有投资和资本形成,其结果又导致该国的低收入和持久贫穷;由此,Nurkes得出一个著名的命题"一国穷是因为它穷";他认为要打破"贫困恶性循环",必须大规模地增加资金供给,扩大投资,促进资本形成。Patrick(1966)指出金融发展模式包括两种:一是"供给引导"模式,它是指金融组织的发展先于满足实体经济部门的金融服务需求,强调的是金融发展及相关金融服务的供给先于满足经济主体的需求;二是"需求追随"模式,它是指金融组织的发展是实体经济部门发展的结果,强调的是满足经济主体的金融服务需求先于金融发展及相关金融服务的供给。同时,其研究还指出,在经济的不同发展阶段,金融发展的模式是有差异的,就发展中国家而言,在经济发展的早期,供给引导型的组织模式属于主导地位,尤其是它为那些更有效的技术创新的投资提供了可能;一旦经济发展进程进入成熟期,需求追随型的金融组织模式就会占据主导地位;发展中国家与发达国家之间的差距越大,发展中国家越有可能急切地人为模仿"供给引导型"的金融发展模式,以促进实体经济部门的增长和发展。Goldsmith(1969)从历史角度对35个主要国家近百年的金融发展模式进行比较研究,揭示出这些国家的金融发展带有规律性的趋势,认为金融发展就是金融结构的变化和演进,创造性地运用金融相关率(FIR)等指标确认了金融发展的路径和机制,开辟了"金融结构论";同时,他指出金融理论的职责就在于找出影响一国金融结构、金融工具存量和金融交易流量的主要经济因素,并阐明这些因素如何通过相互作用,实现金融发展。

在上述理论的基础上,农村金融发展理论逐步形成并成为研究热点。本章节将重点回顾农业信贷补贴论、农村金融市场论、农村金融不完全竞争市场论和农村金融局部知识论等几种重要的基础理论,以及对我国农村产业融合发展的金融服务创新形成的理论借鉴价值。

2.2.1 农业信贷补贴论

农业信贷补贴论(Subsidized Credit Paradigm)又称农村金融管制论,是20世纪80年代以前农村金融理论界占主导地位的传统学说。农业信贷补贴论支持一种供给(信贷)先行的农村金融战略,政府在促进农业和农村资本形成中应发挥积极作用。该理论的前提是:农村居民特别是贫困阶层没有储蓄能力,农村面临的是慢性资金不足问题。而且由于农业的产业特性(收入的不确定性、投资的长期性、低收益性等),它不可能成为以利润为目标的商业银行的融资对象。该理论的主要观点是,资金是农村经济发展的根本要素,发展中国家农村经济发展缓慢的根本原因在于资金要素不足。而导致农村资金不足的根本原因又来自两个方面:一是农村居民尤其是贫困阶层储蓄能力低下,使得来自农村内部的资金严重缺乏;二是投资高风险性、低收益性等农业产业特性,决定了农业难以成为商业银行信贷支持的对象,制约了农村资金依靠市场机制内生性地服务于农业农村地区。因此该理论主张,要促进农业农村发展和缓解农村贫困,有必要从农村外部注入政策性资金,并建立非营利性的专门金融机构来进行资金分配。根据该理论,发展中国家广泛实行了以贫困阶层为目标的专项贷款(张晓山、安耐,2002),为缩小农业与其他产业之间的结构性收入差距,对农业的融资利率必须较其他产业更低,而且此类低息的政策性资金主要通过银行、信用合作社等金融组织为农村大量注入。在这一理论的影响下,许多国家纷纷成立了非营利性的农业政策性银行,为农业发放低息甚至是无息专项贷款,在一定程度上促进了农业和农村经济的发展。

然而,随着该理论指导实践的逐步深入,许多低收入发展中国家的经验表明,政府低息的政策性资金供给并不能带来令人满意的经济效益。政府常常被赋予扶持农业信贷的重要责任,但它们为农民所提供的越来越低息的信贷计划对于刺激农业发展的效果却微乎其微,同农业研究和推广投资或社会资本投资的收益比较,用于信贷计划的资源极少产生令人满意的利润结果(张杰,2003);政府将信贷计划视为增加农村和农业资本量的一条轻而易举的途径,却忘记了贷款不一定代表资本,仅仅增加货币供给并不必然导致农业、农村资本的积累(温涛,2005)。

尽管农村金融管制理论存在诸多弊端,但为农村地区提供农业政策性的信贷融资仍然存在其合理性和必要性。部分广泛实行了农业政策性金融的发展中国家仍然在一定程度上为农业农村经济发展提供了必要的资金支持,帮助农户尤其是贫困农户创建了新的谋生途径,促进了农业经济增长。在市场机制逐渐完善的当前阶段,市场在农业发展和金融资源配置方面的作用越发明显,农村产业融合发展的金融服务创新必须借鉴该理论的核心思想,充分依靠和发挥政策性金融支农支小的同时,寻求与市场机制的有效结合,构建一个能够兼顾效率和公平的现代农村金融体系。

2.2.2 农村金融市场论

20世纪70到80年代,针对发展中国家的二元金融结构、货币化程度低、金融市场落后、金融体制效率低下、政府对金融严格控制的特点,经济学家(Mckinnon和Shaw,1973)提出了著名的"金融抑制论"和"金融深化论",认为金融发展就是在消除金融抑制的过程中实现金融自由化,金融制度和经济发展之间存在相互促进和相互制约的关系,健全的金融制度能将储蓄资金有效地聚集起来并引导到生产性投资上去,从而促进经济发展;而大多数发展中国家的金融制度与经济发展之间却处于一种相互制约的恶性循环状态,金融制度落后和缺乏效率,制约了经济的发展,而缺乏流动性的资金反过来又限制了资金的积累和对金融服务的需求,制约着金融业的发展,形成金融与经济发展相互制约而处于落后的局面;主张发展中国家应从本国实际出发进行金融体制改革、消除金融抑制,消除资本形成的桎梏,制定一套适合本国国情的金融政策。其核心是减少政府干预,消除"金融抑制",推进"金融深化",促进国民经济发展。

20世纪80年代后,农村金融市场论或农村金融系统论(Rural Financial Systems Paradigm)逐渐替代了"农业信贷补贴论"。农村金融市场论实际上是金融抑制理论和金融深化理论在农村金融理论领域的发展,该理论强调市场机制的作用,其主要理论前提与农业信贷补贴论完全相反。其代表人物(Adams,2000)认为"农业信贷补贴论"虽然支持信贷供给先行的农村金融战略,但其假设前提是错误的。首先,如果存在储蓄的机会和激励机制,大多数贫困者也会有存款意愿和存款能力。其次,由于贷款资金用途的广泛性,政府发放的低息贷款并不可能仅仅用于特色农业项目,低息贷款的获得者也难保证仅仅集中于贫困农户，低息贷款的补贴可能被集中并转移到使用大笔贷款的较富有的农民身上，导致政策性低息贷款难以促进农业生产和帮助脱贫（Vogel，2000）。因而，政府没有必要向农村注入政策性资金，低息政策妨碍了人们向金融机构存款，抑制了金融发展，运用资金的外部依存度过高是导致贷款回收率降低的重要因素，并且由于农村资金拥有较多的机会成本，非正规金融的高利率是理所当然的。基于这些前提假设，农村金融市场论的主要政策主张包括：一是农村内生金融中介是农村金融机构的主体部分，储蓄动员是农村内生金融中介形成的关键诱因；二是为实现储蓄动员、平衡农村资金供求，保证金融机构财务可持续性，借贷利率必须由市场决定，实际存款利率不能为负数；三是应当通过金融机构盈利成果、经营自立性和可持续性来判断农村金融运行质量和成败；四是没有必要为特定的利益集团和农业项目制定专项贷款制度；五是非正规金融业态有其合理性，应将正规金融与非正规金融有效结合起来发展，不应当一味地排斥和取消。因此，以完善农村金融市场机制为特征的农村金融市场化改革十分重要。

农村金融市场论自20世纪80年代以来一直受到人们的广泛关注（张晓山、安耐，2002）。该理论强调市场金融机制的重要性，极力反对政策性金融对市场的扭曲，主张农村信贷市场利率自由化，认为政府应对补贴信贷活动的一系列缺陷负责，政策性金融机构严重扭曲了信贷资金配置效率，而市场机制主导的利率自由化，能够在一定程度上弥补农村金融中介的经营成本，在有效动员储蓄的同时，也有助于降低金融机构对政府的依赖，从而增强金融机构自主经营能力和可持续发展活力。在该理论的影响下，发达国家甚至发展中国家的农村商业性金融机构得到加快发展，推进了农村金融市场化与自由化进程。

然而，鉴于我国农村金融市场的发展程度和新型农业经营主体尤其是处于创业初期的新型农业经营主体在农村金融市场竞争中的劣势地位，通过市场化的利率使农村贫困农户、新型农业经营主体和小微企业充分地获得正规金融机构的贷款，是一项十分艰巨的任务。市场化的利率可能会在一定程度上改善新型农业经营主体的融资困境，但高成本的压力和担保品的缺乏，以及创业风险仍会使新型农业经营主体难以筹集到生产发展所需要的资金。这不仅可能使部分新型农业经营主体难以获得商业性信贷资金，而且也可能加剧商业性金融机构对金融公平的忽视，最终可能使农村金融支农支小陷入恶性循环而难以改进。一方面，考虑到农业产业发展在国家战略中的重要地位和农业产业发展的正外部性，提高农村金融支农支小的服务效率和服务质量需要政策性金融和普惠金融的介入，其可以提高农村金融的覆盖率、金融服务的可得性和使用的效用性。但是另一方面，市场化的利率和信贷配置机制能够保证农村经济效益明显的新型农业经营主体获得必要的金融资源,以此激发农村地区新型农业经营主体对贫困农户的就业带动能力,增加农户的家庭收入。

2.2.3 农村金融不完全竞争市场论

20世纪90年代中后期以来,东南亚等地区和国家发生了大规模严重的金融危机,揭示出市场机制并不是万能的,对于稳定金融市场来说,合理的政府干预非常重要。农村金融理论也发生了一些新的变化,不少理论学者认识到要培育稳定的有效率的金融市场,减少金融风险,仍需必要、合理的政府干预。Odedokun(1996),Hellman(1995)、Murdock(1996)等人提出了实现金融深化的一种新的思路;他们观察到一些发展中国家和转型国家在金融改革进程中没有盲目进行金融自由化改革,而是根据各自的国情采取了循序渐进的改革,从而有效地避免了大的金融动荡和金融危机;据此他们提出就发展中经济和转型经济而言,虽然金融压制状况严重阻碍经济发展,但是在实行金融自由化的初始条件并不具备的条件下,盲目推进自由化不会收到良好的效果;他们运用信息经济学理论重新审视了金融体制中的放松管制与加强政府干预的问题,认为适当的政府干预有助于金融深化和经济的发展,即合理的金融约束是金融自由化的必经阶段。

于此,Stiglitz(1990,1997)的农村金融不完全竞争市场理论应运而生,该理论不仅没有忽视市场机制的重要性,同时认识到了政府在弥补农村金融市场缺陷中起着不可或缺的作用。该理论认为合理的政府干预对于稳定农村金融市场是十分必要的,成为政府干预农村金融的重要理论依据,但政府不能取代市场,而应补充市场。其基本框架是:发展中国家的金融市场不是一个完全竞争的市场,尤其是在金融机构与借款人之间存在严重的信息不对称问题,如果完全依靠市场机制就可能无法培育出一个社会所需要的金融市场;为了补救市场的失效部分,有必要采用诸如政府适当介入金融市场以及借款人的组织化等非市场要素(Imperfect Market Paradigm)。该理论认为政府可以采取间接控制的方式,并制定规章制度确立管理规范和监管标准,主要政策主张包括:一是金融市场发展的前提条件是低通胀率等宏观经济因素的稳定;二是在金融市场发育到一定程度之前,相比利率自由化,更应当注意将实际存款利率保持在正数范围内,并同时抑制存贷利率的增长,若因此而产生信用分配和过度信用需求问题,可由政府在不损害金融机构储蓄动员动机的同时从外部供给资金;三是在不损害银行最基本利润的范围内,政策性金融(面向特定部门的低息融资)是有效的;四是政府应鼓励并利用借款人联保小组以及组织借款人互助合作形式,以避免农村金融市场存在的不完全信息所导致的贷款回收率低下的问题;五是担保融资、使用权担保以及互助储金会等办法是有效的,可以改善信息的非对称性;六是融资与实物(肥料、作物等)买卖相结合的方法是有效的,以确保贷款的回收;七是为促进金融机构的发展,应给予其一定的特殊政策,如限制新参与者等保护措施;八是非正规金融市场一般效率较低,其改善可以通过政府适当介入来加以解决。

金融支持农村产业融合发展是一项系统性的复杂工程,涉及的点多面广,单纯依靠政府或市场机制都难以有效提高金融服务效率和质量,反而可能会加剧农村金融市场资源配置失衡。农村金融不完全竞争市场理论有效弥补了农业信贷补贴论和农村金融市场论的理论缺陷,主张在市场发挥资源配置基础性作用的同时引入政府部门的适当干预,通过行政力量引导金融资源参与支农支小,克服单纯依靠市场机制下的信息不对称等市场失灵现象。因此,农村金融不完全竞争市场理论进一步明确了市场和政府在农村金融支农支小中的地位、作用和分工,强调市场和政府两者互相取长补短、协同配合,进而提高金融支农支小的作用效应。在当前农村金融市场发展不成熟的现实背景下,农村金融不完全竞争市场理论对我国农村产业融合发展的金融服务创新问题研究无疑具有重要的理论指导意义。

2.2.4 农村金融局部知识论

21世纪以来,一些学者依据哈耶克局部知识理念(Local Knowledge),从知识论角度,提出了解决不完全竞争和信息不完全问题的金融局部知识分析范式(Local Knowledge Paradigm),从理论和政策上支持了"农村金融市场论"(Tsai,2004)。局部知识论认为事实上信息不对称问题恰恰不应是政府干预的理由,而应该依靠市场机制加以解决。因为竞争是一种发现信息、减少信息不完全和不对称的过程(Hayek,1968、1969;Okun,1995)。农村金融市场中存在着许多散布在特定时间和地点的局部知识,只有类似于劳动分工的知识的分工(division of knowledge)才能充分利用这些知识,而竞争有助于发现这些知识(冯兴元,2002)。在特定时间地点的现场交易(包括金融交易)只能利用局部知识,金融机构的多样性可以促进金融工具创新,使金融市场不断逼近完全竞争市场。而那些着眼于服务农村经济主体而成长起来的合作金融机构、非正规金融、地方中小型商业金融机构、小额信贷机构等正是农村分散的局部知识的最佳利用者,促进其相互间的竞争,对提高农村金融体系效率和金融资源优化配置至关重要。

此外,借款人连带保证小组贷款——"团体贷款"(group lending)中的动态激励和有规则还款安排以及借款人互助合作,是促进知识分工尤其是借款人之间的知识分工,充分利用分散的局部知识,减少不完全信息的有效办法之一,政府应该积极培育这类农民组织。非正规金融市场行为,具有交易成本低、信息对称、能够充分利用局部知识等特点,一般效率较高,但其不规范性使之可能存在一定的负面影响,这就需要政府建立和维持某种最低程度的运作秩序框架。由于政府利用局部知识的效能不及市场主体,与市场失灵相比,政府失灵的可能性更大,若政府通过其他金融机构对农村直接提供补贴贷款往往效率将更低。因此,农业补贴只能应用于农村金融市场机制失灵的地方。总之,在"局部知识论"框架中,政府虽然有自己的位置,但必须找准自己的位置。

2.3 微型金融与普惠金融理论

2.3.1 微型金融理论

微型金融(Microfinance)是20世纪90年代中期在传统正规金融体系之外发展起来的一种金融方式。根据世界银行的定义,微型金融是指对低收入人口提供的小额金融服务。微型金融的核心仍是小额贷款(Microcredit),但是其涵义不再仅仅局限于信贷,而同时将储蓄、保险、汇兑等其他一系列服务都纳入金融服务的范畴。微型金融的概念相对比较宽泛,只要是以低收入群体为目标的各种类型的金融服务,无论其性质、规模和发起人如何,都应该算作是微型金融业务。微型金融及其小额信贷投放对完善农村金融制度体系以及金融扶贫的功效等相关问题被越来越多的理论研究所关注,微型金融理论也逐渐成形。

1976年孟加拉国的穆罕默德·尤努斯(Muhammad Yunus)教授在该国发起了致力于解决乡村贫困人群金融服务问题的格莱明乡村银行项目(Grameen Bank Project),成为微型金融发展的开端。随后,微型金融在许多发展中国家逐渐兴起并迅速发展。20世纪90年代以来,微型金融逐渐成为许多发展中国家传统正规金融体系,尤其是农村正规金融的一个有益的补充。孟加拉国格莱明银行(Grameen Bank,Bangladesh,简称GB)的微型金融是亚洲最流行并被广泛复制的模式,且成功率极高,尤其是在宽覆盖面和高偿还率方面具有突出的表现。除此之外,印度尼西亚人民银行(Bank Rakyat Indonesia,简称BRI)1895年由爪哇政府成立,拥有独立的利润中心和商业化的微型金融运作模式,是世界上最具盈利性的微型金融组织。在这之后,Bakhtiari(2006)对孟加拉格莱明银行、印度的SHARE、印尼的Rakyat银行等微型金融反贫困实验进行了考察,指出微型金融主要通过帮助穷人构筑资产、发展企业、管理风险、平滑消费等途径来增强穷人的创收能力,提高穷人的生活品质;同时也能提高金融资源配置效率,改善金融市场竞争环境,推进技术更新换代,促进经济增长和逐步减少贫困。

微型金融机构(Microfinance Institutions,MFIs)是提供微型金融服务的机构,即致力于帮助无法从正规金融体系中获得金融服务的小企业、穷人和贫困家庭获得金融服务的金融机构。其最主要的业务内容是向无法获得正式金融机构服务的低收入群体发放微型信贷和吸收存款,尤其是向非常贫困的家庭及微型企业提供小额信贷以帮助其进行生产性活动或小本经营。其显著特征是单笔交易额非常小,一般低于平均的人均GDP水平。虽然学者们均认为微型金融是农村贫困人群获得金融服务的重要方式,但在20世纪90年代中后期,微型金融理论逐渐出现两种意见相左的争论——机构主义(Institutionalism)与福利主义(Welfare)的争论。机构主义论更加注重信贷机构的可持续发展。Gonzalez(1994)提出微型金融机构的可持续是给穷人成功提供金融服务的关键,自给自足是金融机构可持续的必要条件。福利主义论则更侧重于微型金融的扶贫效果。Morduch(2000)则提出微型金融机构不需要自给自足就能可持续发展,更强调消除贫困外延的深度(即服务于最穷的客户),而不是广度(即服务的客户数量),按照社会尺度衡量机构是否成功;认为应该构建多种类型机构,既包括追求利润的也包括承担社会使命的,目标定位于不同的市场、不同的资金组合和不同的社会及金融收益。

随着微型金融在全世界范围内取得巨大成功,国内外理论界对微型金融的发展产生了极大关注。ADB(亚洲开发银行)在2000年回顾了小额信贷在消除贫困、消除性别歧视以及对整个金融系统发展方面的巨大作用,同时提出应该扩大小额信贷的受众群体、提高小额信贷的运营效率,实现在消除贫困方面的效用最大化。Baumann(2001)研究了小额信贷在消除南非农村贫困问题方面的作用,并提出政府和社会应该对贫困家庭给予信贷支持。Matin、Hulme和Rutherford(2002)提出小额信贷应该考虑到贫困人口的短期、中期及长期需求,成为一个帮助贫困人口脱贫致富的战略性平台。Marr(2002)研究认为,小额信贷不仅能够解决借贷双方的信息不对称问题,还可以有效消除贫困,促进经济的可持续发展。Morduch和Rutherford(2003)指出贫困家庭在储蓄、投资、保障生计方面被许多因素制约,而非正规金融部门向低收入家庭提供金融中介服务的便利性和灵活性比正规金融中介更完善,而小额信贷也是如此。Hussein和Hussain(2003)、Khandker(2005)、Matovu(2006)研究发现小额信贷不仅在消除农村贫困方面效果显著,而且对性别平等也做出了很大贡献。Augsburg、Haas、Harmgart和Meghir(2013)运用随机对照试验的方法,对小额贷款申请人进行了研究,发现小额贷款并没有使乡村贷款人的净收入得到明显改善。Howson(2013)以塞内加尔跨境交易为例强调了仅仅依靠捐助资金作为小额信贷资金供给来源的不利后果。Banerjee等(2015)利用印度海德巴拉城市的调查数据,实证研究了小微信贷对居民消费、投资、储蓄、医疗、教育等方面支出的影响效应。Ding、Qin和Shi(2018)利用中国2 356个村庄的数据,实证研究了政府主导型微型金融项目的反贫困效应。Churchill(2019)利用1 526个微型金融机构的数据实证研究了微型金融机构成长的宏观经济效益和制度因素。

在中国农村实践方面,1993年中国社会科学院农村发展研究所将与国际规范接轨的孟加拉乡村银行的小额信贷范式引入中国,在河北易县、南召县、河南省虞城县以及陕西省丹凤县等地成立孟加拉乡村银行的小额信贷扶贫社,有针对性地提供小额信贷服务。1995年联合国开发计划署和中国国际经济技术交流中心在中国17个省的48县市推行以扶贫等为目标的小额信贷项目。2006年,国务院扶贫办和财政部在河北、山西、安徽等14个省(市)试点"贫困村村级发展互助资金"项目,安排一定数量的财政扶贫资金,在部分实施整村推进的贫困村内部建立"互助资金"。2006年12月,银保监会出台《关于调整放宽农村地区银行业金融机构准入政策更好地支持社会主义新农村建设的若干意见》,推动成立村镇银行、小额贷款公司和农村资金互助社三大类新型农村金融机构,以增强农村金融服务活力,解决农村金融服务覆盖率低、农村金融供给不足等问题。经过多年的实践探索,微型金融对支持农业发展和缓解农村贫困发挥了重要的作用,并有效地改善了农村金融市场竞争环境。但是,随着农村产业融合发展的逐步推进,新型农业经营主体金融需求的种类日益多元化、数量高额化,现有的微型金融发展远不足以有效满足新型农业经营主体的金融需求。因此,在高度重视农村正规金融发展的同时,还需要不断创新农村微型金融制度,增强微型金融支农支小作用。中国微型金融发展历程和实践表明,微型金融理论必然会为我国农村金融创新提供重要的理论指导。

2.3.2 普惠金融理论

普惠金融(Inclusive financial)是联合国2005年宣传小额信贷时提出的理念,后被联合国和世界银行大力推行。普惠金融又称包容性金融,在2006年联合国出版的《建设普惠金融体系》一书中,将普惠金融定义为以小额信贷为核心,让所有的人尤其是弱势群体都有同等机会享有平等的金融权利,让金融服务惠及所有贫困阶层,使他们都能分享到经济增长与金融发展所带来的收入和福利改善。可见,普惠金融的核心要义是指为社会所有阶层和群体提供普遍金融服务的金融制度安排,包括那些被传统金融忽视的城乡贫困群体、小微企业和农村地区,或者说普惠金融是一种强调人权意义和社会公平意义的金融制度安排。世界银行扶贫小组(CGAP)、金融普惠联盟(AFI)、国际金融公司(IFC)、经济合作与发展组织(OECD)以及亚洲开发银行(ADB)等重要组织都对这一议题产生了浓厚的兴趣(Ananth,2012;Tomilove etc,2013)。

中国最早引入普惠金融概念的是中国小额信贷联盟。2005年中国小额信贷联盟秘书长在开展小额信贷年的推广活动中提出用"普惠金融体系"作为"Inclusive Financial System"的中文翻译。2006年3月,焦瑾璞在北京召开的亚洲小额信贷论坛上正式使用普惠金融概念。2012年6月,在墨西哥二十国集团峰会(G20)上,国家主席胡锦涛同志指出,普惠金融问题的本质是发展问题,并指出要加强国际交流合作,共同建立一个惠及所有国家和民众的金融体系,为各国民众提供现代、安全、便捷的金融服务。2013年11月,中共十八届三中全会通过《中共中央关于全面深化改革若干重大问题的决定》,正式提出发展普惠金融。2015年底国务院发布《推进普惠金融发展规划(2016—2020)》,首次在国家层面明确了普惠金融的定义:是指立足机会平等要求和商业可持续原则,以可负担的成本为有金融服务需求的社会各阶层和群体提供适当、有效的金融服务。小微企业、农民、城镇低收入人群、贫困人群和残疾人、老年人等特殊群体是当前我国普惠金融重点服务对象。

普惠金融理论与金融排斥理论相对应。金融排斥(Financial Exclusion)理论是一门新兴理论,最初是国外金融地理学家的研究议题,是西方金融地理学家"新金融地理"的研究方向之一,研究的重点是金融机构和服务的地理指向性,后来越来越多的经济学家和社会学家开始关注这个问题。Shoehorn 和 Thrift(1993)最先提出金融排斥概念,但当时仅仅局限于地理排斥。Leyshorn 和 Thrift(1997)、Kempson 和 Whyley(1999)、Cebulla(1999)、Bridgeman(1999)均进一步对金融排斥及其影响因素进行了深入研究。Argent 和 Rolley(2000)、Lamer 和 Heron(2002)则通过分别对澳大利亚和新西兰的金融排斥现象进行研究发现,经济发展落后的农村地区金融排斥问题更为严重。Chattopadhyay(2011)通过对西孟加拉的调查发现,尽管银行在农村地区广泛存在,但是民间借贷仍然是农村金融的主要来源,需求方的因素是金融排斥的原因。基于此,近年来许多学者探讨了构建农村普惠金融的包容性金融体系在缓解金融排斥,尤其是农村金融排斥中的重要作用(Chandran 和 Manju,2011)。根据联合国的定义,农村普惠金融是指将储蓄、汇款和贷款等基本的金融服务,尽可能地全方位、有效地覆盖农村所有人群。普惠金融体系框架认同的是,只有将包括穷人在内的金融服务有机地融入微观、中观和宏观三个层面的金融体系,才能使过去被排斥于金融服务之外的大规模客户群体获益。最终,这种包容性的金融体系能够对发展中国家的绝大多数人,包括过去难以到达的更贫困和更偏远地区的客户开放金融市场(Schwittay,2011)。从客户层面看,贫困和低收入客户是普惠金融体系的中心之一,他们对金融服务的需求决定着普惠金融体系各个层面的行动。从金融服务的主体方面看,普惠金融体系的"脊梁"仍然是零售金融服务的提供者,它们直接向穷人和低收入者提供服务。普惠金融服务提供者包括从民间借贷者到商业银行的各类机构。

近年来,"普惠金融"逐渐替代"微型金融"概念,呈现出微型金融向包容性金融转化和分散性金融创新,使金融服务的内涵和外延进一步扩大,更加重视金融服务的深度和广度。"普惠金融"替代"微型金融"并丰富了金融服务的内涵和外延,而且这一替代也意味着微型金融已不再是金融体系的边缘部分,而是把被边缘化的微型金融纳入到正规金融体系之中,成为国家金融体系的必要组成部分。同时,普惠金融是小额信贷及微型金融的进一步深化发展,提倡将零散的微型金融整合成一个具有内在协调能力的有机系统,并将这个有机系统融入整体金融市场发展之中。穆罕默德·尤力斯(2006)提出,信贷权属于最基本的人权,每个人都有获得信贷和其他金融服务的权利;只有每个人都有同等机会获得信贷支持,才能确保他们都有机会发展生产,才能实现共同富裕目标。有学者(Lyman, et al.,2006)提出,应当利用农村银行的代理点为贫困人口提供金融服务,将金融服务迅速覆盖到偏远地区,确保更多的贫困人口能够便捷地享受金融服务。有学者(Gautam Ivatury,2006)提出,应该采取先进的技术手段构建为全民服务的普惠金融系统,通过使用新技术提供金融服务,能够有效降低金融机构扶贫的经营成本,从而以更优惠的价格满足贫困人口的金融需求。焦瑾璞(2006)认为普惠金融体系是对现有金融制度缺陷的弥补,应该从多维度建立普惠金融体系,并运用技术革新和政策支持,共同促进金融体系向贫困以及偏远地区覆盖,提供具有区域特色的、价格合理的、种类丰富的金融产品,普惠金融体系能够为包括贫困群体在内的所有社会人员提供公平和全面的金融服务,实质上是一种金融公平的体现。杜晓山(2006)从政策角度对普惠金融进行了深入剖析,认为从本质上看小额信贷是普惠金融理念的实践核心,我国农村金融改革的重点是建立适应或满足农村金融需求的可持续性和普惠性金融体系,将包括落后地区的金融服务融入整个农村金融体系之中,侧重惠及容易被排斥在传统金融服务之外的贫困客户群体。何广文(2010)和吴晓灵(2010)等均提出,尽管普惠金融以小额信贷为核心,但又不仅仅局限于小额信贷,只有将正规或非正规金融机构都纳入普惠金融体系之中,才能真正实现金融服务民生的战略发展目标,农村普惠金融体系构建还应该引入财税政策,利用财政诱导机制吸引金融机构将金融资源投向农业农村,以支持农业农村经济快速发展。

由此可见,无论是在国际上还是在中国国内,普惠金融的概念、理论和实践都经历了一个逐步深化的过程:从最初重点关注银行物理网点信贷服务的可获得性,到广泛覆盖支付、存款、贷款、保险、信用服务和证券等多种业务领域。在实践层面,中国普惠金融实践已经从最初的公益性小额信贷逐步扩展为支付、信贷等多业务的综合金融服务,并由于网络和移动通信等技术的广泛应用而得到长足发展。参照国际经验以及中国经济发展的特点,焦瑾璞等(2015)将中国普惠金融实践的历程归纳总结为公益性小额信贷、发展性微型金融、综合性普惠金融和创新性互联网金融四个阶段(见表2-1)。普惠金融的主要任务是为可能被排除在传统或正规金融机构体系之外的低收入人口和小微企业提供金融服务。

表 2-1 中国普惠金融的主要发展阶段

发展阶段	标志性事件	典型特征
公益性小额信贷（20世纪90年代）	1993年，中国社科院农发所在河北易县建立中国首家小额信贷机构——扶贫经济合作社。	小额信贷主要资金来源是个人或国际机构的捐助以及软贷款，致力于改善农村贫困状况，体现普惠金融的基本理念。
发展性微型金融（2000—2005年）	中国人民银行提出采取"一次核定、随用随贷、余额控制、周转使用"的管理办法，开展基于农户信用无需抵押或担保的贷款，并建立农户贷款档案，农户小额信贷全面开展。	社会资金需求量大增，正规金融机构开始全面介入小额信贷业务，形成了较有规模的微型金融体系，为促进就业和改善居民生活做出了贡献。
综合性普惠金融（2006—2010年）	2005年中央一号文件明确提出"有条件的地方可以探索建立更加贴近农民农村需要、由自然人或企业发起的小额信贷组织"。	小额信贷组织和村镇银行迅速发展，银行金融服务体系逐步将小微企业纳入服务范围，普惠金融服务体系提供包括支付、汇款、借贷、典当等金融服务，并有网络化、移动化发展趋势。
创新性互联网金融（2011年至今）	余额宝等新型互联网金融产品为广大群众提供了互联网支付、借贷、理财等多样化金融服务。	互联网金融快速发展，形成了"以第三方支付、移动支付代替传统支付，以P2P信贷代替传统存贷款，以众筹融资代替传统证券融资"的三大趋势。

资料来源：焦瑾璞，黄亭亭，汪天都，等.《中国普惠金融发展进程及实证研究》，中国人民银行工作论文，NO.2015/2，2015年。

2.4 金融创新理论

到了20世纪70年代，金融市场和金融服务需求的不断扩张与金融管制的冲突，引发了一些学者将创新理论与金融理论相融合的想法，以期解释金融进一步发展的机制和影响因素，于是金融创新的研究和实践开始快速展开。到20世纪90年代，金融创新成为金融研究的一个重要领域，金融创新理论体系基本形成。其中，代表性的金融创新理论包括西尔伯（1983）的约束诱导型金融创新理论、凯恩（1984）的规避型金融创新理论、希克斯和尼汉斯（1983）的交易成本创新理论以及制度经济学的金融创新理论等。

美国金融学家威廉·西尔伯在1983年开创性地提出了约束诱导型金融创新理论，阐述了金融创新的动力因素。他认为金融创新是金融组织为追求利润最大化而想要减轻或消除政策制度对其产生的金融抑制而采取的自我保护的行为。同时，西尔伯从微观经济学角度以分析企业行为入手，认为金融企业在市场拓展中的金融工具和金融产品的创新，有利于金融企业自身获得更多的潜在利润,也认为与之相关的市场创新和由于宏观经济环境变化而引起的金融制度创新会阻碍企业的发展。但事实上,西尔伯认为的金融企业的孤立创新偏离了实际的发展事实,金融创新应该是金融企业在金融市场和金融领域内各种综合要素重新组合的反映。

规避型金融创新理论是由美国经济学家凯恩(E.J.kane)于1984年提出的。所谓规避,就是对各种规章制度的约束条款实行回避。而规避型创新就是指为回避各种约束条款而进行的创新行为,也就是当外在的金融市场力量和市场机制与内在的金融企业行为相排斥时,而采取的回避各种金融控制所产生的金融创新。为此,凯恩还设计出一个重新拟定规章制度的范式,认为制定金融制度的程序和被管制人规避的行为是相互依存和相互适应的,只有通过如此互动过程,才能制定出相对成熟和切实可行的新规章制度。

希克斯(J.R.Hicks,1983)和尼汉斯(J.Niehans,1983)提出了命题为"金融创新的支配因素是降低交易成本"的金融创新研究,也就是交易成本创新理论,认为金融系统所提供的产品或服务可以归纳为三种标准:第一种服务由现有货币对未来货币的兑换组成;第二种服务是将借贷双方组织在一起;第三种是代表顾客付款的交易执行。从根源上说,交易成本理论认为,金融组织内部经济结构变化所引起的交易成本下降是金融创新的源泉。制度学派的金融创新理论则认为,作为制度创新的一部分,金融制度创新是一种与经济制度息息相关的制度变革,两者互为影响、互为因果。基于这种观点,那么在金融体系内,任何因制度改革而引发的变动和更新都可视为金融创新,其中政府行为的变化是引起金融制度变化的主要推动力。

到了20世纪80年代,用市场视角综合分析金融创新成为研究的热点动向,具有代表性的有金融不完全市场理论、金融创新一般均衡模型等。德赛和罗(Desai and Low,1987)认为金融创新是不完全市场中的组合与分解过程,并在结合定位理论的基础上提出了金融创新的特征需求理论。同时,艾伦和盖尔(Allen and Gale,1991)试图在一般均衡理论的框架下,通过将创新过程模型化来说明金融创新,基于此思想,他们建立了金融创新理论的风险分担模型,提出了诸多有关风险分担的金融创新理论。

随着西方金融创新浪潮的不断掀起,金融创新的理念在我国也得到逐步推行。国内学者对金融创新的理论内涵也有丰富的观点,对于我国金融制度的不断进步和完善形成了诸多建设性意见。陈岱孙、厉以宁(1997)认为,金融创新就是在金融领域内实现各种金融要素新的组合,是为了追逐新的利润机会而形成的市场更新,广泛来说就是指金融体系和金融市场上出现的一系列新事物,包括新的金融工具、新的融资模式、新的金融市场、新的支付清算方式、新的金融组织形式以及管理方法等内容。黄达(2001)也持类似的观点,认为金融创新就是要解除传统金融业务形成的束缚,在金融技术、金融工具、融资方式、金融机构与金融市场等方面进行创新。陈野华(2002)也指出,金融创新分为市场创新与制度创新,是金融发展的一种表现,它具体表现为对金融要素进行新的组合,以实现金融上层建筑的量的扩张。其中,市场创新先于制度创新,而制度创新又使得市场创新的成果不断地合法化和规范化。

金融创新不仅是金融理论需要研究的问题,也是金融监管体制设计与改革中必须涉及的实践问题,特别是对于转型经济国家,更要利用金融创新推动金融发展,但金融创新也会带来金融风险,需要建立富有弹性的金融监管体制。换言之,金融监管既要防止金融风险,又要激励金融创新,释放金融创新的效能,促进金融可持续发展。目前我国经济正处于转型升级阶段,随着现代信息技术的不断更新,金融创新正处在方兴未艾的时期。当前,中国正处在全面贯彻实施乡村振兴战略和推进农村产业融合发展的关键时期,农村金融需求日益多元化,金融创新不足导致实践中供需失衡现象异常明显,提高金融支持农村产业融合发展的效率和质量尤其需要加快金融服务创新。因此,农村产业融合发展的金融服务创新,必然与金融创新理论有着深刻的逻辑联系,且客观需要吸收金融创新理论营养,展开新的制度性探索。

2.5 本章小结

科学研究特别是应用研究必须以客观经济行为的基本发展规律为前提,以前人的研究成果为基础,在借鉴相关基础理论的基础上去实现突破和创新。本章节对与本课题研究内容息息相关的产业发展理论、农村金融理论、微型金融与普惠金融理论、金融创新理论等主要基础理论进行了回顾、总结和借鉴。

在产业发展理论方面,本章节主要总结了产业融合理论(包括产业融合的概念、理论起源、主要思想和观点)、产业集群理论(包括产业集群理论的起源和发展、产业集群的特征、产业集群的代表性理论)和农业多功能性理论(包括农业多功能性理论的起源和发展、农业多功能性的具体表现、农业多功能性在农村产业融合发展中的应用)等。在农村金融理论方面,本章节主要回顾和梳理了农村金融理论的发展和更新,总结了农业信贷补贴论、农村金融市场论、农村金融不完全竞争市场论和农村金融局部知识论等几个经典理论的主要思想、观点、政策主张以及理论缺陷等内容。在微型金融与普惠金融理论方面,主要总结了国际国内微型金融理论的发展和微型金融理论的实践,总结了普惠金融发展及其与微型金融的关系、中国普惠金融发展的历程和主要阶段等主要内容。在金融创新理论方面，本章节主要总结了金融创新理论的起源、金融创新理论的代表性学者及其观点和思想，以及中国关于金融创新的理论研究和实践，金融创新在推进农村产业融合发展与乡村振兴战略的重要作用。

第3章 农村产业融合发展与金融服务创新的理论框架

研究农村产业融合发展的金融服务创新与政策协同问题,首先必须弄清楚农村产业融合发展与金融服务的概念及其内涵,阐述农村产业融合发展在乡村振兴中的地位和作用,并从理论上厘清农村产业融合发展的推进路径、金融支持农村产业融合发展的作用机理及支撑条件。因此,本章节的主要任务就是回答上述几个问题,从而为课题后续研究奠定理论基础。

3.1 农村产业融合发展与金融服务的概念界定

3.1.1 农村产业融合发展的概念及内涵

产业融合并非新生事物,在产业演进和产业发展史中,产业融合现象无处不在,特别是20世纪70年代以来。早先的研究认为产业融合始于产业之间的技术关联(Rosenberg,1963;Saha D,1988)。随着实践的发展,关于产业融合的研究逐步从技术视角拓展到产品、产业、市场视角。如Greenstein S 和 Khanna T(1997)认为产业融合是为适应产业增长而发生的产业边界的收缩或者消失。欧盟委员会提出,产业融合是技术、产业、服务和市场多个层次的融合(European Commission,1997)。近年来,国内学者对产业融合进行了大量研究。卢东斌(2001)认为,产业融合是高新技术及其产业作用于传统产业,使得两种或多种产业合成一体,逐步成为新的产业。马健(2002)提出,产业融合是由于技术进步和放松管制,发生在产业边界和交叉处的技术融合,改变了原有产业产品的特征和市场需求,使企业之间的竞争合作关系发生改变,从而形成产业边界模糊化,甚至重划产业界限的现象。厉无畏和王振(2003)认为,产业融合是指不同产业或同一产业的不同行业通过相互渗透、相互交叉,最终融为一体,逐步形成新产业的动态发展过程,其特征在于融合的结果出现了新的产业或新的增长点。从市场角度来看,产业融合可以分为供给方的技术融合和需求方的产品融合;从融合程度来看,产业融合可以分为完全融合、部分融合和虚假融合;从融合方向来看,产业融合可以分为横向融合、纵向融合和混合融合;从融合形式来看,产业融合可以分为产业渗透、产业交叉和产业重组,也可以分为高新技术的渗透融合、产业间的延伸融合、产业内部的重组融合、新兴产业取代传统产业的替代融合。

产业融合涉及多个领域,其中农村一二三产业融合发展(简称"农村产业融合发展")近年来备受政界学界的高度关注。其中,代表性观点当数日本学者今村奈良臣(1996)提出的"六次产业"概念,他认为要推进与农业相关的产业融合发展,鼓励农户搞多种经营,不仅从事种养业,而且从事农产品加工、流通、销售及观光旅游等二三产业,提升农产品附加值和农民收入。最初的六次产业=第一产业+第二产业+第三产业,即6=1+2+3,后来为了强调产业融合,改为了六次产业=第一产业×第二产业×第三产业,即6=1×2×3。梁伟军(2013)认为,农村产业融合包括农资供应、农产品生产、加工、销售及服务环节的纵向融合,以及农业引入高新技术产业发展理念、技术成果和管理模式的横向融合。陈晓华(2015)指出农村产业融合发展是以农业为基本依托,以产业化经营组织为引领,以利益联结机制为纽带,通过产业联动、要素集聚、技术渗透、体制创新,促进农业产前、产中、产后以及休闲服务各环节的有机结合,实现农业产业链的延伸、价值链的跃升、功能的拓展、多主体的共赢,让农民参与二三产业、分享增值收益。姜长云(2015)提出,农村产业融合发展以农村一二三产业之间的融合渗透和交叉重组为路径,以产业链延伸、产业范围拓展和产业功能转型为表征,以产业发展和发展方式转变为结果,通过形成新技术、新业态、新商业模式,带动资源、要素、技术、市场需求在农村的整合集成和优化重组,甚至农村产业空间布局的调整。郑风田等(2015)认为,农村产业融合发展,是指以农业为基础和依托,借助产业渗透、产业交叉和产业重组方式,通过形成新技术、新业态、新商业模式延伸农业产业链,由一产向二产和三产拓展,打造农业产业综合体和联合体,进而达到实现农业现代化、城乡发展一体化、农民增收的目的。马晓河(2015)认为农村产业融合发展是以农业为基本依托,通过产业联动、产业集聚、技术渗透、体制创新等方式,将资本、技术以及资源要素进行跨界集约化配置,使农业生产、农产品加工和销售、餐饮、休闲以及其他服务业有机地整合在一起,使得农村一二三产业之间紧密相连、协同发展,最终实现农业产业链延伸、产业范围扩展和农民增加收入。张林和温涛(2019)认为农村产业融合发展是指以农业农村为基础,以新型农业经营主体为引领,以利益联结机制为纽带,通过产业链延伸、产业功能拓展、要素集聚、技术渗透、组织制度创新等手段打破产业边界,形成农产品加工业、休闲观光农业、农产品电子商务等多次产业交叉互动的新兴业态,从而不断拓展农村生产、生活、生态功能的动态化农村产业发展方式。

在借鉴现有文献对农村产业融合发展内涵界定的基础上,本研究将农村产业融合发展定义为:农业生产经营者统筹利用农村的自然、生态、文化资源,以农村第一产业为基础,以利益联结机制为纽带,以农业多功能性为依托,通过产业链延伸、产业功能拓展、生产要素集聚、生产技术渗透、生产模式再造、生产组织创新等手段打破产业边界和加快农村资本、技术等资源要素的跨界集约化配置,通过形成农产品加工、乡村旅游、农产品电商等新型农村产业形态推动农村一二三产业有机整合、紧密相连和相互促进,从而拓展农村生产、生活、生态功能,最终实现农业产业链不断延伸、农业竞争力不断提升、农村产业范围加速拓展和农民收入持续增长的一种动态化农村产业发展方式。试点和推进农村产业融合发展的主要目的是以农业产业为基础,以适度规模经营的新型农业经营主体为引领,以农村兼业农户为补充,以紧密的利益联结机制为纽带,通过发展新产业、新业态、新模式推动农村一二三产业有机融合与渗透,从而促进返乡农民工充分就业和农民收入持续增长,进而实现乡村产业振兴和农民生活富裕。

从不同学者的内涵界定中,可以归纳出如下几个共同点。

(1)产业链条的延伸。主要是指以农业为中心,向产前和产后延伸链条,进而把种子、农药、肥料供应以及农产品加工、销售等环节与农业生产连接起来。

(2)技术的支撑。新技术的推广应用,在提高生产效率、转变生产模式、缩短供求双方之间距离的同时,也使农业与二三产业间的边界变得模糊。

(3)产业间的关联与渗透。通过开发、拓展和提升,使农业具备生态休闲、旅游观光、文化传承、科技教育等多种功能,进而与历史、文化、旅游、教育、康养等产业交叉融合。

(4)产业发展效益的提升。农村一二三产业融合的最终目的,是推动农村产业空间布局的调整和发展方式的转变,并让农民参与二三产业,分享农村产业增值收益。

3.1.2 金融服务的概念及内涵

金融包括银行、保险、证券、信托、基金、期货、期权、租赁等多种服务业态。金融作为现代经济的核心和支柱,"逐利"和"嫌贫爱富"的本性使其以追求利润最大化为主要经营目标,因此金融机构支持实体经济发展总是以还本付息为条件的。金融支持农村产业融合发展就是不同类型的金融机构为农村产业融合发展从业主体提供多元化的金融产品和金融服务,满足从业主体各类金融需求,促进新型农业经营主体快速成长,进而推动农村经济发展。

与二三产业相比,农业具有明显的弱质性,比较效益偏低,风险较大,因而追逐利润最大化的商业性金融对支农支小的积极性并不高。尤其是处于创业初期、投资大、回报期长、资金流不稳定的一些新型农业经营主体,面临着严重的信贷配给不足问题,长期受融资难、融资贵、融资慢等问题困扰。然而,农业是基础产业,是国家确保粮食安全和经济社会稳定的支柱产业,具有显著的正外部性和经济社会效益。因此,国家一方面成立政策性金融机构(中国农业发展银行),通过政策性金融先导性地支持农业基础设施建设和提供基础风险保障,以引导商业金融后期支持农业生产性投入;另一方面对商业性金融支农提供财政担保或财政补贴,以降低商业性金融支农支小的成本和风险,增强商业性金融服务农业的积极性。此外,农村合作金融与民间金融的存在和发展,既为弥补政策性金融与商业性金融支农的不足提供了可能,也为偏远地区的农业融资和风险保障提供了新的选择途径。

因此,现阶段支持农村产业融合发展的金融供给主体主要包括以下几大类:一是政策性金融机构,如政策性银行(中国农业发展银行、国家开发银行)、政策性担保和政策性保险(中国农业再保险公司);二是商业性金融机构,如商业性银行、商业性担保和商业性保险;三是合作性金融机构,如农村商业银行、农村信用合作社、村镇银行、小贷公司、农村资金互助社等;四是互联网金融,如蚂蚁金服、财付通、理财通、百度金融、京东金融、小米金融、苏宁金融、万达金融、乐视金融和陆金所等;五是内生于农村社区的"草根"金融,如农业农村部在湖南沅陵、安徽金寨等试点的新型合作金融组织;六是农村非正规金融组织,如典当、合会、私人钱庄等。政策性金融为了执行国家农业发展战略,通过先行的优惠性金融资金投入而带动商业性和合作性金融为农村产业融合发展提供金融支持;商业性金融则是为了追求盈利最大化而对经营性农业提供融资、融智、担保、保险等金融支持;合作性金融则介于两者之间,体现社区互助合作精神,为入社会员提供小额金融服务;互联网金融主要借助众筹、第三方支付、电子商务、数字货币等数字金融产品和服务为新型农业经营主体提供支持。

当前中国农村产业融合发展尚处于探索试点阶段,融合主体以适度规模经营的新型农业经营主体为核心,其在经营规模、经营理念、组织架构、市场经营能力等多个方面与传统的农户家庭经营存在显著的区别,而且新型农业经营主体的金融需求也表现出诸多新特征。这要求金融机构及时根据新型农业经营主体的金融需求特征,开发创新与之相匹配相适应的金融产品和金融服务,以满足其多元化的金融需求。金融机构创新金融产品和金融服务,既可以是对原有的产品和服务进行调整优化,也可以是为迎合新型农业经营主体需求而推出全新产品和服务。

3.2 农村产业融合发展与农业产业化的联系和区别

农村产业融合发展与农业产业化是农村农业经济发展的两种不同形态,二者之间既相互联系又相互区别。

3.2.1 农村产业融合发展与农业产业化的联系

总体来看,农村产业融合发展与农业产业化一脉相承,存在着天然、内在和历史的联系。二者之间具有空间上的并存性和时间上的继起性,农村产业融合发展丰富了农业产业化的内涵,拓展了农业产业化的外延,是农业产业化的延伸和发展,是农业产业化的高级阶段和升级版。具体来看,农村产业融合发展与农业产业化之间的联系主要表现为以下几个方面。

(1)农业产业化实践为农村产业融合发展创造了条件。经过多年的探索和发展,农业产业化形成了延伸农业产业链,构建利益联结机制的多种路径和模式,促进产业链、价值链和组织链理念日益融入农村产业发展之中,为农村产业融合发展创造了基础条件。在融合主体方面,全国各类农业产业化组织,尤其是龙头企业更加重视带动家庭农场和农民合作社发展,逐渐成为推进农村产业融合发展的引领力量。在产业链方面,农业产业链不断向品种研发、精深加工以及综合利用等高附加值环节纵向延伸,龙头企业的转化增值作用十分明显。在组织模式方面,"公司+农户""公司+农户+合作社""公司+家庭农场""公司+电商平台+农户""公司+一村一品特色村镇"等多种组织模式日益丰富。在利益联结机制方面,不再局限于简单的买卖关系,土地入股、利润返还、服务联动等多种方式日益增多。在产业业态方面,农家乐、地产地销、体验农业、智慧农业、农业物联网等新业态、新模式大量出现,呈现出一二三产业融合发展的良好态势。

(2)农业产业化走向农村产业融合发展阶段是必然趋势。从农业产业化到农村产业融合发展大致经历了探索起步阶段、利益联结阶段和农村产业融合发展三个阶段。20世纪80年代初,大城市郊区和农垦企业为稳定原料供给、提高产品质量和满足出口要求,采取农工商一体化、产加销一条龙的经营方式,解决农业生产与加工流通脱节、农产品供应与需求脱节、农民与市场脱节的难题,形成了农业产业化的雏形。在发展过程中,农业龙头企业不断延伸产业链,发展主导产业和优势产业,积极探索构建与农户的利益联结机制,为农村产业融合发展打下良好的基础。中国经济发展进入新常态以后,2014年中央农村经济工作会议要求"加快发展农业产业化,促进一二三产业融合互动,提高农业发展的质量和效益。"2015年中央一号文件进一步强调,同年底国务院办公厅印发了《关于推进农村一二三产业融合发展的指导意见》,明确要求支持龙头企业发挥引领示范作用。由此可以看出,农业产业化发展的新阶段就是推进农村产业融合发展。

(3)农村产业融合发展是农业产业化的升级版。农村一二三产业融合发展中的三次产业并不是简单相加,而是通过技术创新、要素渗透、模式再造等方式打破产业边界,拓展农村生产、生活、生态功能,实现"1+1+1>3"的融合效果。从这个角度讲,农村一二三产业融合是农业产业化的升级版(尹成杰,2016;张红宇等,2016)。尽管农业产业化和农村产业融合发展都以促进农民增收为目标、以市场为导向、以构建产业链为手段、以完善利益联结机制为关键引领我国现代农业发展,但随着农业功能的拓展和农村经济的发展,农村产业融合发展比现阶段农业产业化发展有至少三个方面的提升。第一,农村产业融合发展比农业产业化更加注重空间拓展。农村产业融合发展着力引导二三产业向县城、重点乡镇及产业园区集中,培育农产品加工、商贸物流、休闲旅游等特色小城镇,实现产业发展和人口集聚的相互促进与协调发展。第二,农村产业融合发展比农业产业化更加注重产业链的拓展和延伸。农业的纵向融合程度反映农业产业化经营的水平(黄祖辉,2015),农村产业融合发展更加强调产业链的横向拓宽,挖掘农业的非生产功能,形成多重产业交叉互动的新产业。第三,农村产业融合发展比农业产业化更加注重业态创新。农村产业融合发展通过资金、技术等要素渗透,模糊产业边界,催生新产业新业态。

3.2.2 农村产业融合发展与农业产业化的区别

总体来看,农村产业融合发展与农业产业化的主要区别表现为以下几个方面。

(1)产业边界更加模糊。农村产业融合发展使不同产业在技术、产品、业务等方面形成交集,跨界融合的主导特征显著,模糊了原有的产业边界。

(2)利益联结程度更加紧密。农村产业融合发展模式更加多样,更多地采用股份合作制、合作制等紧密型利益联结机制,更为广泛深入地带动农民参与到产业融合的进程中。

(3)经营主体更加多元化。相对于农业产业化经营,农村产业融合的经营主体类型更多,相互之间的关系更为复杂。参与农村产业融合的经营主体包括普通农户、专业大户、家庭农场、农民合作社、龙头企业、工商资本等多元经营主体,龙头企业和工商资本对农村产业融合的引领带动作用更加突出;甚至部分市民通过社区支持农业等方式,也成为农村产业融合的重要参与者。

(4)业态创新更加活跃。农村产业融合发展不但包括了农业生产、加工、销售等农业产业化内容,而且还催生了新产品、新技术和新业态。如农业多功能开发产生了乡村旅游,通过信息技术应用产生了农村电子商务等新业态。

(5)功能更加丰富。相对于一般的农业产业化,农村产业融合往往催生了循环农业、休闲农业、创意农业、智慧农业、工厂化农业等新业态,产生了生态、旅游、文化、科技、教育等新功能,内涵更加丰富多彩。

3.3 农村产业融合发展在乡村振兴中的地位和作用

3.3.1 农村产业融合发展是实现乡村产业振兴的关键举措

产业振兴是乡村振兴战略的核心,农村产业融合发展是实现乡村产业振兴的关键举措。乡村振兴是一个复杂的系统工程,涉及产业、人才、文化、生态、组织等诸多方面,其中产业振兴是实施乡村振兴战略的核心和枢纽,是新形势下解决"三农"问题的重要抓手,推动乡村振兴必须把产业振兴放在首位,以产业振兴为突破口,以乡村产业振兴带动人才振兴、文化振兴、生态振兴和组织振兴为基本路径。乡村振兴战略的总要求是"产业兴旺、生态宜居、乡风文明、治理有效、生活富裕",就是要推动农业全面升级、农村全面进步、农民全面发展,让农业成为有奔头的产业,让农民成为有吸引力的职业,让农村成为安居乐业的美丽家园。农村产业融合发展具有延伸农业产业链、提升价值链、共享增值收益等典型特征,推进农村产业融合发展将实现三次产业关系在农村的优化组合和空间重构,将催生生物农业、智慧农业、休闲农业、创意农业等农村新业态,以及农村电子商务、产地直销、会员配送、个性化定制等新模式,有助于农村三次产业的有机融合和持续发展。因此,农村产业融合发展是实现乡村产业振兴的关键举措和有效途径。

3.3.2 农村产业融合发展是实现农民生活富裕的重要途径

农村产业融合发展是拓宽农民增收渠道、促进农民收入持续增长最终实现生活富裕的重要途径。由于农业自身的产业特性,农民单纯依靠发展农业来实现致富是难以办到的。农民要富,必须大力发展第二三产业,只有把乡村第二三产业发展起来,走一二三产业融合发展的道路,才能从根本上解决农民的致富问题。推进农村产业融合发展,使农业生产经营活动在传统的生产环节之外,增加了农产品加工、包装、运输、保管、销售等环节,将与农业产业链相关的二三产业增值收益留在农村,拓展了农民就业增收渠道。推动农村一二三产业融合发展,不仅可以不断延伸农业产业链和增加农产品附加值,还可以提高农民在农业产业链中的基础地位,增强农民享受产业融合红利的权利。农村产业融合发展可以激活农村土地、住宅和金融市场,扩宽农民土地、资金入股龙头企业、专业合作社的途径和渠道,有助于增加农民财产性收入。同时,农民以土地租让或土地入股的形式参加农村产业融合,减少了农户的劳动时间,农民可以外出务工或返聘务工,增加工资性收入。

3.3.3 农村产业融合发展是新形势下推进农业转型的应有之义

随着农村大量优质劳动力、土地、资金等生产要素不断向城镇转移和集聚,乡村地区农业兼业化、农民老龄化、村落空心化等乡村衰落问题日益突出(陈学云、程长明,2018),农业长期粗放式经营积累的深层次矛盾逐步显现。"三农"问题成为全面建成社会主义现代化强国的关键短板,加快推进农业发展方式转型和实施乡村振兴战略势在必行。推进农村产业融合发展有利于推动形成生态农业和循环农业的发展模式,促进农业生产和农民生活方式向绿色环保方向转变,有利于通过发展休闲农业、创意农业等产业融合新领域,增加对农村基础设施、生态环境、居住条件等建设和投资,推进美丽乡村建设。因此,可以说农村产业融合发展是新形势下推进农业发展方式和农民生活方式转型的应有之义。

3.4 金融服务创新促进农村产业融合发展的作用机理

3.4.1 金融支持农村产业融合发展的分析框架

金融服务农村产业融合发展的支持对象众多,着力点众多。有些金融服务直接作用于农村产业融合发展从业主体,为从业主体提供各种各样的金融贷款产品和金融服务,满足从业主体生产经营的金融需求;有些金融服务主要为农村产业融合发展创造条件和环境,比如支持农村基础设施建设、为农业产业融合发展从业主体其他相关产业发展提供金融支持。随着农村产业融合发展的不断推进,从业主体获得更多的收益,然后将利润存在金融机构或进行投资。归纳起来,金融支持农村产业融合发展主要产生直接效应和间接效应两个方面的效应,其作用机理如图3-1所示。

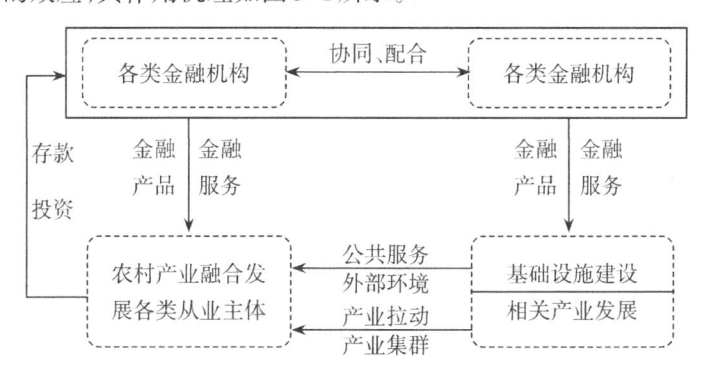

图3-1 金融支持农村产业融合发展的作用机理

3.4.2 金融支持农村产业融合发展的直接效应

农村产业融合发展面临的最大要素瓶颈就是金融资源短缺。金融机构为农村产业融合发展从业主体所提供的各种金融产品和金融服务有助于满足其多元化的金融需求,从而产生直接效应促进农村产业融合发展。

第一,金融机构提供的融资支持有助于农村产业融合发展从业主体的生产经营和发展壮大。资金短缺问题永远都是农村产业融合发展从业主体所面临的主要问题。商业性银行、政策性银行、农村信用社、农村合作银行、村镇银行、农村资金互助社、财务公司、金融租赁公司等金融机构为农村产业融合发展从业主体提供信用贷款、抵押贷款、质押贷款、保证贷款等各类间接融资支持;证券公司、基金公司等金融机构为龙头企业和大型企业等从业主体提供发行股票、发行债券等各类直接融资支持;各类保险公司可以为农村产业融合发展从业主体提供农业保险(产量保险、价格保险、收入保险、巨灾保险等)、意外伤害保险、责任保险、健康保险、贷款保证保险等,有助于为农村产业融合发展"保驾护航";各类担保公司有助于为农村产业融合发展从业主体融资、融技、融智提供担保服务,各类租赁公司可以为农村产业融合发展从业主体的生产经营提供机械设备租赁服务。多样化的融资产品和金融服务有助于扩宽农村产业融合发展从业主体的融资渠道,满足从业主体多元化的融资需求,从而可以有效解决从业主体的资金短缺难题,也有助于分散和转移农村产业融合发展过程中各种潜在的风险,有助于为农村产业融合发展从业主体减少前期固定资产投资,为从业主体扩大生产经营规模和再生产奠定基础。

第二,金融机构特别是农村金融机构的发展有助于为农村产业融合发展从业主体提供便捷、价廉、质优的金融服务。金融机构在条件成熟优越的农村社区开展"惠民兴村"工程,不断扩大 ATM、POS、EPOS 等金融自动终端服务设施规模,可以让从业主体获得便捷的查询、转账、汇款、小额提现、网上缴费等金融服务,为农村产业融合发展从业主体获取普通金融服务节约大量时间成本和资金成本。随着农村互联网和智能手机的不断普及,农村金融机构开发电子银行、网络银行、手机银行、手机 App 等信息化服务,为农村产业融合发展从业主体提供跨地域的手机支付、手机结算、视频转账等新型金融服务,为农产品电商、微商、农家乐等新主体发展提供了契机。金融机构可以为农村产业融合发展从业主体提供财务指导服务、金融理财规划、金融管理服务,比如可以提供贷款手续办理、财务规划制定、产业链整体包装、融资计划设计等多项金融咨询服务,与商业银行、证券公司、担保公司等多类金融机构合作,在抵押贷款、上市发行债券或股票等方面为大型龙头企业提供金融综合性金融服务,有利于成长期的适度规模经营主体、农业产业化龙头企业的发展壮大。

3.4.3 金融支持农村产业融合发展的间接效应

农村产业融合发展不仅需要大量的资金支持,同样需要良好的外部环境和完善的公共服务。因此,金融机构对农村农业基础设施建设、农业产业融合主体上下游关联企业的支持有助于为农村产业融合发展从业主体营造良好的外部环境、提供完善的公共服务和产生示范带动作用,从而对农村产业融合发展产生间接促进效应。

第一,金融机构对农村农业基础设施建设的支持有助于为农村产业融合发展从业主体营造良好的外部环境和提供完善的公共服务。随着农村产业融合发展项目的推进和乡村振兴战略的贯彻实施,农村农业基础设施建设是重头戏,必然会得到各级政府的重点推进和金融机构的大力支持。基础设施建设具有较强的正外部性且投资规模大、回报周期长等特点,光靠政府财政资金是远远不够的。在实践过程中,大多数地方政府都会采取BOT、PPP等多种模式引进社会资本、金融资本参与基础设施建设投资。农村道路、农田水利、气象台、互联网、通信网络等基础设施建设的不断更新和完善,有助于为农村产业融合发展从业主体营造良好的产业发展环境;农村自来水、垃圾处理、医疗卫生、清洁能源工程、农村物流超市、农贸市场等基础设施项目的建设完善,有助于为农村产业融合发展从业主体提供便捷、优质的社会化公共服务。

第二,金融机构对农村产业链上下游关联企业的支持有助于加快形成产业集群,从而带动农村产业融合发展和从业主体的发展。农村产业融合发展从业主体的发展壮大在很大程度上都会受到上下游关联企业发展的影响,也即上下游关联企业的发展对农村产业融合发展从业主体具有拉动作用。金融机构为农村产业上下游关联企业所提供的金融产品和金融服务,尤其是资金支持有助于推动这些关联企业发展壮大,上下游关联企业的发展必然增加对产业融合从业主体产成品或半成品的需求,同时增加对产业融合从业主体的原材料供给,从而对农村产业融合发展从业主体产生间接效应,拉动其快速发展壮大。

3.5 金融服务支持农村产业融合发展的支撑条件

农村产业融合发展是一项长期性、复杂化的动态发展过程,涉及的点多面广,金融需求旺盛。金融服务是促进农村产业融合发展的关键动力,但在总体处于金融抑制状态的农业农村发展领域,各种金融资源尤为稀缺,金融服务对农村产业融合发展的支持作用只有在支撑条件完善的情况下才能充分发挥,也即农村产业融合发展需要完备的支撑条件。从目前农村经济金融实践来看,金融支持农村产业融合发展的支撑条件主要包括以下几个方面。

3.5.1 健全的协同政策体系

农村产业融合发展目前尚处于探索试点阶段,相应的金融支持也仍处于启动和探索中。因此,金融支持农村产业融合发展需要政府及各决策部门的相关政策引导,需要科学完善的顶层设计。

自2015年首次提出农村产业融合发展试点以来,中央及地方各级政府先后出台了一系列支持农村产业融合发展和新型农业经营主体的政策文件,这些政策文件有力地推动了新型农业经营主体成长和农村产业融合发展。2015年中央一号文件《关于加大改革创新力度加快农业现代化建设的若干意见》首次提出了推进农村一二三产业融合发展的新理念。此后,2016—2017年的中央一号文件也都涉及农村产业融合发展问题,国务院办公厅、农业部办公厅、国家发展和改革委员会、财政部、中国农业银行、中国农业发展银行等多个部门或单位都相继出台了关于推进和支持农村产业融合发展的制度文件,主要内容和思想涉及农村产业融合发展的主要内涵、推进路径、发展规划与示范园建设等主题,以及农产品加工业、休闲农业、乡村产业振兴、农民工返乡创业、新型农业经营主体培育等多个相关主题,为农村产业融合发展提供了方向、指明了道路,对推进农村产业融合发展起到了重要的作用。2016—2017年,农业部办公厅分别联合中国农业银行、中国农业发展银行先后发布了关于商业性金融、政策性金融支持农村产业融合发展的指导意见。在省际层面上,不同省市先后出台了一些关于支持农村产业融合发展的指导意见。这些政策文件从宏观上确定了金融支持农村产业融合发展的方向和路径,有效地推动了金融支持农村产业融合发展实践,并取得了显著的成效。然而,宏观层面的政策文件虽然为金融支持农村产业融合发展明确方向提供了指导,但在微观层面的针对性和靶向性略显不足,导致在金融支持农村产业融合发展的实践中普遍存在金融供需结构失衡等诸多问题。农村产业融合发展中不同类型从业主体的金融需求千差万别,需要更加微观具体的政策方案和行动指南。各类金融机构在提供普遍性基础服务的同时,要明确金融支持的重点领域、关键阶段、重要主体、核心区域,实现效率与公平兼顾;明确政策性金融、商业性金融、合作性金融的比较优势、职责范围、专业分工、协调方案,提高各类金融机构支农效率和支农质量,推进金融支持与农村产业融合协同发展;出台金融支持农村产业融合发展过程中财政、税收、科技、信息、基建、公共服务等其他政策,构建完善的、系统的协同政策体系。关于农村产业融合发展的国家主要政策文件,详见表3-1。

表3-1 关于农村产业融合发展的国家主要政策文件

发布部门	发布时间	政策文件	主要思想和要求
中共中央 国务院	2015-02-01	《关于加大改革创新力度加快农业现代化建设的若干意见》	推进农村一二三产业融合发展。立足资源优势,以市场需求为导向,大力发展特色种养业、农产品加工业、农村服务业,积极开发农业多种功能,挖掘乡村生态休闲、旅游观光、文化教育价值。扶持建设一批具有历史、地域、民族特点的特色景观旅游村镇,打造形式多样、特色鲜明的乡村旅游休闲产品。

续表

发布部门	发布时间	政策文件	主要思想和要求
中共中央 国务院	2016-01-27	《中共中央 国务院关于落实发展新理念 加快农业现代化实现全面小康目标的若干意见》	充分发挥农村的独特优势，深度挖掘农业的多种功能，培育壮大农村新产业新业态，推动产业融合发展成为农民增收的重要支撑。推动农产品加工业转型升级。加强农产品流通设施和市场建设；大力发展休闲农业和乡村旅游；完善农业产业链与农民的利益联结机制。
中共中央 国务院	2017-02-05	《中共中央 国务院关于深入推进农业供给侧结构性改革加快培育农业农村发展新动能的若干意见》	利用"旅游+""生态+"等模式，推进农业、林业与旅游、教育、文化、康养等产业深度融合；促进新型农业经营主体、加工流通企业与电商企业全面对接融合。
中共中央 国务院	2018-02-04	《中共中央 国务院关于实施乡村振兴战略的意见》	构建农村一二三产业融合发展体系。大力开发农业多种功能，延长产业链、提升价值链、完善利益链，通过保底分红、股份合作、利润返还等多种形式，让农民合理分享全产业链增值收益。
中共中央 国务院	2019-02-19	《中共中央 国务院关于坚持农业农村优先发展做好"三农"工作的若干意见》	大力发展现代农产品加工业。健全农村一二三产业融合发展利益联结机制，让农民更多分享产业增值收益；落实扶持小农户和现代农业发展有机衔接的政策，完善"农户+合作社""农户+公司"利益联结机制。
中共中央 国务院	2020-02-05	《中共中央 国务院关于抓好"三农"领域重点工作确保如期实现全面小康的意见》	建立健全农民分享产业链增值收益机制，形成有竞争力的产业集群，推动农村一二三产业融合发展。加快建设国家、省、市、县现代农业产业园，支持农村产业融合发展示范园建设。抓紧出台支持农村一二三产业融合发展用地的政策意见。
国务院办公厅	2016-01-04	《国务院办公厅关于推进农村一二三产业融合发展的指导意见》	用工业理念发展农业，以市场需求为导向，以完善利益联结机制为核心，以制度、技术和商业模式创新为动力，以新型城镇化为依托，推进农业供给侧结构性改革，着力构建农业与二三产业交叉融合的现代产业体系。
国务院办公厅	2016-11-29	《国务院办公厅关于支持返乡下乡人员创业创新促进农村一二三产业融合发展的意见》	鼓励和引导返乡下乡人员按照全产业链、全价值链的现代产业组织方式开展创业创新，建立合理稳定的利益联结机制，推进农村一二三产业融合发展，让农民分享二三产业增值收益。

续表

发布部门	发布时间	政策文件	主要思想和要求
国务院办公厅	2016-12-28	《国务院办公厅关于进一步促进农产品加工业发展的意见》	以转变发展方式、调整优化结构为主线,以市场需求为导向,以增加农民收入、提高农业综合效益和竞争力为核心,因地制宜、科学规划,发挥优势,突出特色,推动农产品加工业从数量增长向质量提升、要素驱动向创新驱动、分散布局向集群发展转变,完善农产品加工产业和政策扶持体系,促进农产品加工业持续稳定健康发展。
农业部等14部门	2016-09-01	《关于大力发展休闲农业的指导意见》	大力发展休闲农业,有利于推动农业和旅游供给侧结构性改革,促进农村一二三产业融合发展,是带动农民就业增收和产业脱贫的重要渠道,是推进全域化旅游和促进城乡一体化发展的重要载体。
农业部	2016-10-20	《农业部关于推动落实农村一二三产业融合发展政策措施的通知》	协调推动落实农村产业融合发展扶持政策;积极推动探索农村产业融合发展多种方式;大力推动培育农村产业融合发展多元主体;着力推动建立农村产业融合多形式利益联结机制;认真推动实施农村产业融合试点示范工程。
农业部、中国农业银行	2016-08-15	《农业部办公厅 中国农业银行办公室关于金融支持农村一二三产业融合发展试点示范项目的通知》	金融支持是推进农村产业融合发展的重要手段;有利于推动农业生产、加工、销售、休闲旅游等一体化融合发展;要重点支持新型农业经营主体发展加工流通和直供直销等六类发展经营融合主体。
农业部	2016-11-17	《全国农产品加工业与农村一二三产业融合发展规划(2016—2020年)》	以市场需求为导向,以促进农业提质增效、农民就业增收和激活农村发展活力为目标,以新型农业经营主体为支撑,以完善利益联结机制和保障农民分享二三产业增值收益为核心,以制度、技术和商业模式创新为动力,……大力推进农产品加工业与农村产业交叉融合互动发展。
农业部、中国农业发展银行	2017-05-31	《农业部办公厅 中国农业发展银行办公室关于政策性金融支持农村一二三产业融合发展的通知》	要加大政策性金融优惠力度,促进政策性金融支持一批农村产业融合发展项目,支持一批产业链条健全、功能拓展充分、业态比较新颖并在经济规模、科技含量和社会影响力方面具有引领优势的领军型企业和农民合作社。
国家发展改革委	2016-12-30	《关于进一步做好农村一二三产业融合发展试点示范工作的通知》	切实加强组织领导,主动强化业务指导,积极完善支持政策,抓紧总结推广经验,建立信息报送制度。

续表

发布部门	发布时间	政策文件	主要思想和要求
国家发展改革委等7部委	2017-08-01	《国家农村产业融合发展示范园创建工作方案》	加大项目资金支持力度;优先支持发行企业债券;鼓励设立产业投资基金;鼓励地方加大融资支持;完善用地保障机制;支持政府与社会资本合作;加强产业融合公共服务等。
中共中央、国务院	2018-09-27	《乡村振兴战略规划(2018—2022年)》	构建现代农业产业体系、生产体系、经营体系,实现农村一二三产业深度融合发展;农村一二三产业融合发展格局初步形成,乡村产业加快发展,农民收入水平进一步提高,脱贫攻坚成果得到进一步巩固。
农业农村部	2018-12-31	《农业农村部关于实施农村一二三产业融合发展推进行动的通知》	以农民分享产业链增值收益为核心,以延长产业链、提升价值链、完善利益链为关键,以改革创新为动力,加强农业与加工流通、休闲旅游、文化体育、科技教育、健康养生和电子商务等产业深度融合……形成多业态打造、多主体参与、多机制联结、多要素发力、多模式推进的农村产业融合发展体系。
国务院	2019-06-28	《国务院关于促进乡村产业振兴的指导意见》	以实施乡村振兴战略为总抓手,以农业供给侧结构性改革为主线,围绕农村一二三产业融合发展,与脱贫攻坚有效衔接、与城镇化联动推进;……加快全产业链、全价值链建设,健全利益联结机制,把以农业农村资源为依托的二三产业尽量留在农村,把农业产业链的增值收益、就业岗位尽量留给农民。

资料来源:由课题组整理得到。

3.5.2 多元化金融服务体系

完善的农村金融组织体系和金融产品体系是金融支持农村产业融合发展的基础。随着金融体制改革的不断推进和农村金融市场的快速发展,农村金融服务体系不断完善。金融机构涉农贷款稳步增长,债券、股票等直接融资和农业保险取得长足发展,农产品期货市场从无到有,手机银行、网上银行、支付宝钱包、微信钱包等新兴金融业态不断发展,多层次、广覆盖、适度竞争的农村金融服务体系建设继续推进,政策性金融、商业性金融、合作性金融与互联网金融功能互补、相互协作的格局正在形成,农村信用和支付体系建设日益完善,金融支持农村产业融合发展的基础条件不断形成[1]。随着近年来农村金融改革试点的不断推进,农民合作社资金互助部、农业产业信用协会、村级扶贫互助协会、村级金融服务室、县乡村融资担保机构等新型农村金融合作组织快速发展并逐渐成为农村金融服务主力军,有效提高了贫困地区农村金融服务覆盖面。但不容忽视的是,中国农业银行等不断撤销农村网点,纷纷退出农村市场,村镇银行、小贷公司等新型农村金融机构要么

---

[1] 关于金融组织和金融产品等方面的具体数据将在第五章相应部分展示,此处不赘述。

名存实亡,要么不断脱农离农,开展非农业务,农村信用社成为大多数农村乡镇特别是偏远地区乡镇仅存的金融机构,但农村信用社所提供的金融服务非常单一。

除了需要完善的金融组织体系以外,金融支持农村产业融合发展还需要金融机构创新和提供多样化的金融产品,包括各种信用贷款、抵押贷款、质押贷款、担保贷款、联保贷款、融资担保、金融理财、财务咨询、财务管理、套期保值等,以满足从业主体多元化的金融需求。当前农村金融机构创新探索出了"银行贷款+风险补偿金""政银保合作""互联网+农村金融""农业领域PPP""开发性金融与绿色金融相结合"等多种融资模式,为绿色农业、田园综合体、水利建设、新农村建设等项目提供资金支持。农村金融机构积极探索开展大型农机具抵押、农业生产设施抵押、供应链融资等新业务,推出"农民专业合作社贷款""农业产业链贷款"等适合新型农业经营主体的专属产品,推行"金融+产业联盟+合作社+农户""金融+龙头企业+基地+农户""龙头企业+合作社+农户"等多种贷款模式,大力支持新型农业经营主体发展。深化农村产权融资创新,稳妥有序推进农村承包土地经营权和农民住房财产权抵押贷款试点,推出"两权+多种经营权组合抵押""两权+农业设施权证""农户联保+两权反担保"等多种贷款模式(中国人民银行农村金融服务研究小组,2019)。另外,农户活体牲畜抵押贷款、应收账单抵押贷款、以预期现金流为依据的贷款等新型贷款产品和"拎包银行""流动银行服务车"等多种新型金融服务模式快速发展,对缓解农村"融资难、融资贵、融资慢"问题起到了重要作用。但很显然,这些金融产品和金融服务创新更多集中在解决经营主体的资金难题上,在金融理财、财务咨询、财务管理等方面相对不足。因此,在这个过程中地方政府应出台相关的政策鼓励金融机构开展涉农业务,支持农村金融机构深入农村地区开设网点。同时商业性金融机构、政策性金融机构和合作性金融机构也应各司其职、有机协调,充分发挥自己的比较优势。

3.5.3 完善的风险分担体系

农业生产的弱质性和高风险性主要体现为生产经营过程中所面临的各种自然风险、技术风险、市场风险等各种风险。农业保险一方面可以为农业生产经营过程中的各种风险提供保障,另一方面也可以在金融支持农村产业融合发展过程中为金融机构提供资金安全保障。因此,快速发展和日益完善的农业保险体系是金融支持农村产业融合发展的关键支撑条件。

在综合考虑财政承受能力和农民投保负担的情况下,各省市坚持政府引导、市场运作、自主自愿、协同推进的原则开展农业保险。近年来,全国各地农业保险实现了跨越式发展,农业保险在基本覆盖农林牧渔业各主要产业的同时,在农业产业链前后也有新的延伸,从生产领域的自然灾害、疫病风险等逐步向流通领域的市场价格风险、农产品质量风险等拓展,农业保险险种不断创新。比如:农业巨灾保险、粮食作物产量保险、生猪目标价格保险、蔬菜价格指数保险、森林保险、农产品收入保险等获得了重点发展;随着新型农业经营主体的不断发展壮大,设施农业保险、农机农器保险、制种保险、农房保险等一些符合新型农业经营主体需求的保险产品也相继推出;在涉农信贷和涉农保险的合作过程中,涉农小额贷款保证保险也得到了快速发展。

经过10多年的试点,全国农业保险得到了快速发展。目前全国共有33家保险机构开展农业保险业务,农业保险服务网点乡镇覆盖率达到95%,村级覆盖率超过50%,基本形成了以政策性保险为基础、商业性保险和互助性保险为补充,既保成本又保收益、既保灾害又保价格、既保大宗又保特色、既保生产又保流通,中央保险保安全、省级保险保重点、区县保险保优势的政策性农业保险体系。农业再保险公司达32家,提供再保险风险保障3 000亿元以上。全国农业保险承保农作物品种近400种,基本涵盖了农林牧渔业各个领域。截至2018年末,农业保险参保农户1.95亿户次,实现农业保费收入572.65亿元;提供风险保障3.46万亿元,农业保险简单赔付率达73.9%。农业保险创新试点扎实推进,重要农产品成本保险、价格指数保险、收入保险已在安徽金寨、江西余江、河南信阳、湖南沅陵、重庆永川、四川成都、江苏武进等地稳步推进。已备案19个省市57款天气指数保险,保险标的涵盖玉米、水稻、茶叶等多种农产品;"保险+期货"试点已扩大到20个省(区市),试点项目156个,惠及农民25.9万户;200多个产粮大县已启动大灾保险,"基本险+补充险+商业险"模式已在安徽黄山开展试点,"订单农业+保险+期货"模式已在吉林公主岭市和松原市开始试点。

3.5.4 多部门协同服务机制

金融支持农村产业融合发展涉及政府部门、金融机构和第三方中介服务机构、新型农业经营主体等多个相关利益主体。虽然金融支持农村产业融合发展要根据不同类型主体的比较优势实行专业分工,但随着农村产业融合发展的不断推进,农村金融需求的种类日益多元化、金额日益巨额化、技术日益复杂化,单个金融机构已难以满足经营主体的金融需求,亟须建立多机构协同服务机制,形成金融支持农村产业融合发展的合力。

一方面金融支持农村产业融合发展需要加强政府部门对金融机构和新型农业经营主体的引导。一是中央及地方政府需要出台优惠政策,大力支持金融机构服务农村产业融合发展,比如为金融机构提供涉农贷款贴息、保费补贴、税收优惠、财政担保等多种优惠政策,降低金融开展"三农"业务的经营成本和风险,增强金融机构服务"三农"的积极性。二是各级政府还需要建立财政专项资金,加强对从事产业融合的新型农业经营主体的支持和引导,比如提供普通生产资料价格补贴和特殊生产资料直接免费发放、农产品保护价格收购、农业生产一般技术免费培训和特种复杂技术优惠价服务、特色农产品保险保费补贴等多种支持措施,减少农业经营主体的生产经营成本,让更多的增值收益和利润留在农村留给农民。

另一方面不同类型金融机构之间需要建立合作机制。当前支持农村产业融合发展的金融组织体系日益丰富,但如何进行专业分工和协同合作,减少实践中的错位、缺位、叠加等不良现象,从而提高金融服务效率才是关键。一是需要不同性质的银行类金融机构之间加强分工和合作。根据政策性银行、商业性银行、合作性银行、互联网金融、农村社区资金互助协会、农村非正规金融等不同类型金融组织的比较优势和专长进行科学统筹规划和专业分工,减少农村金融供给同质化现象。二是需要加强银行类金融机构与农业保险公司、农业担保公司、信用评级公司、抵押物评估与处置机构等非银行类金融机构的合作,解决农业经营主体缺乏有效抵押物而面临的融资难问题,解决银行发放贷款面临信用征集、抵押物处置等难题。

3.6 本章小结

本章节首先界定了农村产业融合发展与金融服务的概念及内涵,分析了农村产业融合发展与农业产业化的联系和区别,阐述了农村产业融合发展在乡村振兴战略中的地位和作用,然后在此基础上梳理了金融服务支持农村产业融合发展的直接效应和间接效应,以及金融服务支持农村产业融合发展所需要的基础条件。

所谓农村产业融合发展,是指以农村第一产业为基础,通过产业链延伸、产业功能拓展、生产要素集聚、生产技术渗透等手段打破产业边界和加快农村资本、技术等资源要素的跨界集约化配置,通过形成新型农村产业形态推动农村一二三产业有机整合、紧密相连和相互促进,从而拓展农村生产、生活、生态功能的一种动态化农村产业发展方式。农村产业融合发展是实现乡村产业振兴的关键举措,是实现农民生活富裕的重要途径,是新形势下推进农业转型的应有之义。金融支持农村产业融合发展就是不同类型的金融机构为农村产业融合发展从业主体提供多元化的金融产品和金融服务,满足从业主体各类金融需求,促进新型农业经营主体快速成长,进而推动农村经济发展。

农村产业融合发展与农业产业化一脉相承,存在着天然、内在和历史的联系。二者之间具有空间上的并存性和时间上的继起性,农村产业融合发展丰富了农业产业化的内涵,拓展了农业产业化的外延,是农业产业化的延伸和发展、高级阶段和升级版。但农村产业融合发展比农业产业化更加注重空间拓展、更加注重产业链的拓展和延伸、更加注重业态创新。农村产业融合发展的产业边界更加模糊,利益联结机制更加紧密,经营主体更多元化,业态创新更加活跃,功能更加丰富。

金融服务支持农村产业融合发展的手段、对象和着力点众多,可以产生直接效应和间接效应,即部分金融服务直接作用于农村产业融合发展从业主体,为其提供多元化的金融产品和金融服务,满足其金融需求,部分金融服务主要为农村产业融合发展创造条件和环境,比如支持农村基础设施建设和相关产业发展,从而间接支持农村产业融合从业主体发展壮大。但是,在金融总体处于抑制状态的农业农村领域,金融服务对农村产业融合发展的支持作用只有在支撑条件完善的情况下才能充分发挥,一是需要健全的协同政策体系,二是需要多元化金融服务体系,三是需要完善的风险分担体系,四是需要多部门协同服务机制。

第4章 农村产业融合发展与金融服务创新的现实考察

全面考察农村产业融合发展与金融服务创新的现状,发现并诊断所存在的问题是"对症下药"的前提。本章节将利用课题组所收集到的典型案例和数据材料,全面分析中国农村产业融合发展的演进历程、现实状况和主要问题,分析金融支持农村产业融合发展的现实基础和困境,从而为后续的政策研究奠定基础。

4.1 农村产业融合发展的演进历程

正如前文所述,农村产业融合发展与农业产业化二者之间具有空间上的并存性和时间上的继起性,农村产业融合发展是农业产业化的延伸和发展,是农业产业化的高级阶段和升级版。因此,探究农村产业融合发展的历史进程需要从农业产业化的萌芽探索阶段开始。纵观农村产业融合与农业产业化发展,其大致可以分为以下4个阶段:20世纪80年代中期至90年代中期的农业产业化探索阶段、20世纪90年代中期至90年代末期的农业产业化成长阶段、21世纪初至2014年的农业产业化创新阶段、2015年以后的农村产业融合发展阶段。

4.1.1 农业产业化探索阶段

从20世纪80年代中期开始,在东部和中部一些经济发展较好的地区出现了产销一条龙的农业经营模式。这种生产加销售一体化的经营模式以市场为导向,以农业企业为龙头,以家庭经营为基础,通过社会化服务和利益机制使农工商贸多个部门联合结成风险共担、利益共享的共同体。

真正意义的农业产业化起源于山东潍坊[①]。1992年,党的十四大召开以后,时任山东省委书记姜春云、省长赵志浩于当年11月20日至12月1日期间到山东潍坊就加快农业农村经济发展等问题进行专题调研。调研结束时,姜春云和赵志浩向时任潍坊市委书记赵长风、市长齐乃贵等陪同同志交代了一项重要任务,即在潍坊商品经济大合唱、贸工农一体化做法的基础上按照建立社会主义市场经济体制的基本要求,探索新的更高层次的农业发展新机制。

1993年初,潍坊市委、市政府齐乃贵等领导同志组织多个职能部门同志对党的十一届三中全会之后的农业农村经济发展问题进行了全面总结,并进行了广泛的调查研究,从而提出了"农业产业化"这一对我国农业发展具有历史性重大影响的概念。这一概念的形成和具体内涵经历了长时间的反复推敲和提炼。最初被概括为"发展主导产业、坚持区域布局、突出论坛带动、实现规模效益",后来又改成"立足主导产业、形成区域发展、发挥龙头作用、发展规模经营",最后被确定为"确立主导产业、实行区域布局、依靠龙头带动、发展规模经营"。1993年3月,齐乃贵等领导同志组织相关职能部门同志起草关于实施农业产业化战略的文件。在文件起草修订过程中,齐乃贵等同志先后深入昌邑市、寿光市、寒亭区、诸城市、安丘市[②]等多个地区进行广泛的调查研究,并与这些地区的党政主要领导进行深入交流,对农业产业化进行广泛发动。在经历了5次重大修改以后,《中共潍坊市委、市人民政府关于按照农业产业化要求进一步加强对农村社会主义市场经济领导的意见》文件稿于当年5月20日基本形成,5月23日提交市委常委会讨论研究定稿,5月25日正式印发[③]。以此为标志,潍坊在全国率先提出并组织实施农业产业化战略。潍坊市委、市政府组织实施农业产业化发展战略在山东省乃至全国都引起了强烈反响,得到了山东省委省政府乃至党中央、国务院的高度关注,相关领导也多次到潍坊指导、总结和推广农业产业化,山东省农委专门调查组在深入调查后还形成了调研报告《关于按产业化组织发展农业的初步设想与建议》,该报告被转发在山东省政府办公厅6月中旬的《参阅件》。

1993年,中共中央、国务院在《关于当前农业和农村经济发展的若干政策措施》中指出,要"以市场为导向,积极发展贸工农一体化经营。通过公司或龙头企业的系列化服务,把农户生产与国内外市场连接起来,实现农产品生产、加工、销售的紧密结合,形成各种专业性商品基地和区域性支柱产业。这是我国农业在家庭经营基础上向专业化、商品化、社

[①] 1993年10月12日,《农民日报》发表了题为《潍坊:农业产业化发源地》的报道,这是国家级媒体第一次也是最早界定潍坊是农业产业化发源地。
[②] 从当时的情况看,这些地级市或区县农业基础良好,是农业产业化、一村一品、农业规模化经营的重镇,在此后推进农业产业化经营过程中发挥了重要的示范引领作用。
[③] 经历史资料考证,该文件是中国历史上第一个以一级党委、政府名义出台的关于发展农业产业化的正式文件。

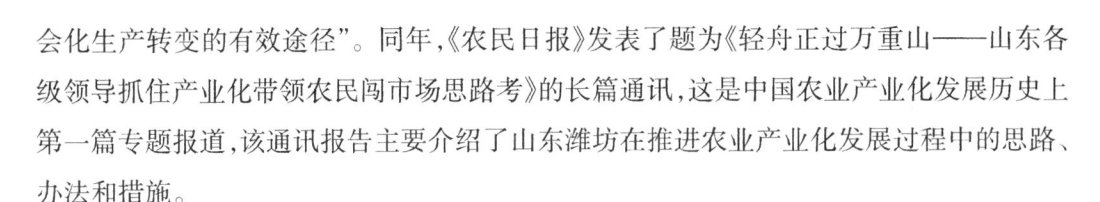

会化生产转变的有效途径"。同年,《农民日报》发表了题为《轻舟正过万重山——山东各级领导抓住产业化带领农民闯市场思路考》的长篇通讯,这是中国农业产业化发展历史上第一篇专题报道,该通讯报告主要介绍了山东潍坊在推进农业产业化发展过程中的思路、办法和措施。

4.1.2 农业产业化成长阶段

1994年,山东省委号召全省推广潍坊农业产业化发展经验,要求按照产业化组织农业生产。与之同时,各地方政府也纷纷发布了一系列关于农业产业化发展的政策措施。至此,山东全省迅速掀起了发展农业产业化的热潮,农业产业化发展战略正式进入全面实施阶段。同年11月,山东省委领导和农委、潍坊市主要负责人专程向时任国务委员陈俊生同志就山东农业产业化经验和问题进行了汇报,陈俊生当即给予了高度肯定,并认为山东对全国农业发展做出了重大贡献,同时批示将汇报提纲在国务院《参阅件》上予以转发。中国农业银行、财政部等多部门领导也对山东农业产业化的思路和方案表示赞赏,并在资金上给予支持。

1995年3月,《农民日报》发表了《产业化是农村改革与发展的方向》的报道,并指出产业化是农村改革自家庭联产承包制以来的又一次飞跃。同年5月2日,《农民日报》头条发表了全国第一次正面肯定农业产业化的评论员文章《积极稳妥发展农业产业化》。1995年下半年,温家宝同志来山东视察农村工作,对实施农业产业化发展农村经济的做法,予以充分肯定和高度评价。同年11月初,根据党中央和国务院有关领导意见,《人民日报》派出记者专程赴潍坊就农业产业化问题进行深入系统的调查研究,酝酿《人民日报》社论的起草。同年12月11日,《人民日报》以大社论的规格和超常规的篇幅发表社论《论农业产业化》,并配发三篇述评。社论的发表,基本结束了对潍坊农业产业化名词概念及内涵的争论。这既为农业产业化发展思路进入中央决策奠定了重要的思想舆论基础,又为农业产业化发展在全国复制推广起到了重要的推动作用和舆论导向作用。至此,农业产业化思想在全国得到了广泛传播,产生了极大的反响。

1996年2月4日,江泽民同志在致信供销社全国代表会议时第一次提出引导农民进市场、推动农业产业化。同年3月,全国人大八届四次会议批准了国家"九五计划",其中第四部分强调"鼓励发展多种形式的合作与联合,发展联结农户与市场的中介组织,大力发展贸工农一体化,积极推进农业产业化经营"。6月4日,江泽民同志视察农业农村工作时对农业产业化发展给予了充分肯定,并提出"农业发展也要靠两个转变"的重要思想,为农业产业化发展提供了理论基础,为农业产业化发展指明了方向。10月,农业部成立了农业产业化工作领导小组。1997年党的十五大报告明确提出,要"积极发展农业产业化经营,形成生产、加工、销售有机结合和相互促进的机制,推进农业向商品化、专业化、现代化转变"。

4.1.3 农业产业化创新阶段

21世纪初期,中国农业产业化进入到创新阶段,尤其是中国加入WTO以后,中国经济与全球经济正式接轨,农业农村发展的内外部环境发生了重大而又深刻的变革,为农业产业化发展奠定了坚实的基础。

2000年,《中共中央、国务院关于做好二〇〇〇年农业和农村工作的意见》指出"以公司带农户为主要形式的农业产业化经营,是促进加工转化增值的有效途径。各级政府和有关部门要认真总结经验,采取得力措施,推进农业产业化健康发展"。2001年3月召开的九届人大四次会议批准了"十五"计划纲要,指出农业产业化经营是推进农业现代化的重要途径,要鼓励采取公司加农户、订单农业等多种形式,大力推进农业产业化经营。支持农产品加工企业、销售企业和科研单位带动农户进入市场,与农户形成利益共享、风险共担的经营机制。2001年10月,100多名各级党政领导和70多名中央直管部门领导聚集在山东潍坊,召开了全国农业产业化发展经验交流会,会议解决了潍坊农业产业化发展经验如何向全国复制推广的问题。2002年11月,中共十六大明确指出要"积极推进农业产业化经营,提高农民进入市场的组织化程度和农业综合效益"。国家"十二五"规划明确指出,"坚持走中国特色农业现代化道路,把保障国家粮食安全作为首要目标,加快转变农业发展方式,提高农业综合生产能力、抗风险能力和市场竞争能力"。

2004—2005年间,大量工商资本涌入农业产业化领域,创新了农业经营理念,通过"政府搭台、企业唱戏"等多种途径鼓励工商资本、社会资本和其他引入资本积极参与农业产业化经营。农业经营理念不断创新,为农业产业化龙头企业的发展壮大注入了新活力。截至2004年9月,全国已成立580多家国家重点龙头企业、2 800多家省级重点龙头企业和数万家中小型龙头企业,多层次、多类型、多主体的农业产业化龙头企业发展新格局初步形成[1]。据《中国农业产业化与农产品加工市场前瞻与投资战略规划分析报告》,截至2015年底,全国农业产业化组织总数达38.6万个,辐射带动农户1.26亿,农户从事产业化经营户均增收达3 380元。

多年来,党和国家领导人对潍坊农业产业化发展给予了高度评价和充分肯定。国内多个省份主要领导和农业、财政、金融等多个职能部门的领导,以及美国、日本、韩国、新加坡等70多个国家的专家学者和领导人纷纷到山东潍坊进行专题考察。中国农业产业化发展的潍坊经验不断从山东走向全国,走向世界。

---

[1] 截止到2019年底,仅国家级重点农业产业化龙头企业的数量就达到1 542家。

4.1.4 农村产业融合发展阶段

2014年12月底召开的中央农村工作会议首次提出要大力发展农业产业化,把产业链、价值链等现代产业组织方式引入农业,促进农村一二三产业融合互动。2015年中央一号文件《关于加大改革创新力度加快农业现代化建设的若干意见》提出,推进农村一二三产业融合发展,从此开启了我国农村产业融合发展的新篇章。中国农业产业化发展由数量扩张向质量提升转变,由松散型利益联结向紧密型利益联结转变,由单个龙头企业带动向龙头企业集群带动转变。此后,农业部(现农业农村部)联合国家发展改革委、财政部等多个部门不断推行农村产业融合发展试点示范。

4.2 农村产业融合发展的基础与现状

分析农村产业融合发展的现状及问题,有助于把握产业融合主体对金融支持的现实需求,是提高金融产品和金融服务针对性、有效性的基础。本章节将结合文献资料和课题组调研所获取的案例材料,分析农村产业融合发展现状以及面临的问题。

4.2.1 农村产业融合发展产业基础不断夯实

近年来,农业作为农村产业融合发展的基础产业,保持稳定增长。一村一品作为农业产业积聚、开发利用乡村资源的新模式,进展良好。都市农业作为沟通城乡、连接工农的现代农业形态,发展势头良好。这些产业的稳定、良好发展为推进农村产业融合发展提供了坚实的产业基础。

(1)农业生产能力稳中有升。

进入新世纪以来,在"政策好、人努力、天帮忙"等多重推力下,我国农业连年增产,农业综合生产能力不断提升。如图4-1所示,农林牧渔业总产值和第一产业产值均实现了"连增",尽管粮食播种面积和总产量在2015—2017年间略有下降,但总体上仍是稳中有升,有力地保障了国家粮食安全。此外,棉花、油料、麻类、甘蔗等经济作物的种植面积和产量都平稳发展,茶树、果树等园艺作物的种植面积和产量实现"双增",肉类、奶类、禽蛋等主要畜禽产品也实现稳定发展。2004—2018年(偶数年份)我国主要农产品产量,详见表4-1。

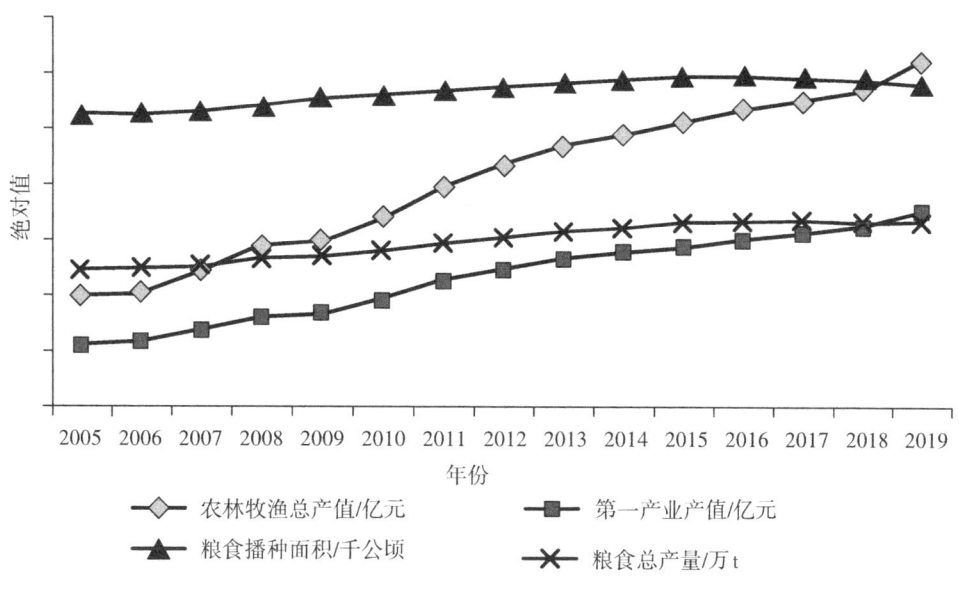

图 4-1　2005—2019 年中国农业经济发展与粮食生产情况

注：图中纵坐标为数据绝对值，不显示具体数值，此图主要是为了展示各项发展变化趋势。

表 4-1　2004—2018 年（偶数年份）我国主要农产品产量　　　　　　　　　　　　单位：万 t

品种	2004	2006	2008	2010	2012	2014	2016	2018
粮食	632.35	753.28	723.23	577.04	660.80	629.94	534.28	610.28
棉花	3 065.91	2 640.31	3 036.76	3 156.77	3 285.62	3 371.92	3 400.05	3 433.39
油料	107.36	89.09	56.09	24.23	19.62	16.51	18.13	20.31
麻类	8 984.94	9 709.22	12 152.06	10 598.23	11 574.61	1 1578.82	1 0321.54	10 809.71
甘蔗	240.60	245.56	275.94	283.20	324.60	284.67	257.39	224.10
甜菜	83.52	102.81	125.48	146.25	176.15	204.93	231.33	261.04
烟叶	1 5340.90	17 101.97	18 279.10	20 095.37	2 2091.50	23 302.63	24 405.24	25 688.35
茶叶	6 608.70	7 099.85	7 370.88	7 993.61	8 471.10	8 817.90	8 628.33	8 624.63
水果	2 368.40	3 051.60	3 236.20	3 211.30	3 306.70	3 276.50	3 173.90	3 176.80
肉类	2 370.60	2 424.00	2 699.62	2 776.88	2 885.39	2 930.31	3 160.54	3 28.28
奶类	2 404.47	2 509.63	2 598.28	2 797.53	2 889.61	3 136.25	3 301.26	3 301.43
禽蛋	1 842.09	2 073.97	2297.32	2575.47	2 612.53	286 5.66	3 078.22	3 156.23
海水产品	632.35	753.28	723.23	577.04	660.80	629.94	534.28	610.28
淡水产品	3 065.91	2 640.31	3 036.76	3 156.77	3 285.62	3371.92	3 400.05	3 433.39

资料来源：由课题组从《中国统计年鉴 2019》整理得到。

(2)一村一品快速推进。

一村一品最早由日本大分县知事平松守彦先生于1979年提出,其主要目的是引导农民认识自我、发现自我,充分利用本地资源开发生产具有本地特色的产品,并使这些产品不断走向国内外市场。1983年,平松守彦先生在上海首次举行了"一村一品"的演讲,其后上海和武汉分别开展了"一厂一品"和"一村一宝"运动,一村一品活动正式被引入中国。一村一品是指在一定区域范围内,充分挖掘本地资源特色,根据国内外市场需求,大力推进规模化、标准化、品牌化和市场化建设,使一个村庄或几个村庄拥有至少一个市场潜力大、区域特色鲜明、附加值高的主导产品和产业。为了助力农村地区脱贫致富,2011年9月农业部公布了322个全国第一批一村一品示范村镇名单[①],此后每年都按照不低于300个的数量新增一村一品示范村镇,截至2019年底已经认定了2 964个一村一品示范村镇,2011—2019年全国一村一品示范村镇数量,如图4-2所示。

"一村一品"发展到今天,其内涵和外延不断延伸,"一村"已经扩展到"一镇""一县","一品"也从农产品逐渐向工业、旅游、文化等产业产品扩展。各地区根据新一轮的特色农产品区域布局规划,积极引导专业村镇发展规模化、专业化、标准化生产基地,并不断辐射周边区域,提高了优势特色产业集聚水平,许多地方出现了多村一品、一乡一品、一镇一业、一县一业、一村几品等发展新格局。随着一村一品的快速发展,主导产业逐渐发展壮大,有效带动了自身及周边农产品加工、仓储、包装、运输等相关产业的发展,不少专业村镇抢抓市场机遇,不断拓展农业的休闲观光、文化传承、生态涵养等多种功能,积极发展休闲农业与乡村旅游业、民宿文化产业、生态康养农业等新产业新业态。

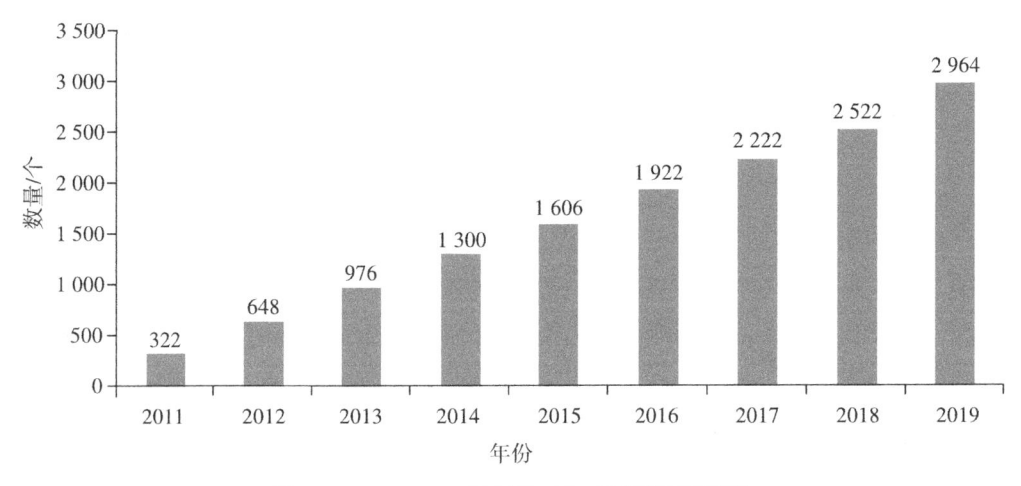

图4-2 2011—2019年全国一村一品示范村镇数量

---

① 评一村一品示范村镇的基本要求是:其主导产业或产品收入占全村/镇各业总收入的50%以上,60%以上的农户从事主导产业或产品生产经营活动,农户从事主导产业或产品经营活动的收入占农户家庭经营收入的70%以上。

(3)都市农业稳定增长。

都市农业的说法最早出现在1930年的日本《大阪府农会报》上,但其作为学术名词最早出现在日本学者青鹿四郎1935年出版的《农业经济地理》一书中。直到1977年,美国农业经济学家艾伦·尼斯撰写的《日本农业模式》一书,正式将其纳入农业经济的研究范畴。所谓都市农业,是指在都市经济区域内,利用动植物、微生物资源、田园景观、自然生态及环境资源,结合农林牧渔生产、农业经营活动、农村文化及农家生活,为人们休闲旅游、体验农业、了解农业提供场所,为城市居民提供物质产品的一种农业形态。

直到20世纪90年代,随着中国现代都市发展,都市农业才在中国开始起步发展。都市农业近几年来的迅速发展与大量先进要素进入都市农业有直接关系,城市化形成的先进生产要素为都市农业现代化改造提供条件。城市非农产业的发展聚集了资本、技术和管理等大量先进生产要素,由于市场竞争的加剧,这些先进生产要素在非农产业中的收益率逐渐下降。但对于相对落后的农业产业来讲,这些先进生产要素能够大幅度提升农业生产效率。随着农产品需求不断增加,使用这些要素能够获得比在非农产业中更高的收益率,因此,随着城市化的快速发展,城市的先进生产要素存在进入农业产业获利的动机。进入21世纪以后,都市农业在中国的发展速度不断加快,政府扶持力度也不断加大,农业发展质量和效益明显提高,农业发展活力也明显增强。

为建立科学合理的评价机制,进一步推动都市农业发展,农业部于2016年下半年委托都市农业重点实验室(依托上海交通大学建设)开展都市现代农业评价体系和发展现状分析的专题研究。2017年11月29日,在大连召开的全国大中城市都市现代农业经验交流会上,《都市现代农业发展报告(2017)》(以下简称《发展报告》)正式发布。通过现代农业经营水平等5个一级指标和农业劳动生产率等23个二级指标,对2016年全国35个大中城市都市现代农业综合发展水平进行测算。结果显示,中国以直辖市、省会城市、计划单列市为代表的大中城市都市现代农业整体发展势头良好,"菜篮子"产品保障能力不断提升,生态与可持续发展水平快速提高,一二三产业融合发展势头迅猛,农业先进生产要素聚集水平继续提升,现代农业经营水平稳步提高。从都市农业发展指数来看,排名前十的城市为上海、北京、南京、大连、天津、成都、青岛、重庆、西安和杭州。《发展报告》还显示,我国都市农业发展呈现出四大特点:全产业链发展成为主模式,现代要素集聚成新动能,多功能拓展服务成为新思路,智能服务体系成为新灵魂。

作为一项产业,没有经济效益就无法生存。面对"新时代、新特征、新业态、新模式、新要求"的发展机遇,推进我国都市现代农业发展首先要创新工作推动机制,注重规划引导、政策创设、示范引领和区域协同,不断提高土地和劳动的生产率,保证都市农业能在都市中生存下来,其次要不断拓展农业外延,强化农业功能性拓展服务业,加强新业态示范试点带动作用,进一步完善利益共享机制,发掘区域特色,促进产业融合和产业一体化,满足都市发展对安全、生态、休闲等产品的需求,走向人与自然及都市的和谐统一,使都市农业迈向新的可持续阶段。

(4)农业产业化组织蓬勃发展。

新型农业经营主体是推进农业农村现代化和乡村振兴的有生力量,农业产业化龙头企业肩负着组织农业产业化经营、引领农业现代化生产、组织小农进入现代化轨道的重要使命。2018年中央经济工作会议明确提出,"要重视培育家庭农场、农民合作社等新型经营主体"。2019年中央一号文件则提出,"落实扶持小农户和现代农业发展有机衔接的政策,完善'农户+合作社'、'农户+公司'利益联结机制"。推动新型农业经营主体高质量发展,对培育农业农村发展新动能,充分释放各类资源要素活力具有积极作用。

据农业农村部统计[①],截至2017年底,经县级以上农业产业化主管部门认定的龙头企业数量达到8.7万家,其中国家级重点龙头企业1 242家,年销售收入超过1亿元和100亿元的省级以上龙头企业分别达到8 000家和70家,全年农产品加工业主营业务收入超过22万亿元,增速达到7%。农产品加工业固定资产投资累计达到39 129亿元,增速为3.9%。截至2018年底,全国依法登记的农民合作社达到217.3万家,是2012年的3.15倍。实有入社农户超过1亿户,占全国农户总数的49.1%。农民日报社"新型农业经营主体发展绩效评价研究"课题组对全国819家国家级及省级农业产业化龙头企业和555家农民合作社进行了调查研究,并发布了《2019中国新型农业经营主体发展分析报告(一)——基于农业产业化龙头企业的调查和数据》《2019中国新型农业经营主体发展分析报告(二)——基于农民合作社的调查和数据》。数据显示,819家农业产业化龙头企业2017年总营业收入达到28 209.93亿元,同比增长14.5%,税后总利润为1 246.7亿元,同比增长4.77%。按企业所有权性质分类,国有企业占比为9%,民营企业占比为82%,集体经济企业占比为2%,其他企业占比为7%。按企业类型分类,生产加工型企业、农产品专业批发市场、市场流通型企业占比分别为96%、1.7%、2.3%。按企业所属地区分类,数量最多的5个省份依次为山东(83家)、河南(52家)、四川(51家)、江苏(51家)和广东(50家)。从区域分布看,东部、中部和西部农业产业化龙头企业数量分别为449、378和268家。平均规模以上农业产业化龙头企业数量分布及占比和2008—2017年全国农民合作社总量(不含西藏和港澳台地区),分别见图4-3、图4-4。

根据农民日报三农发展研究中心调查的合作社数据,2017年,555家农民合作社的营业收入均值约为2 329.07万元,可分配盈余达到338.48万元,社均盈余返还额213.91万元,社均期末贷款余额138.33万元,社均农民(出资、入股)成员数263户,社均服务农户数2 618户,能够带动入社农户户均增收2 000~4 000元的合作社达到40.2%,2 000元以下的

---

① 本部分数据主要来源于《2019中国新型农业经营主体发展分析报告(一)——基于农业产业化龙头企业的调查和数据》和《2019中国新型农业经营主体发展分析报告(二)——基于农民合作社的调查和数据》。

21.8%，6 000元以上的达到19.4%，4 000~6 000元的达到18.6%。根据固定观察点体系合作社调查数据，77.1%的合作社从事种植业，34.9%从事养殖业，从事农畜产品加工、营销占比分别为12.8%、18.9%，还有14.4%的合作社从事农资经销，从事休闲观光农业的合作社占比为18.3%，从事农机农技等服务、农副产品加工利用的合作社占比相当，分别为19.1%和19.4%，而从事乡村旅游服务、电子商务运营平台及其他经营活动的合作社比例较低，从事的行业为两个或两个以上的合作社占比为60.7%；为社员提供农产品销售服务的合作社占比高达80.6%，为社员提供农业技术培训服务的合作社占比为78.9%，提供良种引进和推广服务、农业生产资料购买服务的合作社占比分别为73.6%和73.5%，但为社员提供农业保险购买服务的合作社占比仅有23%，为社员提供农产品加工服务、农产品运输及储藏服务的合作社占比也仅有46%和48.2%，甚至还有1.3%的合作社没有提供任何服务项目；从事生态农业的合作社占比为49%，从事循环农业的占比为37%，从事休闲观光农业的占比为30.2%，从事会展农业的占比仅有5.1%，从事两种及以上新业态的合作社占比为43.8%，没有从事任何新业态的合作社占比为19.8%。

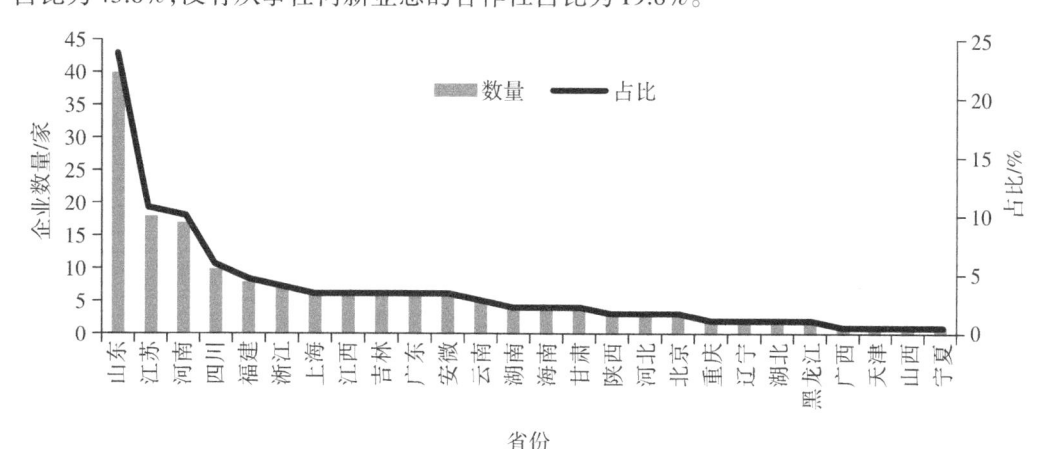

图4-3 平均规模以上农业产业化龙头企业数量分布及占比

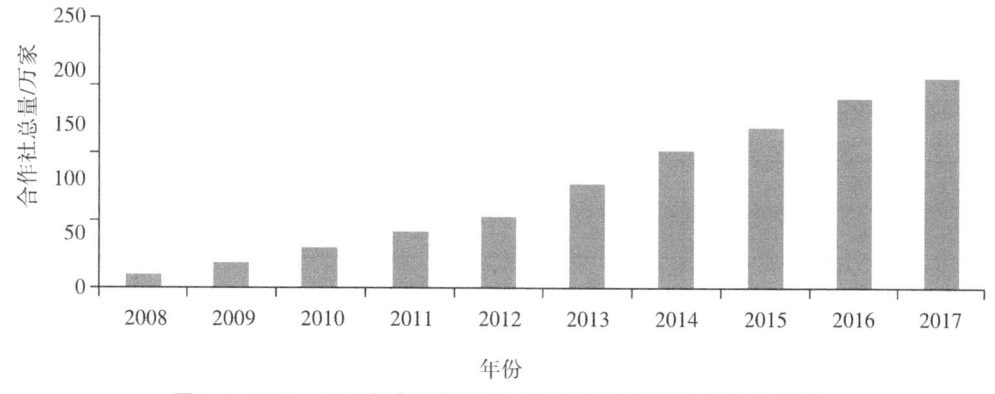

图4-4 2008—2017年全国农民合作社总量(不含西藏和港澳台地区)

注：作者根据各地区市场主体发展报告和工商行政管理局网站报道的数据计算整理得到。

4.2.2 农村产业融合发展试点范围逐步扩大

自2015年首次提出要推进农村产业融合发展以后,多个部门联合出台了多项农村产业融合发展试点示范。2016年,农业部、财政部通过竞争立项的方式确立了12个农村一二三产业融合发展试点省份,包括辽宁、黑龙江、江苏、浙江、安徽、江西、山东、河南、湖北、湖南、重庆、贵州。同年7月,国家发展改革委等部门又在全国确立了137个农村产业融合发展试点示范县(市、区、旗、场),其中四川8个县入选,排名第一,河南7个县入选,排名第二。2017年12月,在各地自愿申报、省级评审推荐的基础上,经国家农村产业融合发展部门协同推进机制各成员单位研究,同意北京市房山区窦店镇窦店村农村产业融合发展示范园等148个单位创建首批国家农村产业融合发展示范园。2019年2月,国家发展改革委等七部门在省级推荐、第三方评审的基础上,经研究,同意北京市房山区窦店镇窦店村农村产业融合发展示范园等100个单位认定为首批国家农村产业融合发展示范园。2019年6月,同意北京市密云区巨各庄镇蔡家洼村农村产业融合发展示范园等110个单位创建第二批国家农村产业融合发展示范园。2019年1月,农业农村部经各地申报、省级农业农村部门审核推荐、专家评审和公示,确定天津市蓟州区等153个县(市、区)为全国农村产业融合发展先导区创建单位。国家层面农村产业融合发展试点示范项目分布,详见表4-2。

表4-2 国家层面农村产业融合发展试点示范项目分布

地域	2016年 试点省	2016年7月 示范县	2017年12月 首批示范园创建	2019年2月 首批示范园确认	2019年6月 第二批示范园创建	2019年1月 先导区创建
北京	否	2	2	1	1	0
天津	否	3	1	1	1	3
河北	否	5	5	3	5	8
山西	否	3	6	4	3	4
内蒙古	否	4	5	3	4	5
辽宁	是	5	4	3	3	7
吉林	否	4	4	2	5	6
黑龙江	是	6	5	4	4	8
上海	否	2	2	5	2	2
江苏	是	5	7	5	5	5
浙江	是	6	6	6	4	6
安徽	是	4	6	3	2	4
福建	否	5	3	2	3	3
江西	是	3	4	4	4	6

续表

地域	2016年 试点省	2016年7月 示范县	2017年12月 首批示范园创建	2019年2月 首批示范园确认	2019年6月 第二批示范园创建	2019年1月 先导区创建
山东	是	6	7	6	6	11
河南	是	7	6	6	5	8
湖北	是	5	6	5	4	9
湖南	是	5	5	4	6	5
广东	否	5	6	2	1	5
广西	否	5	7	4	5	3
海南	否	3	3	1	0	1
重庆	是	3	6	4	4	4
四川	否	8	7	5	5	8
贵州	是	4	4	3	5	2
云南	否	5	3	2	2	4
西藏	否	4	3	3	3	3
陕西	否	3	3	2	3	5
甘肃	否	4	6	3	3	4
青海	否	3	6	2	4	4
宁夏	否	3	4	3	4	3
新疆	否	4	4	3	2	5
新疆生产建设兵团	否	3	2	1	0	2
总计	12	137	148	100	110	153

数据来源：作者计算整理得到。

从省级层面看，在党中央、国务院的引领和政策指导下，各地方政府也纷纷出台了多项试点示范项目，并制定了相应的具体措施不断推进农村产业融合发展。以重庆市为例，被选为全国农村一二三产业融合发展试点省份之后，重庆市人民政府办公厅、重庆市农委等部门相继出台了《关于加快农村一二三产业融合发展的实施意见》《关于实施2016年农村一二三产业融合发展试点项目的指导意见》等多个指导意见。重庆推进农村产业融合发展始终坚持"边试点、边总结、边推广"的基本原则，不断扩大试点范围。2016年，重庆投入资金1亿元，开始在潼南、荣昌、忠县、开州、沙坪坝、云阳、奉节、石柱等20个区县实施了111个项目，其中休闲农业项目82个，农产品加工项目29个，试点项目要求基本涵盖一二三产业全产业链,辐射带动农民分享二三产业增值收益。所有试点的20个区县,农村产业发展比较有代表性,涉农金融服务基础较好,既有全国休闲农业与乡村旅游示范县,也有国家现代农业示范区,还有部分是都市休闲农业发展较好的区县、扶贫开发工作重点区县。这一批试点重点支持两大产业:一是休闲农业。重点支持"六个一批"建设,即打造一批农业休闲度假区,推出一批农业旅游商品,建设一批农业旅游项目,培育一批农业旅游市场主体,提升一批农业旅游档次,形成一批农业旅游精品。二是农产品加工业。着力打造柑橘、榨菜、生态鱼、茶叶、草食牲畜、中药材、调味品以及木本油料等特色产业链,支持产成品产地初加工,推进企业精深加工与农户初加工分工合作;支持农产品精深加工,发展产加销一体化,支持农产品加工示范基地建设,培育发展农产品加工产业集群;支持农产品加工企业采用新技术、新工艺、新装备,打造品牌,转型升级。

2017年,重庆以构建"371+X"现代农业产业体系为基础,以延伸产业链和提升价值链为目标,将农村产业融合发展试点向313个乡镇扩面,并为试点乡镇开展一二三产业融合发展的项目争取匹配贴息等政策支持。2018年1月,重庆潼南区、永川区、万州区、涪陵区、梁平区、荣昌区6个区入选首批国家农村产业融合发展示范园(全国共148个),以充分发挥示范引领作用,带动农村一二三产业融合发展,促进农业增效、农民增收、农村繁荣。2019年1月,重庆江津区、万盛经济技术开发区、南川区、合川区被确定为全国农村一二三产业融合发展先导区(全国共153个)。2017年,重庆柑橘、草食牲畜、生态渔业、茶叶、榨菜、中药材、调味品七大特色产业链实现综合产值1 500亿元以上,农产品加工率提高到55%。已创建全国休闲农业与乡村旅游示范县10个、示范点23个,中国美丽田园11个,中国最美休闲乡村12个,市级以上休闲农业与乡村旅游示范区县17个、示范乡镇17个、示范点113个;打造休闲农业和乡村旅游景区景点3 000余个,发展农家乐2万余家。已建成特色旅游镇100个、特色旅游村1 000个,乡村旅游总收入超过800亿元,吸纳农民就业100万人。已建成市级和区县两级美丽乡村示范村1 000个以上,各示范村至少培育了1个主导产业,新增特色产业80万亩,总面积达到1 248万亩(1亩约等于667平方米)。全市建设一村一品示范村镇389个,其中全国一村一品示范村镇43个,发展休闲果园及农庄7 500多个,休闲渔业面积5.7万亩,全国休闲渔业示范基地13个,以休闲农业为主的"三产融合型"市级现代农业示范园区50个,基本形成产业链条完整、业态丰富、利益联结紧密的农村产业融合发展新格局。

4.2.3 农村产业融合发展产业形态日益丰富

农产品加工、休闲农业与乡村旅游、农产品电子商务、工厂化农业等是农村产业融合发展的重要新业态,使农村产业融合发展呈现出多元特征,成为各种创新、创造、创意、创业的汇集载体和施展空间。

(1)农产品加工业迅速发展壮大。[①]

近几年来,随着农产品总量不断增加、品种日益丰富和居民消费快速升级,以粮油产品、畜产品、水产品、蔬菜、水果和特色农产品加工为主的农产品加工业迅速发展壮大。主要表现为:

一是农产品加工企业市场竞争力不断增强。根据农业部(现农业农村部)农产品加工局《关于我国农产品加工业发展情况的调研报告》中的数据,2014年全国拥有农产品加工企业45.5万家,销售收入超过100亿元的有50家,大中型企业比例达到16.1%。统计数据显示,2005—2018年间,全国规模以上农副产品加工企业从2005年的14 575家增加到2018年的25 007家,平均年增长率为1.7%;资产总计从2005年的5 750.7亿元增加到2018年的30 808.6亿元,平均年增长率为14.3%;主营业务收入从2005年的10 366.5亿元增加到2018年的47 758.3亿元,年平均增长率为13.8%;利润总额从2005年的398.71亿元增加到2 124.4亿元,年平均增长率为16.7%。但值得注意的是,2016年以后全国规模以上农副产品加工业的资产总额、营业收入总额和利润总额都出现了不同程度的下降。(图4-5)

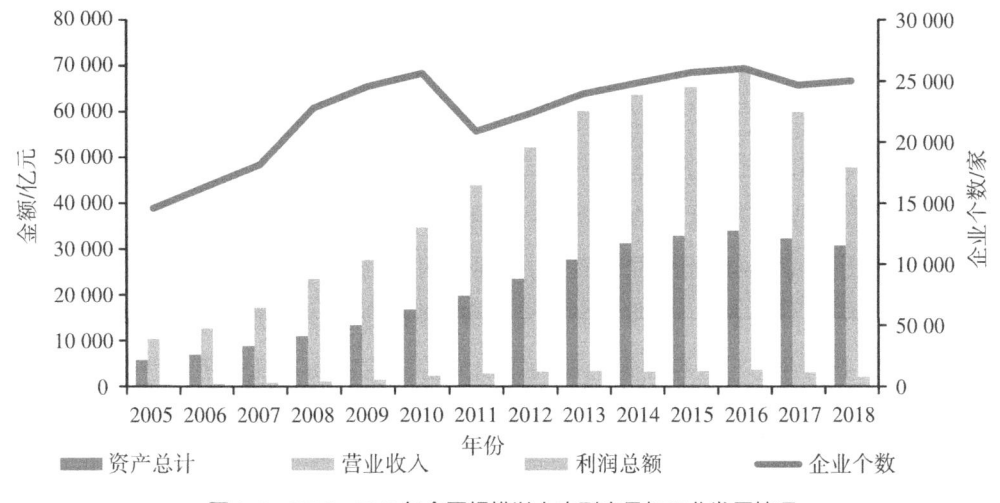

图4-5 2005—2018年全国规模以上农副产品加工业发展情况

二是农产品加工业加速集聚。农产品加工业发展立足资源优势,以市场为导向逐步向优势主产区和城郊地区集聚。2014年,河南方便食品总量占比已超全国40%,山东、河南、四川、内蒙古等10个畜禽大省(区)的肉类加工总量占全国的比例总量占比已超80%,已经形成了湖南辣味、安徽炒货、福建膨化、河南冷冻、四川豆制品等一批集中区和地方品牌。

三是农产品加工业结构不断优化升级。2014年,食用类加工业主营业务收入占农产品加工业的比重达到53%,主要农产品加工初步形成了齐全的国产化机械设备品种,肉类

---

① 本部分主要参考了《关于我国农产品加工业发展情况的调研报告》中的数据资料。

加工设备国产化率达到90%以上,粮食加工设备逐步替代进口。山东、江苏、浙江等沿海地区正在推进腾笼换鸟、机器换人、空间换地、电商换市和培育名企、名品、名家等活动,不断推进农产品加工业转型升级。

四是农产品加工业融合发展趋势明显。抽样调查数据显示,3.08%的农民合作社吸收农民以资金、土地经营权、交售农产品入股发展农产品加工、流通;农产品加工企业向农户注资新建基地、向经销商注资连物流,从而将农户、企业、客商在园区空间集聚,实现集群化网络化发展。将"互联网+"、区块链、云计算等现代信息技术不断向农业渗透,发展农产品电子商务、食品短链、社区支持、加工体验和中央厨房等新业态,80%以上的规模企业都已经引入了电子商务,销售收入成倍增长。

五是农产品加工业对促进农民增收和农业提质增效的作用日益显著。据统计,农产品加工业70%以上的个体都是农民,全国农民人均纯收入9%以上直接来自农产品加工业的工资性收入,每亿元加工产值将平均吸纳107人就业,远高于制造业的57人。随着农产品加工业的发展壮大,农民可以根据加工需求组织生产,企业也可以给农户生产基地注入现代生产要素,提升了农业生产的专业化、标准化、规模化和集约化程度,同时带动装备制造、储藏、保鲜、运输、包装、营销等其他服务产业持续跟进,多环节多层次多领域增加农民收益。

(2)休闲农业和乡村旅游业取得快速发展[①]。

近年来,随着居民收入水平的不断提高,居民需求也从原来简单的衣食住行物质需求向更高层次的康养、享乐等精神需求转变,各地区因地制宜,根据自身特色、区位优势、历史文化、生态环境、经济水平、民俗习惯等发展了休闲观光农业、亲子体验农业、生态涵养农业等多种农业新业态。乡村旅游已成为国内旅游消费市场和投资新热点,休闲农业和乡村旅游已成为城市居民休闲、旅游和旅居的重要途径。2019年8月,全国休闲农业和乡村旅游示范县达388个,聚集村9万多个,美丽休闲乡村710个,美丽田园248个,不仅农家乐、乡村民宿、民俗村等老三样持续火爆,农业嘉年华、共享农庄、农业主题公园等新形式也层出不穷。相关数据显示,2012—2018年我国休闲农业与乡村旅游人数不断增加,2015—2017年乡村旅游人数占国内旅游人数比重超过50%,截至2018年已达到30亿人,共实现8 000亿元的旅游收入。(图4-6)《全国乡村旅游发展监测报告(2019年上半年)》发布的数据显示,2019年上半年,全国乡村旅游接待数量达15.1亿次,同比增加10.2%;总收入0.86万亿元,同比增加11.7%;全国乡村旅游就业总人数886万人,同比增加7.6%。

[①] 本部分相关数据来源于文化和旅游部发布的《全国乡村旅游发展监测报告》和前瞻产业研究院发布的《中国休闲农业与乡村旅游市场前瞻与投资战略规划分析报告》。

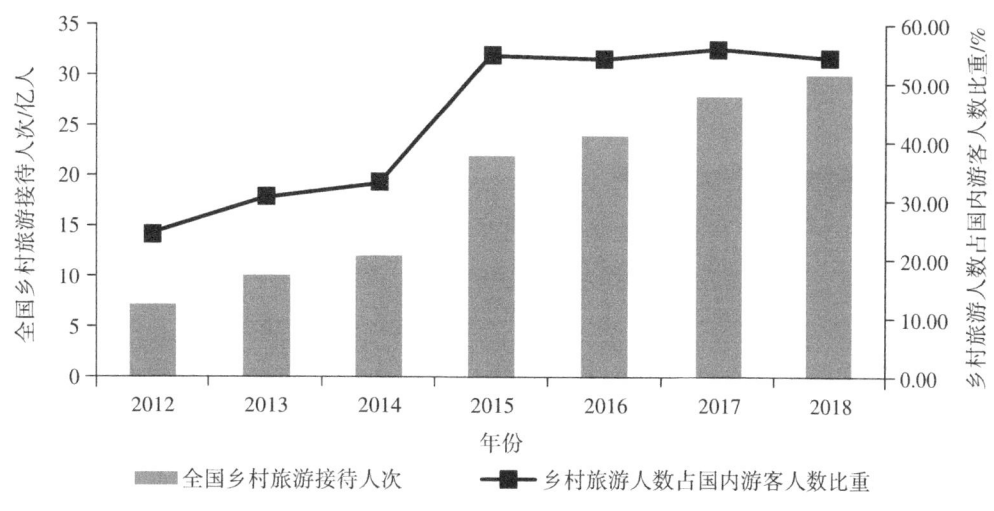

图4-6 2012—2018年全国乡村旅游接待人次统计及占国内游客人数比重

注:作者根据《中国统计年鉴》的数据和前瞻产业研究院公布的数据计算整理得到。

随着人们消费结构提升及个性化需求增加,乡村旅游呈现出多样化、体验化、融合化的趋势,乡村旅游模式也从观光式旅游向度假式深度旅游转变,乡村经济发展路径也随之形成了"乡村主题化、体验生活化、农业现代化、业态多元化、村镇景区化、农民多业化、资源产品化"的新趋势。更重要的是,随着乡村振兴战略的不断推进,乡村旅游业不断迎来利好消息。2012—2018年全国乡村旅游总收入及占国内旅游收入比重,详见图4-7。2019年3月,农业农村部向社会公众推介了60条春季乡村旅游精品线路和181个景点;同年7月,农业农村部向社会公众推介了150条夏季乡村休闲旅游精品线路和496个景点;同年10月,农业农村部再次推介100条秋季乡村旅游精品线路;同年12月,农业农村部再次推介出100条冬季乡村旅游精品线路和273个景点。国务院办公厅2015年发布的《关于进一步促进旅游投资和消费的若干意见》提出,到2020年,全国建成6 000个以上乡村旅游模范村,形成10万个以上休闲农业和乡村旅游特色村、300万家农家乐,乡村旅游年接待游客超过20亿人次,受益农民5 000万人。2019年6月,国务院出台《关于促进乡村产业振兴的指导意见》提出,要优化乡村休闲旅游业,实施休闲农业和乡村旅游精品工程。农业农村部表示,中央财政拟安排100亿元资金重点支持发展农产品初加工、创建特色品牌、建设特色产业基地等。2019年7月,文化和旅游部、国家发展改革委公布了第一批全国乡村旅游重点村名单。320个乡村列入全国乡村旅游重点村名录,其中,新疆维吾尔自治区及新疆生产建设兵团共有15个村入选,排名全国第一。

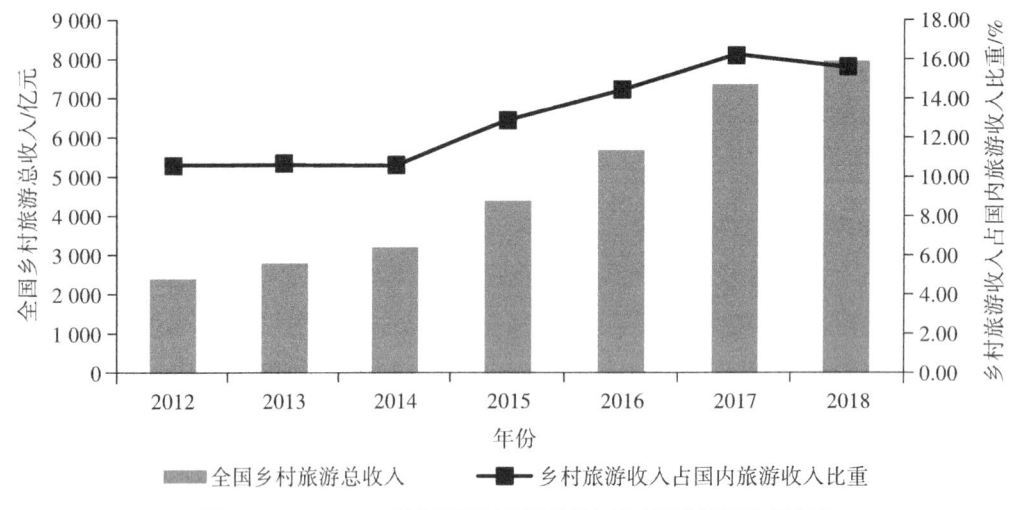

图4-7 2012—2018年全国乡村旅游总收入及占国内旅游收入比重

注：作者根据《中国统计年鉴》的数据和前瞻产业研究院公布的数据计算整理得到。

（3）农产品电子商务发展呈燎原之势。

随着现代信息技术的不断发展和人们生产生活消费理论的转变，传统的农业生产及流通越来越受到互联网的深刻影响，尤其是随着京东、淘宝、唯品会等电商平台的快速发展和邮政、顺丰、中通、圆通、韵达等快递公司的快速崛起，农村居民网上购物和开网店快速普及，农产品电子商务呈现出快速发展势头。2014年，中国农产品电商出现井喷式发展，越来越多的农产品通过网络走向消费者。根据《2019年中国农产品电商发展报告》中所公布的数据，2018年，汇通达、美菜、望家欢、农信互联等十大农产品B2B电商平台融资总金额超100亿元。目前，我国农产品电子商务体系包括网上农产品期货交易、网上农产品衍生品交易、大宗农产品电子交易等6个层次，构成农产品电子商务的"金字塔"结构体系，如图4-8所示。

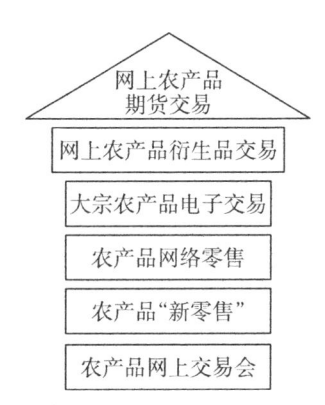

图4-8 农产品电子商务的"金字塔"结构体系

资料来源：《2019年中国农产品电商发展报告》。

大连、郑州、上海三个期货市场主要交易的农产品期货品种包括鸡蛋(2013年上市)、鲜苹果(2017年上市)两个生鲜农产品和天然橡胶、玉米、黄豆、豆油、油菜籽、粳稻、棉纱等大宗农产品。2018年,大连、郑州、上海三个期货市场农产品期货交易达9.28亿手,交易额达到47.37万亿元。大连、郑州两个期货市场分别有豆粕、白糖农产品期权,采用网上撮合交易方式,2018年交易1 711.46万手,交易额127.27亿元。2018年各类农产品大宗商品实物交收额超过20亿元,农产品电子交易市场达777家,约占大宗商品交易市场总量(2 461个)的31.57%,其中种植品类市场555家、林产品类市场(含木材、纸浆等)85家、畜牧禽类市场(含肉类、禽蛋、草业等)64家、酒类产品市场40家、渔产品类市场33家。2017年全国棉花交易市场交易量达554.48万t,交易额达803.57亿元。2018年上半年交易量达333.63万t,交易额达466.23亿元。2018年,我国农产品B2B交易得到了迅速发展,出现了以"拼多多""美菜""一亩田""供销e家""中国供销社员网(以下简称社员网)""网库"等多种代表性的农产品B2B交易平台模式。

拼多多成立于2015年9月,2018年7月26日便成功上市,2018年拼多多的成交总额达4 700多亿元,用户数达4.185亿人,2018年农产品及农副产品订单总额达653亿元,较2017年的196亿元同比增长233%,成为中国最大的农产品上行平台之一。截至2018年底,拼多多平台注册地址为国家级贫困县的商户数量超过14万家,年订单总额达162亿元,经营类目以农产品和农副产品为主,预计带动当地物流、运营、农产品加工等新增就业岗位超过30万个,累计触达并帮扶17万建档立卡户;拼多多已累计带动6.2万余名新农人返乡,与平台及新农人直连的农业生产者超过700万人。通过精简农产品供应链,拼多多持续提升留存价值链的附加值,推动生产要素尤其是人才要素实现优化配置,有效激发覆盖产区的内生动力。

美菜网成立于2014年6月,是一家食材B2B自营电商——生鲜移动电商平台,致力于帮助全国近千万家餐厅做采购,缩短农产品流通环节,降低商户供应链成本,减少供应链人力。成立以来,美菜网已经获得多轮融资,2018年再次获得融资4.5亿美元,累计融资超过8亿美元。2017年美菜网的业务覆盖全国近50个城市,2017年果蔬产品销售超过8亿斤,农产品销售超过100亿元。2018年底,果蔬销售量达18亿斤,收入220亿元。平台每天销售鸡蛋1 500万枚,北京鸡蛋销售量有四分之一来自美菜网,土豆(马铃薯)一天销售100万斤,大米一天200万斤。

一亩田成立于2011年,是一家深耕农产品产地的移动互联网公司,主要着眼于农产品的原货市场。一亩田拥有订单发布、抢单报价、信息展示、在线商谈、智能排名、精准匹配等一系列以大数据为核心的买卖撮合服务功能。提供电子订单、资金结算、信誉评价、纠纷处理等环节的服务，全程支持买家和卖家交易。提供物流、农资、农技等周边服务。一亩田立足于产地，采取B2B电商业态，促进了商家之间、公司之间、机构之间的农产品交易。2018年一亩田采用"App+B2B"移动网络模式，拥有1 100万用户，其中专业采购商300余万家，深入到2 800多个县，其中824个是贫困县，对接1.2万种农产品，4.2万个信息采集点实时发布信息。

供销合作社系统通过拓展农产品线上销售，整合线下物流资源，打造县、乡、村三级电商服务和物流配送体系，初步形成了具有供销社特色的全国农产品电商"一张网"。"供销e家"全国电商平台入驻商户1.5万家，带动300个县上线销售特色农产品，建设300多个县域电商运营和仓储配送中心，改建3万多家乡村电商服务站，实现线上农产品年销售额58亿元。2018年供销合作社系统实现销售总额5.9万亿元、利润468亿元，同比分别增长8.7%和6%。供销合作社系统实现电子商务销售额2 998亿元，同比增长28.5%。目前全系统电子商务企业有1 571家，开展电子商务业务的企业有3 354家，电商系统销售增长的贡献率为14.1%，比上年同期提高了0.2个百分点。

社员网是中国供销集团2010年成立的二级子公司，2015年重组后转型成为供销系统唯一混合所有制的B2B农业互联网公司。社员网以"大宗农产品交易"为核心服务，扎根地头、供应城市，以销定产、倒逼生产、线上签订单、线下做运营，建立全国性农产品网上批发市场；并且打通销售、加工到生产的整个农工贸、产加销一体化环节，增加农民就业、加快产业发展（产业兴旺），促进一二三产业的融合，通过三步走战略（大宗农产品上行——产地标准化运营——现代农业产业园）实现订单农业，推动县域农业现代化。目前，社员网已经建立起包括900多家一级批发市场、近4万名批发商、几百家"连锁商超和品牌店"的采购商渠道体系，全国精准产销对接水果、干果、中药材、杂粮杂豆等品种超1 000个。

中国网库成立于1998年8月，是继阿里巴巴和慧聪网之后国内第三大内贸B2B电子商务服务公司和国内最大的单品电子商务聚集平台，专注于为县域地区打造特色农产品电商平台，如中国燕麦网、中国苹果网、中国大米网、中国黄花菜网等垂直性的电商平台。目前，中国网库平台已有1 900万家企业，遍布全国各地，有200万家注册会员，有30万家活跃用户。截至2019年3月，网库在全国281个县域建设了319个特色产业的垂直平台和落地运营服务中心，共整合了662家第三方服务机构，通过各产业网平台服务了20多万家中小企业，2018年累计通过产业电商实现近1 500亿元的企业间增量交易，其中农产品及农副产品交易占60%比例。

（4）农业新业态不断涌现。

近年来，工厂化农业、社区支持农业、循环农业、智慧农业等农业新业态不断涌现，大幅度地提高了农业生产的集约化、标准化、绿色化水平，提高了农产品流通和销售的便利性,引发了农产品生产、加工、销售等环节的"聚变"和"裂变",积聚了推动农村产业融合发展的强大功能。

一是工厂化农业日益成形。工厂化农业是在相对可控的环境条件下,综合运用现代高科技、新设备和科学管理方法而发展起来的一种全面机械化、自动化、技术高度密集型生产方式,能够在人工创造的环境中进行全过程有计划、有规模的连续作业,从而摆脱自然界的制约,实现周年性、全天候、反季节的规模化大批量农产品生产。在种植业方面,目前全国设施蔬菜已经覆盖茄果类、豆类、瓜类、食用菌类、叶菜类、白菜类等上百种,70%以上的蔬菜设施园艺都是日光温室和塑料大棚。在养殖业方面,生猪、家禽的工厂化规模养殖水平越来越高,生猪规模化养殖率已超过60%,尤其是当前农民种地、养猪意愿不强的环境下,生猪的规模化养殖率更是快速上升;最近几年,易受自然条件影响的淡水养殖,其工厂化速度明显加快。

二是社区支持农业开始出现。社区支持农业(Community Support Agriculture,CSA)于20世纪70年代起源瑞士,并在日本得到发展,最近几年才不断引入中国,目前尚处于探索阶段。CSA的理念已在全球范围内广泛传播,其内涵也从最初的共同购买、合作经济不断扩展和延伸。社区支持农业是指社区内的每个居民(消费者)成为农场的用户,并对农场的整个运作过程通过预订款等多种方式做出承诺,同时农场主(生产者)也承诺不使用化肥、农药、激素等,按照生产计划利用自然生态循环系统进行种植和养殖。在整个生产经营过程中,消费者与生产者相互支持,以及承担农产品生产风险和分享利益。消费者可以省去中间环节,买到更加安全、健康、新鲜的高质量农产品,农场主可以按照订单进行计划生产,既能保证产品的销售,又有丰厚的利润回报。

三是循环农业迅速推广和发展。循环农业是将种植业、畜牧业、渔业与农产品加工业有机联系的综合经营方式,运用物质循环再生原理和物质多层次利用技术,实现较少废弃物的生产和提高资源利用效率,是一种典型的环境友好型农业生产方式,兼具经济效益、社会效益和生态效益。目前,循环农业主要有物质再利用、减量化、生态产业园和秸秆还田等几种模式。物质再利用模式是指通过农业废弃物多级循环利用,将上一产业的废弃物或副产品作为下一产业的原材料,变废弃物为资源,以沼气综合利用、畜粪收集处理和有机肥加工利用为典型代表。减量化模式是指减少化肥、农药、兽药、饲料、激素、添加剂等要素的使用,推广应用测土配方施肥、病虫害绿色防治技术,提高化肥、农药等的利用率。生态产业园模式是指以农业资源为基础,以文化为灵魂,以创意为手段,以产业融合为途径,通过农业与文化的融合、产品与艺术的结合、生产与生活的结合,将以生产功能为主的传统农业转化为兼具生产、生活和文化功能的综合性产业。秸秆还田模式是指以秸秆为纽带,围绕秸秆饲料、燃料、基料的综合利用,构建"秸秆—基料—食用菌""秸秆—成型燃料—燃料—农户""秸秆—青贮饲料—养殖业"等多种产业链,使秸秆废物资源得到合理有效利用,解决秸秆任意丢弃焚烧带来的环境污染和资源浪费问题,同时获得有机肥料、清洁能源、生物基料。

4.2.4 农村产业融合发展的模式日益多元化

在农村产业融合发展试点过程中,农业产业化龙头企业、农民专业合作社、家庭农场、专业大户等新型农业经营主体不断发展壮大,新型职业农民数量不断增多,产业融合主体日趋多元化。各试点地区积极探索,大胆创新,摸索出多种农村一二三产业融合发展新模式。重庆市是大城市与大农村、大山区与大库区、大工业与大农业并存的西部直辖市,城乡二元结构矛盾突出,其独特的、丰富的地形地貌以及农村经济社会环境在全国具有代表性(尹朝静,2020)。而且,重庆2016年被确定为全国12个首批农村一二三产业融合发展试点省份之一,在推进农村产业融合发展的实践中具有典型性。因此,本章将基于对重庆农村产业融合发展的调研,将农村产业融合发展典型模式归纳为以下几种:

(1)农业内部有机融合模式。以农牧结合、农林结合、循环发展为导向,围绕农业相关联产业的发展,形成农业内部紧密协作、循环发展的生产经营方式,拓展农业增值空间,调整优化农业种植养殖结构,发展高效、绿色农业,以高效益、新品种、新技术、新模式为主要内容的"一高三新"农业蓬勃发展,一些传统资源、农业废弃物被综合利用,农业潜力被激发。比如:重庆铜梁区的"畜—沼—粮"农牧结合发展模式。

案例4-1 铜梁区"畜—沼—粮"有机融合发展模式

铜梁区是重庆市畜禽养殖大区,畜牧业在丰富城乡群众"菜篮子"和助力农民脱贫增收致富的同时,也带来了一定的环境压力。因此,铜梁区以中央生态环境保护督察为契机,全力推进畜禽养殖污染治理,促进粪污循环化利用,发展生态循环农业。

铜梁区除了进一步加强对畜禽养殖污染的监管外,还实行"养殖跟着种植走、以种植面积确定规模养殖量、以农作物种类确定饲养品种"的办法,督促指导20头生猪当量及以上畜禽养殖场实施"畜—沼—粮(菜、果、林)"农牧结合模式,对大型畜禽养殖场实施沼气工程建设或有机肥料加工处理,对不能就地消纳粪污的养殖场采用生物发酵"零排放"养殖技术。

在双马养猪场1 300 m³的发酵池,一天可以处理近16 t粪便。一根根管道铺向了周边的葡萄园和蔬菜基地,一拧开开关,粪水就自动灌溉到了地里。地里用不完的粪水,通过固液分离后干粪变为有机肥,袋装后每包以5至8元的价格卖到了更远的果园和菜地以及农田。

重庆兔管家科技发展有限公司是铜梁区2016年新建成的现代化畜禽养殖企业。该养殖场采用集约化的现代养殖技术，不仅提升了肉兔的品质，还化解了养殖企业头疼的污染问题，将兔粪变废为宝，运到田间地头，给附近的果蔬花卉基地当有机肥料。在重庆兔管家科技发展有限公司，2018年兔子出栏量10万余只，每天产生的兔粪约5 t。这些粪便都以每吨220元的价格出售给附近的果蔬花卉基地当有机肥。在铜梁区1 177家养殖场中，已有1 142家养殖场全面实现生态循环发展，有35家养殖场正在进行循环化改造。

总的来说，铜梁区通过不断地建设和管理，基本消除农业面源污染，既为治理养殖场粪污污染提供了保证，又促进了"畜—沼—粮"循环农业发展和养殖业由粗放型向生态绿色养殖型转变，达到了农业增产增收的目标。

(2) 全产业链发展融合模式。依托涉农企业，以生产、加工或营销为关键环节，从建设种植基地，到农产品加工制作，到仓储智能管理、市场营销体系打造，再到农业休闲、乡村旅游、品牌建设、行业集聚等，形成一条龙发展的"全产业链"。比如：梁平区重点打造的"农旅文融合""产加销一体化"综合产业发展模式，重庆开州区春橙"产—加—储—销"产业链发展模式，忠县柑橘"选种—育苗—种植—橙汁加工—皮渣处理—生态旅游"的循环产业链融合发展模式，梁平区重点打造的"农旅文融合""产加销一体化"综合产业发展模式等。

案例4-2 开州区春橙"产—加—储—销"融合发展模式

坐落在大巴山南麓、长江三峡腹地，具有两千多年柑橘种植历史的开州区，是柑橘尤其是晚熟柑橘生产最适宜的地方。近些年来，开州区重点发展春锦橙、春血橙、春脐橙、春柑橘等系列品种，并将早、中、晚熟的品种结构优化为1∶29∶70。2019年，全区现有春橙25.26万亩，年产量18万t，年预计产值8.5亿元。

开州区将柑橘生产形成完整的链条，建成年繁育12万株无病毒晚熟柑橘良苗木繁殖场，年加工能力20万t的橙汁加工企业。而其培育的春橙，荣获"中华名果""地理标志证明识别""首批生态原产地保护产品""中国区域品牌50强""全国名优果品区域公用品牌""中国驰名商标""消费者喜爱产品"等荣誉称号，柑橘产业成为全区农业农村经济发展支柱产业。

为进一步推动柑橘产业发展，加快产业融合，开州区立足资源优势，优化了区域布局。重点发展江河流域，依托现代农业园区集中发展2至4月成熟的春橙橘无核沃柑、春血橙等晚熟柑橘品种,布局鲜食柑橘基地8万亩。并延长产业链条,建设处理线8条和产业冷链储藏库20座,库容达10万t,提高了柑橘鲜果仓储流通能力。在销售方面,开州区利用互联网的优势,开设"开县春橙"品牌网上旗舰店、微信公众号、春橙门户网站,还设立精品直营店,开发中、高档市场。

除此之外,为了打造最美乡村,开州区适度地发展汉丰湖周边及东里河流域,种植品种以沃柑、春锦橙等3至4月花果同树的晚熟柑橘品种为主,结合休闲农庄、观光体验果园等城郊型特色产业布局融合发展,打造柑橘生态旅游基地7万亩,形成柑橘的产业链。

总的来说,开州区完善了柑橘的产业链,利用柑橘晚熟的特点,加强柑橘生产、加工、储藏、销售的一体化链条,还利用晚熟柑橘"一树三色、花果同树"的观赏价值,以休闲农庄、观光体验果园等不同模式,重点在环汉丰湖周边和江、东、浦三里流域打造柑橘生态旅游基地,推进农村一二三产业融合发展。

(3)农业功能拓展融合模式。在稳定传统农业的基础上,不断拓展农业功能,推进农业与旅游、教育、文化、健康养生等产业深度融合,培育休闲农业、旅游农业、文化农业、创意农业等新型业态,打造具有历史、地域、民族特点的旅游村镇或乡村旅游示范村,积极开发农业文化遗产,推进农耕文化教育进学校。比如:重庆南川区"特色农业+乡村旅游"融合发展模式,綦江区石壕镇万隆村"特色农业+休闲康养"融合发展模式,城口以农户为主体的"吃住玩土特奇鲜"休闲农业和乡村旅游模式,江津开发的爱情文化游、婚俗体验游、古镇风情游等民俗体验项目等。

案例4-3 南川区"特色农业+乡村旅游"融合发展模式

南川区响应国家产业融合发展的号召,利用"特色农业+乡村旅游"的方法,立足"区位条件优越、生态环境优良、旅游资源优厚"三优禀赋,以金佛山景区为核心,以南川城区、生态大观园区为重要功能区域,整体规划"金佛山—城区—大观园"发展布局,推动景区、城市和乡村一体化发展,打造城区至金佛山"景城一体"旅游经济带、大观园"景村一体、农旅融合"乡村振兴试验示范带。精读一座山、深耕一座城、心居一片田,把盆景变成风景,把景点扩成景区,把景区连成线路,把珍珠串成项链,形成众星拱月、月照群星的品牌效应,努力交出全域旅游发展的"南川答卷"。

一是从特色农业到乡村旅游。在现代农业示范区打造了"十二金钗大观园",延长产业链,成为重庆乡村旅游的重要名片。二是从大观园扩展到全域。以大观园为核心带动周边,打造178公里金佛山环山趣驾游、山王坪喀斯特生态游、大观园田园风情游等多条乡村旅游环线,实现更多农民参与和增收。三是从农家到农家乐。鼓励农民将农家小院发展成为接待游客的农家乐、乡村酒店和民宿。四是从农副产品到旅游商品。着力推动将农副产品转化为旅游商品,提升产品附加值。深加工开发出清心莲子饮、玫瑰鲜花饼、刘姥爷花生、图个吉栗板栗、特珍方竹笋、好姑爷香菇酱等多个系列上百种产品,旅游商品日益丰富。

(4)产业集聚型融合发展模式。随着农业产业发展规模的逐步扩大,特别是"一乡一业、一村一品"的发展,产业发展呈现集聚态势,产业不断壮大,产品品牌价值不断突显,实现了产业发展与经济发展的协调推进。比如:重庆巫山县曲尺乡脆李产业园区、大足区姜家院示范农家乐等。

案例4-4 巫山县脆李产业集聚融合发展模式

地处三峡库区的巫山,以红砂土壤为主,空气湿度较高,非常适宜水果生长。据史料记载,巫山脆李种植始于唐宋年间,距今已有上千年历史。近年来,巫山县不断优化种植技术,脆李产业发展迅猛,成为全县主要的特色效益农业之一。2019年,巫山全县种植脆李23.5万亩,遍及22个乡镇135个村,形成了县级有万亩示范园、乡镇有千亩示范片、村社有百亩精品园的规模效益。通过结构调整,土地综合生产效率大幅提升,脆李每亩收益达1.6万元至2万元。

为了建立有效工作机制,推进巫山脆李规模化、标准化和市场化运作。每年,巫山县财政安排资金1 500万元用于脆李专项发展,整合各类上级资金1.15亿元左右用于脆李产业发展,并坚持逐年递增10%以上;并组建巫山县果品产业发展中心,引进社会资本。同时,该县还制定了标准化生产技术规范,统一果园建设标准、果树管护标准和果品质量标准,建立脆李种植质量安全追溯与监管体系,实现标准化生产和绿色防控。

(5)技术渗透型融合发展模式。在推动农村产业融合发展过程中,以农业为基本依托,大力推广引入互联网技术、物联网、云计算、大数据等现代信息技术,通过引入新兴产业、高端服务行业实现产业升级,催化生成新的业态,实现农产品线上线下交易以及农业信息共享,实现现代先进科技与农业产业的融合发展。比如:重庆秀山县"互联网+三农"融合发展模式等。

案例 4-5 秀山县"互联网+三农"融合发展模式

秀山县地处武陵山区腹地、渝鄂湘黔四省市接合部,是武陵山区域发展和脱贫攻坚的主战场。该县作为全国电子商务进农村综合示范县,全面推进电子商务进农村工作,建成"电商平台、物流快递、农产品上行、电商服务、利益共享、人才培养"等六大体系,大力推动"互联网+三农"发展。2016年,该县电商交易额、网络零售额、农产品电商销售额分别实现68.6亿元、12.4亿元、5.6亿元,并继续保持强劲增长态势。该县电子商务进农村综合示范项目获评2016年中国电商物流优秀案例。

1. 电商平台体系:"村头"成为农村与城市互动的窗口

在发挥好天猫、淘宝、京东等第三方平台作用的基础上,该县自主研发了新一代农村电商平台"村头",并与早期建设的武陵生活馆等实体电商平台功能融合,实现城乡有效互动。其中包括三个方面:做靓"村头"品牌、释放平台效应、整合平台功能。

2. 物流快递体系:市场化方案破解两个"一公里"难题

农村电商的发展瓶颈在流通,关键在减少环节、降低成本。该县按照"县城建核、村镇布点、县乡搭桥"的思路,鼓励市场化运作,快递包裹城乡配送、区域分拨、全国直达时效更短、成本更低,建成了覆盖县域行政村的县、乡、村三级物流网络,有效支撑农村电商发展。具体来说包括:构建"神经中枢"、畅通"主线干道"、打通"神经末梢"。

3. 农产品上行体系:提供"土货"变"网红"的全链条服务

设立秀山云智公司作为专业电商供应链服务商,采取市场配置资源的方式,从农产品源头着手,一头连着农户,一头连着电商快递企业。通过指导生产、研发产品、加工包装等一体化上行服务,打通农产品上行的每个关键环节,实现产品变商品、商品变网货的过程。具体而言包括:建设特色农产品基地;培育以武陵遗风、边城故事为主的自主品牌;提供组货、加工、包装、仓储、快递等全链条服务。

4. 电商服务体系:全方位扶持农村电商做大做强

为了让入驻秀山以及本土孵化的电商企业不断做大做强,秀山县围绕资源集约和抱团营销,创新服务方式,自上而下建立了全方位、一体化的电商服务体系,着力解决电商企业产品、仓储、融资、成长等关键问题。

5. 利益共享体系:好的商业模式方可行稳致远

把促进农民增收、农业发展作为发展农村电商的根本目的,以农特产品"进城"为核心,着力构建群众得实惠、企业增效益的利益共同体。

> 6.人才培养体系:持续为农村电商注入新鲜血液
>
> 该县整合各方资源,形成政府、学校、社会等多层级多领域培训体系,培养了一大批"新农人"。具体包括:建设实训基地;开展专题培训;开设电商物流专业等。

4.2.5 农村产业融合发展利益联结机制不断完善

相关经营主体通过推进农村产业融合发展,完善利益联结机制,探索"优势互补、利益共享、全链协作、共同投入、风险共担、持久运营"的互利共赢关系。下面将基于课题组调查所收集到的案例资料,以及文献资料中的报道对农村产业融合发展的典型利益联结机制进行归纳总结。

(1)订单合同型。龙头企业同农户之间签订合同,按照"公司+基地+农户"的方式,农民为企业生产提供原料,企业按照约定的数量、质量和价格收购农民原料,形成订单农业关系,为稳定农产品价格和农民收入预期提供保障,也确保企业获得稳定优质的原料供给。有的企业根据事先签订的保护价,或高于市场价格一定幅度,将现金一次性支付给农民;或进行利润返还、二次结算,促进农民增收。比如:重庆垫江县"公司+合作社+农户"的合作模式、北碚三圣镇红豆杉基地"公司+农户"合作模式等。

> **案例4-6 垫江"公司+合作社+农户"利益联结机制**
>
> 重庆市垫江的黄沙白柚,产于垫江县黄沙乡,至今已经有180多年的栽培历史。而重庆市柚美时光生物科技有限公司(柚美时光公司)正是看到了垫江柚子的发展前景,与垫江县300户农户签订"三年订单协议",走"公司+合作社+农户"的产、供、销分工合作之路,对垫江柚子进行品牌推广。
>
> 柚美时光公司获得农户生产的白柚后,选育出更优的垫江晚柚,其成熟、上市时间晚3个月,鲜柚可自然保存到次年5月。改变了我国春、夏季被进口柚垄断的状况,受到中国柑橘协会理事长周常勇等专家的好评。同时,柚美时光公司参照红酒发酵工艺,依据中医药食同源的理论,筛选三高克星晚柚,配以民间圣果桑葚,与江南大学合作,增加、优选菌种,将单一发酵优化为复合发酵工艺,使用全自动智能生产设备,研发、生产出"纯果汁·复合发酵"的桑葚柚子酒。经重庆市食药研究院检测:干浸出物等营养物质是国家相关标准的3倍,营养更丰富、口感更好。并成功申报国家发明专利——一种复合型果汁发酵果酒的研制。除此之外,柚美时光公司还结合地域文化,推出了柚美时光系列文创产品,受到消费者广泛青睐,产品供不应求。该公司锁定"二八效应",运用"新零售+N"策略,把消费领袖蝶变为消费商,传媒公司转换为合作伙伴,

> 重点终端晋升为品牌推广点。增强顾客体验、提升消费信任、提高营销效率。垫江县政府也大力支持柚美时光公司发展,支持其建设50平方公里"晚柚田园综合体",发展10万亩优质垫江晚柚。
>
> 正是采用"公司+合作社+农户"的发展模式,才使得鲜柚的价格从每个2元提升到10元,农户增收5倍,企业实现上千万元的销售业绩,形成了合作双赢的局面。

(2) 股份合作型。农民以土地、劳务、资金等入股企业,或企业以资金、技术、品牌等入股领办农民合作社,形成较订单农业更为紧密的股份合作型利益联结机制,在企业与农户之间建立起双方权益共享、风险共担、互惠共赢的关系。农民能够凭借股份获得更加可靠的利润收入,参与企业收益的二次分配。企业推行"保底收益+按股分红""按股分红+务工收入""按资分红+二次返利""资产入股""产值分成"等分配方式,稳定了农户的收入预期,带动了农民增收。比如:重庆大足区大水井蔬菜种植股份合作社土地入股模式,开州区齐圣村土地/现金入股合作社模式,等等。

> **案例4-7 大足区股份合作型利益联结机制**
>
> 2017年,大足区三驱镇大桥村的大水井蔬菜种植股份合作社探索股份合作试点,采用"国有公司+农村能人+周边农户"的模式,引进大足区供销社、联手5个农村能人、带领一帮农民当股东。一亩地入一份股,137户农民用承包的325亩土地变身股东,入股325份。自此,合作社的持股构架变成:大足区供销社以资金入股,占股36%;农村能人以资金入股,占股51%;周边农户以土地经营权入股,占股13%。按照股权条款约定,合作社对入股农户实施保底价分配红利,即每年每股分红不低于500元。
>
> 在大水井蔬菜种植股份合作社的试点下,农民以入股形式与合作社共担风险、共享红利,由旁观者变为了参与者。村民的主动性和积极性增强了,愿意花更多的时间和精力来思考市场引进技术,探索蔬菜高效生产模式。该镇引导大水井蔬菜种植专业合作社大胆探索股份合作试点,让沉睡的农村土地等生产要素,变成帮助农民增收致富的资产,带领更多的农民脱贫致富。

(3) 服务带动型。依托龙头企业,同农民专业合作社及农民形成稳定的技术资本服务协作关系,实现优势互补、相互协作。农民按企业要求进行生产,企业根据生产需要向农民提供资金扶持、技术指导,农民向企业提供优质的农产品原料。比如:重庆大足地区"园区+企业+基地+农户+家庭农场"模式(带动农户人均年增收1.2万元),武隆白云乡的"农业公司+专业合作社+基地+大户+贫困户"的传帮带模式,万盛"基地+农户+合作社+龙头企业"融合发展模式等。

案例4-8 万盛经开区服务带动型利益联结机制

万盛经开区为了实施乡村振兴战略,围绕做大做强特色效益农业,大力开展新型主体培育、创业平台搭建、特色农产品加工等工作。为了进一步推进农村一二三产业融合,实现农民的脱贫增收,万盛经开区采用"基地+农户+合作社+龙头企业"等融合模式,不断完善利益联结机制,建立农业产业项目和贫困户脱贫捆绑机制,构建起龙头企业、合作组织、家庭农场等经营主体和贫困户合作共赢的产业体系。

2020年,万盛经开区参与一二三产业融合发展的规模以上企业有42家,农民专业合作社有209家,家庭农场和大户等有286家(户)。重庆华绿生物有限公司是一家年产5万t食用菌的工厂化企业,2020年日产金针菇150 t,成为西部地区规模最大,智能化、自动化程度最高的食用菌工厂。农民在公司资金和技术的支持下,通过合作社,实现高质量、大规模的生产,而企业利用农民所提供的原料进行进一步的加工,双方相互配合、优势互补、共创双赢局面。

(4)反租倒包再就业型。地方政府或农业企业通过土地租赁将农民分散的土地集中使用,并进行统一规划布局,然后将土地使用权承包给生产经营主体。农民通过土地出租获取租金收入,生产经营主体通过土地租用和项目开发建设获取利润,并通过吸收转出土地的部分农民再就业为其增加劳动收入,双方各取所需,互利共赢。

案例4-9 奉节县反租倒包再就业型利益联结机制

脐橙是重庆市奉节县低山地带扶贫主导产业,奉节县全力打造"精准发展、精心管护、精深加工、精品营销"的效益橙业,通过培育引导各类经营主体让奉节脐橙成为富民大产业,2018年,全县有18个乡镇149村7 006户贫困家庭靠脐橙改变命运。

重庆铭阳果业发展有限公司采用"反租倒包"的模式,将农户们分散的土地集中起来,提高集体土地利用效益,并聘请一部分农民种植品质优良的脐橙。2018年,该公司核心示范种植基地规模已达650亩,示范带动1 600亩,带动539户发家致富,助力96户贫困户脱贫摘帽。

4.3 农村产业融合发展面临的主要问题

尽管在一系列政策指导下,及各级政府和多方实践部门的共同努力下,中国农村产业融合发展取得了显著的成效,但仍存在一些问题亟待解决。归纳起来,当前中国农村产业融合发展存在的主要问题表现为以下几个方面。

4.3.1 农村产业融合发展层次偏低形式单一

由于农村产业融合发展目前尚处于试点探索阶段,其发展水平在总体上处于初级水平,农村各产业之间的融合程度不高,融合水平较低。主要表现为:一是产业融合链条较短,更多的涉农企业或新型农业经营主体都还是处于一种单干或仅有少数企业融合的态势,附加值偏低。二是利益联结松散,合作方式单一。虽然从业主体之间的利益联结方式呈现多样化趋势,但大部分地区目前的利益联结机制仍以订单农业为主,而且订单合同存在较高的违约率。股份合作型、服务带动型利益联结机制所占比例较小,而反租倒包再就业型的联结方式占比就更少了。三是农业多功能挖掘不够,休闲农业、旅游农业以观光为主,涉及文化传承、人物历史、风土乡俗等方面的非常少,高品质、多样性、特色化不足。四是部分地区农村产业融合发展项目同质性强,缺乏差异性和特色性,缺乏结合自身优势的深度开发和功能挖掘,市场竞争无序,环境破坏严重。

4.3.2 农村产业融合发展主体带动能力不强

尽管农村产业融合发展从业主体数量呈逐年上升趋势,从业主体和参与农户都取得了一定成效,但仍普遍存在经营主体带动能力不强、发展后劲不足的现象。一是有实力的新型经营主体偏少,大型农业龙头企业和具有一定规模的农民合作社数量偏少,而且参与的农户数量也不多,数量占比较大的是一些小规模的合作社和农户"小作坊",自我发展能力和市场竞争力都较差。二是部分新型农业经营主体结构单一、管理粗放、经营能力不强,较多的合作社"名存实亡""有名无实"。受限于地形地貌和土地流转问题,偏远农村地区的家庭农场和专业大户生产经营规模都偏小,农业机械化使用率低,参与融合的能力差。三是部分经营主体的创新能力不足。较大比例的农村产业融合发展项目缺乏深度的特色开发,不同地区的产业融合发展项目"千篇一律",雷同性太高,休闲农业和乡村旅游等试点项目的特色内涵、农耕文化、传统文化、人文历史、民族特色、农业体验等都还有待进一步挖掘开发。四是农业协会和合作社服务能力和服务意识较差。部分农业协会和专业合作社存在"只开会、不服务""多收钱、少办事"的现象,主动参与服务农户的意识和能力都欠缺,尤其是在推进标准化生产、品牌化建设方面。

4.3.3 农村产业融合发展要素瓶颈约束严重

土地、资金、人才等生产要素供给不足,成为多数区县推进农村产业融合发展所面临的突出约束。一方面,大多数贫困农村地区真正可利用的、较为平坦的土地非常少,而在坡地、丘陵地区修建厂房、仓库等生产经营用地的成本太高,这在很大程度上限制了经营主体的发展壮大。另一方面,按照现有的相关规定,以农业为依托的休闲观光度假场所、各类庄园、酒庄、农家乐,以及各类农业园区中涉及餐饮、住宿、会议、大型停车场、工厂化农产品加工、展销等永久用地,必须严格按建设用地进行管理,导致许多农村产业融合发展项目难以正常实施。一些电商的经营场地、仓储用地和大规模培训场地用地需求也难以得到满足。农村金融产品和金融服务供给不足,供给与需求不对等现象明显。农村产业融合发展从业主体可利用的抵押物较少,大量的租赁用地、农业设施、厂房、设备等作为抵押物的可接受性较低,因此从业主体能从金融机构获得的贷款规模十分有限,而这些从业主体的直接融资渠道非常狭窄甚至几乎没有,融资难融资贵的问题仍比较突出。大多数农村地区条件恶劣,大量新生代农民长年外出打工,高校毕业生不愿意下乡创业就业,留守农村的农民知识文化水平低,学习和掌握新知识的能力也不足,高等院校和科研院所的相关专家下乡指导的意愿也不强,多种原因导致农村产业融合发展缺乏专业型人才和复合型人才。

4.3.4 农村产业融合发展基础设施建设滞后

目前,多数农村地区与农村产业融合发展相关的农村供电、供水、供气条件差,道路、网络通信、仓储物流设施等不发达,与城镇基础设施互联互通衔接性不强。多数区县偏远农村路网不完善,道路等级低,山高路陡且道路安全保障措施少,自然村之间及村内道路硬化率低;农村电网改造滞后,电压不稳定,电费价格偏高;部分地区农村水利和饮用水安全设施不足,人畜饮水安全问题突出;农村信息网络建设滞后,较多地区的农村仍没有完善的互联网络,仓库、冷藏室等仓储物流设施严重缺乏;农村面源污染严重,垃圾集中收运和污水处理能力差;农村沼气池建设滞后,维护保养缺乏,使用率低。农村基础设施建设滞后,延缓了新业态的发展,增加了特色资源开发利用难度,加大了农村产业融合发展的成本和风险。

4.4 金融支持农村产业融合发展的现实基础

近年来,我国农村金融服务体系不断完善,多层次、广覆盖、适度竞争的农村金融服务体系建设继续推进,政策性金融、商业性金融与合作性金融功能互补、相互协作的格局正在形成,农村信用和支付体系建设日益完善,金融支持农村产业融合发展的基础条件不断形成并日益夯实。

4.4.1 农村金融扶持政策体系逐步完善

近年来,各部门积极落实党中央、国务院关于农业农村工作的重要部署和农村金融改革创新的要求,以推动农业现代化和农业供给侧结构性改革为主线,不断完善和优化货币信贷、财政税收以及监管政策,形成正向激励的扶持政策体系,着力破解农村金融"成本高、风险高"等核心问题,促使金融资源更多流向农业农村领域和小微型企业、贫困农户等弱势群体,为金融服务农村产业融合发展和乡村振兴战略创造良好的金融政策环境。

第一,引导金融机构支农的差异化货币信贷政策体系日趋完善。中国人民银行综合运用差异化的准备金率、再贷款、再贴现、抵押补充贷款等货币政策工具以及宏观审慎政策工具,引导金融机构加大对"三农"、小微企业的金融支持力度。一是差别化的存款准备金率政策得以优化。2017年9月,人民银行将定向降准政策拓展和延伸到多个普惠金融领域,同时优化原有定向降准政策标准,指向单户授信500万元以下的小微企业贷款、个体工商户贷款、农户生产经营贷款、创业担保贷款、贫困户助学贷款等多个方面,同时继续实施对县域金融机构优惠准备金政策。截至2018年末,县域农村商业银行执行12%的存款准备金率(大型商业银行执行14.5%的存款准备金率),农村合作银行、农村信用社、村镇银行执行9%的存款准备金率,中国农业银行县级"三农金融事业部"执行比农业银行普通业务低2%的存款准备金率。二是加大对支农支小再贷款再贴现的支持力度。支农支小再贷款资金发放贷款最长期限由1个月调整为2个月,并可以采用"先贷后借"的支小再贷款模式;强化支农支小再贷款的地方法人金融机构台账管理,确保再贷款资金的合规使用;调整金融机构运用扶贫再贷款发放贷款的利率政策;对民营企业票据、票面金额500万元及以下的小微企业票据、涉农票据和直贴票据实施优先办理再贴现,同时再贴现利率低于金融机构同期同档次贴现加权平均利率。截至2018年末,全国支农支小再贷款余额分别为2 870亿元和2 172亿元,再贴现余额为3 290亿元。三是创新抵押补充贷款政策。经国务院批准,人民银行对三家政策性银行发放抵押补充贷款。2017年,人民银行明确指出抵押补充贷款主要用于棚改贷款、重大水利工程贷款、农村公路等基础设施建设贷款。截至2018年末,人民银行向三家政策性银行共发放抵押补充贷款33 795亿元。

第二,农村金融财政税收优惠政策不断完善和优化。各级政府的财政贴息、奖补、保费补贴和税收优惠是支持农村金融机构和新型农业经营主体发展的重要手段。2017年以来,财政部和税务总局联合出台了一系列税收优惠政策支持金融机构和新型农业经营主体(详见表4-3)。同时,中央财政成立普惠金融发展专项资金,专门支持县域农村金融机构涉农贷款增量奖励、农村金融机构定向费用补贴、创业担保贷款贴息及奖补、政府和社会资本合作项目以奖代补等支农业务。具体包括:一是对县域金融机构当年涉农贷款平均余额同比增长超过13%的部分,按照不超过2%的比例给予奖励。二是符合条件的新型农村金融机构和西部基础金融服务薄弱地区的银行业金融机构或网点,按照不超过其当年贷款平均余额的2%给予奖励。三是对符合条件的个人和小微企业创业担保贷款给予财政贴息(小微企业创业担保贷款金额不超过200万元,期限不超过2年;个人创业担保贷款金额不超过10万元,期限不超过3年)。四是对于政府和社会资本合作的存量转型项目按照项目化债规模的2%给予奖励,对示范项目中的新建项目按照项目投资规模分布给予一定奖励。

表4-3 农村金融税收优惠政策汇总

政策文件	主要内容
《财政部 税务总局关于支持小微企业融资有关税收政策的通知》(财税〔2017〕77号)和《财政部 税务总局关于金融机构小微企业贷款利息收入免征增值税政策的通知》(财税〔2018〕91号)	(1)自2017年12月1日至2019年12月31日,对金融机构向农户、小型企业、微型企业及个体工商户发放小额贷款(单户授信100万元及以下)取得的利息收入,免征增值税。(2)为进一步加大对小微企业的支持力度,自2018年9月1日至2020年12月31日,将符合条件的小型企业、微型企业或个体工商户贷款的单户授信额上限由100万元提高到1 000万元。(3)自2018年1月1日至2020年12月31日,对金融机构与小型企业、微型企业签订的借款合同免征印花税。
《财政部 税务总局关于延续支持农村金融发展有关税收政策的通知》(财税〔2017〕44号)	自2017年1月1日至2019年12月31日,对金融机构农户小额贷款的利息收入,免征增值税;对保险公司为种植业、养殖业提供保险业务取得的保费收入,按90%计入收入总额。
《财政部 税务总局关于小额贷款公司有关税收政策的通知》(财税〔2017〕48号)	自2017年1月1日至2019年12月31日,对经省级金融管理部门(金融办、局等)批准成立的小额贷款公司取得的农户小额贷款利息收入,免征增值税;取得的农户小额贷款利息收入,在计算应纳税所得额时,按90%计入收入总额;按年末贷款余额的1%计提的贷款损失准备金准予在企业所得税税前扣除。
《财政部 税务总局关于租入固定资产进项税额抵扣等增值税政策的通知》(财税〔2017〕90号)	自2018年1月1日至2019年12月31日,纳税人为农户、小型企业、微型企业及个体工商户借款、发行债券提供融资担保取得的担保费收入,以及为上述融资担保提供再担保取得的再担保费收入,免征增值税。
《财政部 税务总局关于中小企业融资(信用)担保机构有关准备金企业所得税税前扣除政策的通知》(财税〔2017〕22号)	自2016年1月1日起至2020年12月31日止,(1)符合条件的中小企业融资(信用)担保机构按照不超过当年年末担保责任余额1%的比例计提的担保赔偿准备,允许在企业所得税税前扣除,同时将上年度计提的担保赔偿准备余额转为当期收入。(2)符合条件的中小企业融资(信用)担保机构按照不超过当年担保费收入50%的比例计提的未到期责任准备,允许在企业所得税税前扣除,同时将上年度计提的未到期责任准备余额转为当期收入。
《财政部 税务总局关于中国邮政储蓄银行三农金融事业部涉农贷款增值税政策的通知》(财税〔2018〕97号)	自2018年7月1日至2020年12月31日,对中国邮政储蓄银行纳入"三农金融事业部"改革的各省、自治区、直辖市、计划单列市分行下辖的县域支行,提供农户贷款、农村企业和农村各类组织贷款(具体贷款业务清单见附件)取得的利息收入,可以选择适用简易计税方法按照3%的征收率计算缴纳增值税。

资料来源:作者根据相关资料整理得到,部分文件有更新或已被废止。

第三,对农村金融机构实施差异化监管政策。农村金融机构和普惠金融机构在整个金融组织体系中都处于弱势地位,但其在支农支小方面的重要作用不可代替。围绕小微企业、农户等普惠金融重点客户设定增速、户数等监管考核目标,将普惠金融服务情况纳入监管评价体系,明确资本管理、不良贷款容忍度等差异化监管要求。一是将普惠金融服务情况纳入监管评价体系,并明确普惠金融差异化监管要求。2017年银监会等11个部门联合发布《大中型商业银行设立普惠金融事业部实施方案》,对大中型商业银行普惠金融事业部经营情况进行差异化监测和考核,重点关注基础金融服务、信贷投放和金融服务的覆盖率、可得性和满意度等。《关于做好2018年银行业三农和扶贫金融服务工作的通知》明确涉农贷款、精准扶贫贷款不良率高出自身各项贷款不良率年度目标2个百分点(含)以内的可不作为银行内部考核评价的扣分因素。二是细化普惠金融考核目标。《中国银监会办公厅关于2018年推动银行业小微企业金融服务高质量发展的通知》和《中国银监会办公厅关于做好2018年银行业三农和扶贫金融服务工作的通知》提出了普惠金融服务的具体考核目标。在继续监测"三个不低于"[①]、确保小微企业信贷总量稳步扩大的基础上,重点针对单户授信1 000万元及以下的小微企业贷款,提出"两增两控"[②]的目标;在涉农贷款余额持续增长的基础上,力争实现单户授信500万元以下的普惠型农户经营性贷款和1 000万元以下普惠型涉农小微企业贷款增速总体不低于各项贷款平均增长率,扶贫小额信贷和精准产业扶贫贷款增长率总体高于各项贷款平均增速。

4.4.2 农村金融服务覆盖广度持续提升

多元化广覆盖的农村金融组织体系是金融服务农村产业融合发展的现实基础和关键条件。近年来,中国农村金融组织体系不断完善,多元化金融机构不断发展壮大,表4-4显示了2014、2016、2018这几年全国主要涉农金融机构的法人机构数、从业人员数和营业网点数。统计数据显示,截至2018年末,全国银行业金融机构覆盖率达到96%,农村中小银行法人机构数3 913家,营业网点84 454个,从业人员共计959 158人。金融机构空白乡镇从2009年10月的2 945个减少到1 296个,实现乡村金融机构和乡村基础金融服务双覆盖的省份从2009年10月的9个增加到29个。

[①] "三个不低于"是指小微企业贷款增速不低于各项贷款平均增速,小微企业贷款户数不低于上年同期户数,小微企业申贷获得率不低于上年同期水平。
[②] "两增"指单户授信总额1 000万元及以下的小微企业贷款同比增长率不低于各项贷款同比增长率,有贷款余额的户数不低于上年同期水平;"两控"指合理控制小微企业贷款资产质量水平和贷款综合成本。

表4-4 全国主要涉农金融机构相关情况

金融机构	法人机构数/家 2014年	法人机构数/家 2016年	法人机构数/家 2018年	从业人员/人 2014年	从业人员/人 2016年	从业人员/人 2018年	营业网点数/个 2014年	营业网点数/个 2016年	营业网点数/个 2018年
中国农业发展银行	1	1	1	51 251	51 879	—	2 177	2 188	—
中国农业银行	1	1	1	510 386	496 698	—	23 612	23 682	—
中国邮政储蓄银行	1	1	1	185 833	169 735	—	39 962	8 490	—
农村信用社	1 596	1 125	812	423 992	297 083	210 383	42 201	28 285	19 468
农村商业银行	665	1 114	1 397	373 635	558 172	645 492	32 776	49 307	58 246
农村合作银行	89	40	30	32 614	13 561	9 369	3 269	1 381	918
村镇银行	1 153	1 443	1 616	58 935	81 521	93 465	3 088	4 716	5 764
贷款公司	14	13	13	148	104	104	14	13	13
农村资金互助社	49	48	45	521	589	345	49	48	45
合计	3 569	3 786	3 916	1 637 315	1 669 342	—	147 148	118 110	—

数据来源：2014年、2016年和2018年的《中国农村金融服务报告》以及2015年、2017年《中国金融统计年鉴》。

2010年，中国农业银行开始改革试点"三农"金融事业部，随后分批扩大试点范围至农业银行的全部县域支行，研发设计了"惠农e贷""惠农e付""惠农e商"等特色产品。截至2018年末，在农村地区设立"金穗惠农通"工程服务点60多万个，在县以下布设转账电话、ATM、POS机等各类电子机具约86.5万台。2016年9月，中国邮储储蓄银行成立"三农"金融事业部，并在内蒙古、吉林、安徽、河南、广东5家分行开展试点，到2018年5月，邮储银行36家一级分行"三农"金融业务管理架构搭建完成，基本建立省、市、县三级全覆盖的"三农"金融服务组织体系，但统计数据显示，中国邮政储蓄银行的营业网点数出现较大幅度下降，2014年末的营业网点数为39 962个，2015年急剧下降到8 604个，2017年进一步下降到8 347个。从2017年5月银监会等11个部门联合印发《大中型商业银行设立普惠金融事业部实施方案》以后，工商银行、建设银行、交通银行搭建了垂直的条线化服务体系，农业银行建立了"三农"金融事业部+普惠金融事业部的双轮驱动服务体系，中国银行与中银富登村镇银行、中银消费金融公司形成了"1+2"的普惠金融服务模式；截至2018年末，中信银行、光大银行、平安银行、兴业银行、渤海银行、浙商银行、华夏银行等多家股份制银行已在总行设立普惠金融事业部。

截至2018年末，全国共组建以县(市)为单位的统一法人农村信用社812家、农村商业银行1 474家(其中正式开业1 397家，77家正在筹建)、农村合作银行30家。但从农村信用社、农村商业银行、农村合作银行三类金融机构变化趋势来看,尽管农村信用社和农村合作银行的法人机构数和营业网点数有一定程度的下降,但农村商业银行的法人机构数、营业网点数和从业人员数都有明显的上升,三类机构营业网点数和从业人员数的总和并没有出现较大的下降。主要原因是近几年来较多省市的农村信用社改制成了农村商业银行。

截至2018年末,新型农业金融机构90%以上的贷款投向了农户和小微企业。三类新型农业金融机构中,资金互助社和贷款公司的法人机构数和营业网点数都没有出现增长,特别农村资金互助社的从业人员数还出现了较大数量的下降,下降比例超过40%。村镇银行的法人机构数、营业网点数和从业人员数都出现了一定程度的上升,全国1286个县(市)核准设立村镇银行,县(市)覆盖率达到70%,全国共组建村镇银行1621家(其中65.6%设在中西部地区),村镇银行资产规模达到1.5万亿元。村镇银行累计为658.5万家农户和小微企业发放贷款,金额达4.69万亿元(共1114.6万笔)。随着近年来农村金融改革试点的不断推进,农民合作社信用互助部、农民合作社资金互助部、村级扶贫互助协会、村级金融服务室、县乡村融资担保体系等新型农村合作金融组织快速发展并逐渐成为农村金融服务主力军[1],有效提高了贫困地区农村金融服务覆盖面。

近年来,银保监会以"扩面、提标、增品"为工作重点,不断深化农业保险发展改革和试点,并取得阶段性成效,农业保险机构的覆盖广度出现明显上升。目前全国共有33家保险机构开展农业保险业务,32家保险机构开展农业再保险业务,开展农业保险业务的机构包括综合性保险公司、专业性农业保险公司、相互制保险公司和农业互助合作保险组织等多种类型。截至2018年末,农业保险已覆盖所有省市,多数省份拥有3家以上的农业保险业务经营主体,保险机构农业保险服务网点乡镇覆盖率达95%,村级覆盖率超过50%。农业保险承保农作物品种接近400种,基本涵盖了农林牧渔业的各个领域。

4.4.3 农村金融基础设施建设不断完善

农村地区金融供给主体少,金融基础设施及配套服务相对滞后,是制约农村金融深化的主要因素,导致中国农村金融长期处于抑制状态。近年来,农村支付体系、农村信用体系、农村信贷担保体系建设和农村人民币流通环境日益改善,在助推脱贫攻坚和服务乡村振兴战略中发挥了重要的作用。

第一,现代化农村支付体系建设逐步完成。一是农村小微企业开户效率明显提高。从2017年开始,中国人民银行先后印发了《中国人民银行办公厅关于修订农村支付服务环境建设业务统计指标的通知》《中国人民银行关于优化企业开户服务的指导意见》《中国

---

[1] 以农民合作社信用互助部为例,河南、安徽、湖南、山东、河北等地农民合作社信用互助组织已有423家。

人民银行关于试点取消企业银行账户开户许可证核发的通知》等文件,并出台了系列具体工作方案,针对小微企业开通了绿色服务通道,实施"2+2"限时办结制,有效地提高了农村企业开户服务效率。目前小微企业开户时间平均缩短到3天,大多数情况可以在1~2个工作日内完成。二是农村基本实现人人有银行结算账户,乡乡有ATM,村村有POS机。截至2018年末,农村地区银行营业网点有12.66万个,其中直接接入人民银行支付系统的有12.29万个,逐渐扭转了农村地区银行营业网点撤并收缩的趋势并略有增长。农村地区个人银行结算账户43.05亿户,人均4.44户,单位银行结算账户2 174.83万户。其中贫困地区个人银行结算账户16.92亿户,人均3.61户,人均持卡2.7张。农村地区布放ATM数量为380.45万台,平均每万人拥有量为3.93台;布放POS机数量为715.62万台,平均每万人拥有73.9台,基本实现行政村全覆盖。三是农村支付工具和方式逐步升级。从发卡端和受理端共同发力,持续推动农村由现金或存折向刷卡方式升级转变,大量布放各类支付结算终端机具和建设电子银行渠道并降低刷卡结算手续费,大力推动电子支付应用和"云闪付""微信支付""支付宝"等非银行支付机构的网络支付业务。截至2018年末,全国农村地区银行卡数达到31.08亿张,人均持有量3.31张;网上银行开通数6.12亿户,手机银行开通数6.7亿户;非银行支付机构移动支付业务笔数达93.87亿笔,金额高达52.21亿元。四是针对特定群体的惠农支付服务体系日益健全。以助农取款服务为依托,鼓励发展村级电子商务服务;持续开展农民工银行卡特色服务,解决农民工返乡取款难的问题。截至2018年末,全国农村地区共设置助农取款服务网点达98万个,覆盖行政村超过50万个,行政村覆盖率超98.23%;其中农村贫困地区助农取款服务网点41.41万个,占全部网点数的比例接近50%,村均1.52个。全国20.61万个银行卡助农服务网点加载了村级电商服务。农民工银行卡特色业务累计交易9 836.83万笔,金额达到1 514.07亿元。

第二,共建共享的农村信用体系有序推进。近年来,人民银行具体推动与地方政府和各类金融机构合作,为尚未获得贷款支持的农户、新型农业经营主体建立信用档案,开展"信用户""信用村""信用乡镇"评定,以缓解金融支农过程中的信息不对称问题,引导金融机构发放免抵押、免担保的信用贷款,将信用建设、信用意识和信用支持有机结合。截至2018年末,国家金融信用信息基础数据库已收录9.8亿自然人、2 582.8万户企业及其他组织的信用信息,其中办理过农户贷款的自然人9 467.5万人,办理过农林牧渔类信贷业务的农村企业和经济组织56.6万户。261万户小微企业和1.84亿农户(占比超过80%)均建有信用档案。新型农业经营主体信息直报系统注册用户达13.7万家,认证主体达4.8万家,国家级、省级、市县级示范类主体占比超过50%。征信系统已基本覆盖中国农业银行、农村商业银行、农村合作银行、农村信用社、村镇银行、贷款公司等主要涉农金融机构,支持通过金融专网直接接入、省级平台接入、互联网接入等多种方式接入征信系统,收集各类涉农信贷信息,并提供信用信息查询服务。全国动产融资统一登记公示系统已注册全国性银行、农村信用社、村镇银行等各类用户2.2万家,质权人为涉农金融机构的应收账款抵押和转让登记8.2万笔,涉及农林牧渔行业企业的各类登记累计近3.1万笔。全国应收账款融资服务平台已累计注册用户超过16.6万家,覆盖全国31个省份,累计促成应收账款融资15.2万笔,融资金额逾8.4万亿元。其中以农户为主的个人用户累计注册1.6万户,涉农企业7 487家,累计促成涉农应收账款融资2.3万笔,融资余额1 930.8亿元。

第三,农业信贷担保体系基本搭成。2015年,财政部联合农业部印发的《关于调整完善农业三项补贴政策的指导意见》明确指出,"在全国范围内调整20%的农资综合补贴资金用于支持粮食适度规模经营","重点支持建立完善农业信贷担保体系"。同年,《关于财政支持建立农业信贷担保体系的指导意见》提出,力争用3年时间建立健全具有中国特色、覆盖全国的农业信贷担保体系框架。2017年,《财政部 农业部 银监会关于做好全国农业信贷担保工作的通知》进一步突出农担体系专注农业和适度规模经营的职能定位,明确对省级农担公司政策性业务实行业务范围和担保额度"双控"标准。至此,国家农担公司和29个省、自治区、直辖市和4个计划单列市的农担公司全部注册成立,农业信贷担保规模稳步扩大。截至2018年末,省级农担公司33家、市(县)分支机构376家、业务网点952个;2018年新增担保项目19.19万个,新增担保金额640.6亿元;在保项目21.27万个,在保金额684.7亿元。全国农业信贷新增担保项目32万个,新增担保额1 144.2亿元,国家农担公司累计审批再担保项目8.5万个,金额为441.44亿元。

第四,农村地区现金服务水平稳步上升。尽管随着互联网技术的不断发展,网上支付正在不断改变城镇居民的支付习惯和偏好,但在农村地区居民仍以现金支付结算为主。近年来,人民银行进一步加强农村地区现金服务工作,农村地区现金流通环境不断改善。比如:中国人民银行重庆营管部在全辖开展"万村千乡现金服务工程",通过开通绿色通道、上门服务等方式为现金服务点提供小面额新钞,由现金服务点为周边居民提供零钞兑换服务;人民银行各分支机构利用现金服务点开展爱护人民币宣传和残损人民币兑换回收服务,农村地区残损人民币回收网络基本建成。建成农村地区反假币工作长效机制,将农村地区反假币工作站与普惠金融服务相结合,为普惠金融服务网点提供人民币真伪识别服务,配备点钞验钞机具;免费发放各类反假币宣传资料,使农民识别假币、防范假币的意识和能力不断增强。

4.4.4 农村普惠金融发展水平稳步提升

随着中国普惠金融发展战略的不断推进,农村普惠金融服务水平稳步提升,农村金融服务可获得性、使用效用性、服务质量进一步改善,农村普惠金融在支农支小和脱贫攻坚中发挥了重要作用。

一是中国人民银行、银保监会加强中央和地区联动,推进河南兰考县、陕西宜君县、甘肃临洮县等普惠金融改革试验区和示范区建设,探索普惠金融发展经验,初步取得成效。河南兰考探索以数字普惠金融为核心的实践路径,开发"普惠金融一网通"服务平台,建立"四位一体"分段风险分担机制[①],创新"宽授信、严启用、严管理"的普惠信贷管理模式,实施"信用信贷相长"行动计划,并于2017年10月推出"普惠通"App,实现集账户服务、理财、保险、证券、缴费、支付、贷款授信、惠农补贴等服务一站式线上"金融超市",兰考县自主设计的普惠金融发展指数从2015年末的0.26上升到2018年末的0.43。陕西宜君县围绕"创新金融产品、普惠金融教育、完善基础设施"三大主题开展示范区建设,金融机构创新推出"果易贷""青山贷""惠农易贷""康复贷"等20多种信贷产品。截至2018年末,宜君县共建成13个普惠金融综合服务站和227个惠农支付服务点,乡镇和行政村覆盖率高达100%,智能终端设备村级覆盖率达100%,"宜君指数"从2015年末的18.40上升到2018年末的52.93。甘肃临洮县形成了"县有金融办、乡有工作站、村有工作室"三级金融工作网络,组建成立了322个村级精准扶贫富民专业合作社;和政县采取金融扶贫、智力扶贫、教育卫生扶贫、基础设施扶贫等措施引导金融机构下沉服务网点和优化金融服务,完善了"惠农通"、村级便民金融服务点,加大"四通"平台等电子机具布设,提高金融服务的覆盖率、可得性和满意度。青海省推出扶贫普惠、网络普惠、信用普惠、绿色普惠、保险普惠和金惠工程六大工程,深化"信用户""信用村""信用镇""信用县"建设,逐步形成具有欠发达民族地区特色的"青海模式"。截至2018年末,青海金融精准扶贫贷款和小微企业贷款余额分别为1 163.43亿元和1 382.65亿元,较试点前分别增长54.33%和74.52%。浙江宁波市于2009年在全国率先推出小额贷款保证保险,探索出了一条破解"三农"和小微企业融资难的普惠金融发展路径。宁波市以融资服务、支付服务两条主线全力优化普惠金融信用信息服务、普惠金融公共服务、助农金融服务三大平台,逐步实现融资服务、支付服务、风险防控和金融知识教育全覆盖;金融机构、政府部门和社会公众共建共享的普惠金融信用信息服务平台,采集入库各类信息2.5亿条,覆盖了全市92万户中小微企业、75.4万农户、5.2万低保居民和1.5万产业工人,助农金融服务站点覆盖全部3 043个行政村。

二是移动互联网、云计算、大数据、人工智能、区块链等现代信息技术快速发展,金融与科技的深度融合有助于降低金融服务门槛和成本,消除物理网点和营业时间的限制,助

[①] 兰考试验区探索"银行+政府风险补偿基金+保险公司+担保公司"四方风险分担机制,将贷款不良率划分为4段(2%以下、2%-5%、5%-10%、10%以上),2%以下的不良损失由银行全部承担,政府风险补偿基金随不良贷款率上升而递增,银行分担比例随不良率上升而递减。

力普惠金融发展破解"最后一公里"问题,使欠发达地区、农村地区、小微企业、低收入人群等能够以可负担成本获取安全便捷的金融服务。中国互联网金融协会调查数据显示,样本银行业金融机构在普惠金融服务中应用移动互联网、大数据、生物识别技术、云计算、物联网技术和区块链的比例分别达到了91.43%、71.43%、31.43%、48.57%、5.71%和17.14%;83.33%的样本非银行支付机构为小微企业提供"支付+硬件服务",通过"线上+线下"的有效布局发挥软件和硬件的集合优势;41.67%的样本非银行支付机构为小微企业提供"支付+资金管理"服务,对现金流进行有效管理、归集和实时精准分析,并提供采购、财务、金融等方面的建议。2017年和2018年中央分别投入上亿元在大田种植、园艺作物等领域支持57个项目单位开展以"信息知识+智能装备"为特征的数字农业建设。中国银行研发了基于区块链技术的电子钱包,并成功用于"公益中行"精准扶贫平台。中国工商银行与贵州贵民集团联合打造脱贫攻坚基金区块链管理平台,实现银行金融服务链和政府扶贫资金行政审批链的跨链整合与信息互信。中国建设银行以新一代"裕农通"平台为依托,结合裕农通App、智能POS、微信公众号构建县域普惠金融体系。截至2018年末,已建立"裕农通"服务点9.2万个,服务县域客户600多万户。中国银行推出"科技+智慧+载体+资金"定点扶贫服务模式,建立"银行+政府+核心企业+农户"的产业链金融扶贫模式,通过差异化信贷政策支持现代农业。浙江网商银行借助"数据化产融模式"打通农村经济价值链,联合农业产业化龙头企业为其上游种植养殖户提供产融信贷服务和销售渠道。兴业银行"银银平台"整合各类合法合规的财富管理产品下乡,推动解决农村居民"理财难"问题。

4.5 金融支持农村产业融合发展的现实困境

尽管金融支持农村产业融合发展的基础条件日趋成熟,但由于农村产业融合发展刚刚起步,金融支持农村产业融合发展尚处于分散探索与试点阶段,在实践过程中仍面临着诸多困境。为了全面掌握当前农村金融支持农村产业融合发展的现状及问题,课题组利用问卷调查和访谈的形式对相关政府部门、金融机构以及重庆、四川、湖南、安徽和湖北等省份的从业主体进行了调查,共收回有效调查问卷267份,其中专业大户122家、家庭农场65家、农民专业合作社51家、龙头企业24家、其他服务主体5家,访谈27家涉农金融机构和24位基层政府相关负责人。结合本课题组的调研结果和相关宏观统计数据来看,目前金融支持农村产业融合发展主要存在以下问题。

4.5.1 农村金融指导理论定位不清且调控对象把握不准

一方面,金融服务农村产业融合发展的指导理论定位不清。任何实践都必须以科学的理论为指导,金融服务农村产业融合发展也不例外。尽管中国农村金融发展与实践取得了良好的经济社会效益,但仍缺乏清晰的指导理论定位,农村金融发展存在明显的理论与实践脱节问题。一是农业补贴论和农村金融市场论的混用。从20世纪80年代初开始,农村金融市场论逐渐替代了农业补贴论,成为国际上的主流农村金融理论。在实践过程中,我国总体上实行"农村金融市场范式",但一些政府部门一直没有真正放弃"农业补贴范式",尤其是在农村扶贫领域(冯兴元等,2019;温涛、何茜,2020),不仅没能有效解决农村金融市场满足度低的问题,还破坏和扭曲了农村金融市场,增强了农民对政府补贴的依赖。二是对农村金融"供给引导"抑或"需求追随"发展模式不明确[1]。长期以来,我国一直采用的是自上而下供给引导为主的农村金融发展模式(武翠芳等,2012),政策的时滞性导致农村金融市场普遍存在不缺机构缺服务、不缺政策缺产品的现象。长年大量的农村金融改革似乎也没有明确供给引导和需求追随两种模式的转变,农村金融需求满足度偏低,农民融资难融资贵的问题长期存在。

另一方面,对调控对象的把握不深入不全面。近年来,党中央、国务院、农业农村部、财政部、中国人民银行等就农村金融发展、金融服务乡村振兴和金融支持农村产业融合发展等问题出台了一系列指导意见或暂行办法。这些指导性政策文件无疑从宏观上对金融服务乡村振兴进行了总体部署并指明了总体方向,但缺乏微观层面具有靶向性的具体行动指南,导致实践中对调控对象的把握不全面不深入。一是农村金融市场供给方存在"使命漂移"[2]现象。小额贷款公司、村镇银行、农村资金互助社等新型农村金融机构在实际经营过程中出于对经营成本、利润空间、风险承担等因素的考虑,将客户群体更多地瞄准富裕阶层,背离了成立之初衷——服务"三农"和小微企业,存在"使命漂移"现象(陈东平、钱卓林,2015;翁舟杰,2018)。二是农村金融市场需求方存在"精英俘获"现象。大量已有研究表明,在中国农村信贷市场中,农村社区内部具有一定经济实力和社会关系的精英农户能够利用自身优势俘获他们所偏好的各类项目,精英农户行为决策逐渐偏离社区整体利益,农村内部大多数信贷资金被少数精英农户占有,多数小农户逐渐被"客体化"和"边缘化"(温涛等,2016;胡联、汪三贵,2017;何欣、朱可涵,2018)。三是农村金融发展的配套法

---

[1] 1966年美国经济学家帕特里克根据发展中国家的实际情况提出了需求追随和供给引导两种金融发展模式,前者强调经济增长对金融发展的带动作用,应在经济发展前期占主导地位,后者强调金融发展对经济增长的能动作用,应在经济成熟阶段占主导地位。
[2] "使命漂移"最早由 Woller 等于1999年提出,认为微型金融机构成立的初衷是服务弱势群体,但在经营过程中为了追求利益和效率,转向服务相对富裕群体,即发生了"使命漂移"。

律保障严重缺位。课题组调研访谈发现，在农村金融与保险改革试点进程中，诸多环节明显存在法律缺位或不健全的情况。比如：农村产权抵押贷款的配套法律制度不健全，对缓解农户融资难题的作用有限；农村新型合作金融组织开展信用合作、产业合作、金融扶贫的实践也因缺乏法律保障而问题重重不可持续。

4.5.2 农村金融机构涉农贷款供给总量不足且种类单一

一是全国农村金融机构涉农贷款余额逐年增长，但其占比却呈下降趋势，总量仍显不足，新型农业经营主体资金缺口大。从全国情况看，龙头企业信贷资金需求与银行实际提供的资金缺口一般在30%~40%，一项关于860家国家级产业化龙头企业的调查显示龙头企业的贷款满足度约为70%（张红宇等，2016）。从宏观统计数据来看，2007—2018年间，金融机构涉农贷款、农村贷款、农林牧渔业贷款和农户贷款均呈现快速增长，年均增长率分别达到16.5%、16.3%、9.1%和19.2%。全国支农支小再贷款余额分别达到2 870亿元和2 172亿元，再贴现余额为3 290亿元。粮棉油贷款余额18 566亿元，农业农村基础设施贷款余额25 992亿元，农业现代化贷款余额2 161亿元。分机构来看，中国农业银行和邮政储蓄银行涉农贷款余额已超过3万亿元和1万亿元。但是，如表4-5所示，涉农贷款余额和农村贷款余额占总贷款余额的比重却呈下降趋势，分别从2013年的27.3%和22.6%下降到了2018年的24.0%和19.6%，而且涉农贷款余额和农村贷款余额的同比增长率分别从2013年的18.5%和18.9%下降到2018年的5.6%和6.0%。涉农贷款余额增长较快的是农村商业银行（15.7%）、中资财务公司（24.5%）和村镇银行（9.7%），但农村合作银行和农村信用合作社涉农贷款余额却出现了较大幅度下降，同比增长率分别为-20%和-13.5%。

表4-5 2013—2017年金融机构本外币涉农贷款余额

年份	涉农贷款 余额/亿元	占比/%	增长率/%	农村（县及县以下）贷款 余额/亿元	占比/%	增长率/%	农业（含农林牧渔）贷款 余额/亿元	占比/%	增长率/%	农户贷款 余额/亿元	占比/%	增长率/%	农村企业和各类组织贷款 余额/亿元	占比/%	增长率/%	农产品加工贷款 余额/亿元	占比/%	增长率/%
2013	208 893	27.3	18.5	173 025	22.6	18.9	3.437	4.0	11.7	45 047	5.9	24.5	127 978	16.7	17.1	12 681	1.7	9.8
2014	236 002	28.1	13	194 383	23.2	12.4	33 394	4.0	9.7	53 87	6.4	19	140 796	16.8	10	13 374	1.6	5.5
2015	263 522	27.8	11.7	216 055	22.8	11.2	35 137	3.7	5.2	61 488	6.5	14.8	154 567	16.3	9.8	13 907	1.5	4
2016	282 336	26.5	7.1	230 092	21.6	6.5	36 627	3.4	4.2	70 846	6.6	15.2	159 246	14.9	3	12 768	1.2	-8.2
2017	309 547	25.4	9.6	251 398.3	20.7	9.3	38 713	3.2	5.7	81 056	6.7	14.4	170 343	14	7	12 453.5	1.02	-2.7
2018	326 806	24.0	5.6	266 368	19.6	6.0	39 424	2.9	1.8	92 322	6.9	13.9	174 045	12.8	2.2	11 997	0.9	-3.7

数据来源：课题组从历年《中国金融年鉴》和中国人民银行网站整理得到。

具体来看,农业(含农林牧渔)贷款余额和农户贷款余额占所有贷款余额的比重非常小,增长率也呈现逐年下降的趋势。2013—2018年间,农业(含农林牧渔)贷款余额占所有贷款余额的比重等于或低于4.0%,增长率也从11.7%下降到1.8%;农户贷款余额占比也仅有6.5%左右,增长率从24.5%下降到13.9%。农村企业和各类组织贷款余额占比与同比增长率从2013年的16.7%和17.1%下降到2018年的12.8%和2.2%;农产品加工贷款余额占比与同比增长率分别从2013年的1.7%和9.8%下降到0.9%和-3.7%。尤其需要注意的是,农产品加工是农村产业融合发展的重要模式之一,但农产品加工贷款的同比增长率逐年下降,并从2016年开始呈现负增长。由此可见,目前金融机构涉农贷款中较大比重的涉农贷款并没有真正由农业部门和农户获得,这与日益增长的新型农业经营主体数量[①]及其融资需求很不相称,农村产业融合发展的资金缺口仍然很大。课题组调查数据显示,78.3%的新型农业经营主体都存在资金短缺问题,46.8%的新型农业经营主体表示没有或者只能获得较少贷款,75.3%的新型农业经营主体表示所获得的贷款未能满足其资金需求,38.6%的新型农业经营主体表示都面临着不同程度的信贷数量配给不足问题,41.2%的新型农业经营主体认为资金短缺是发展中的最大难题。

二是农村金融机构中长期大额涉农贷款供给不足,金融供需结构失衡现象较明显。随着农村产业融合发展,从业主体的生产经营规模不断扩大、产业链条不断延伸,购买生产资料所需的流动性资金和生产设备等固定资产投资的需求不断扩大,小额信贷已不能满足从业主体的资金需求。张红宇等(2016)的研究表明,农业企业80.0%的贷款都是短期贷款,中长期贷款仅占20.0%,不少龙头企业由于中长期贷款不足而不得不占用流动资金贷款,使得企业流动资金贷款更加紧张;大多数家庭农场都希望贷款额度从现有的5万元提高到20万元以上,其中50.2%以上的家庭农场希望将贷款额度提高到50万元以上,贷款期限延长至5年以上(马天禄,2014)。统计数据显示,2013—2017年间中国农业银行、中国农业发展银行和中国邮政储蓄银行等主要涉农金融机构本外币中长期贷款的占比处于40.9%~70.7%之间,整体增长趋势较缓慢(见表4-6)。调查数据显示,被调查从业主体从金融机构获得的贷款大多是3年以内10万以下的短期贷款,占比高达86.5%;77.9%的被调查主体都认为现有短期小额涉农贷款对缓解资金周转困难的作用不大,希望贷款期限延长至5~8年,58.1%的被调查主体希望贷款金额能提高到30万以上。

[①] 截至2016年底,全国共有31 422万农业生产经营人员,20 743万农业经营户,其中有398万规模农业经营户,204万个农业经营单位,在工商部门注册的农民合作社179万个,其中农业普查登记的以农业生产经营或服务为主的农民合作社91万个;全国新型农业经营主体数量达到了280万个,其中经营面积在50亩以上的种养大户达356万户,各类家庭农场87.7万家(其中经农业部门认定的达41.4万家),农民专业合作社179.4万家,各类农业产业化龙头企业12.9万家(余瑶,2017)。

表4-6　2013—2017年涉农金融机构本外币中长期贷款余额及占比

年份	中国农业银行 中长期贷款/亿元	中国农业银行 总贷款/亿元	占比/%	中国邮政储蓄银行 中长期贷款/亿元	中国邮政储蓄银行 总贷款/亿元	占比/%	中国农业发展银行 中长期贷款/亿元	中国农业发展银行 总贷款/亿元	占比/%
2013	40 819.79	68 661.83	59.5	7 010.86	14 632.6	47.9	10 397.83	24 230.77	42.9
2014	47 251.18	77 003.48	61.4	9 645.73	18 317.69	52.7	11 241.23	27 516.18	40.9
2015	52 944.21	85 066.75	62.2	13 807.44	24 125.95	57.2	14 489.91	33 471.99	43.3
2016	60 388.57	93 193.64	64.8	17 964.13	29 392.17	61.1	19 598.37	39 809.21	49.2
2017	72 950.81	103 163.11	70.7	22 475.79	35 415.71	63.5	25 372.9	45 071.61	56.3

数据来源：作者从历年《中国金融年鉴》中整理得到。

三是农村金融产品和金融服务种类单一，同质化现象严重。中国农村金融市场竞争和创新激励严重不足，金融机构、金融产品和金融服务同质化发展现象异常突出，再加上农村金融人才匮乏导致经营理念和管理方式整体比较落后，同质单一的金融产品和服务不仅不能适应乡村振兴中新型农业经营主体多元化的金融需求，还制约着金融机构抵御风险能力的提升，严重影响农村金融市场和农村金融机构的健康可持续发展。农村金融同质化现象主要表现为：银行类农村金融机构发展战略和目标客户同质化。尽管农村金融机构种类逐渐多元化，但银行类金融机构占据主导地位，而且政策性、商业性、合作性银行类金融机构的战略定位同质，尚未充分发挥各自比较优势形成差异化发展战略，也没有立足于市场需求形成分类分层服务体系，都以农村精英农户和农业产业化龙头企业为主要目标客户群。

4.5.3 非银行金融机构发展滞后使得直接融资渠道不畅

当前，农村金融市场仍呈现出银行类机构"一股独大"的现实格局，其他非银行类机构发展明显滞后。农村金融市场以银行间接融资为主的融资模式及其低风险偏好难以支持农业转型升级和农业现代化发展。随着2006年以来农村金融市场准入门槛的逐步降低，异军突起的村镇银行、小额贷款公司和农村资金互助社等新型农村金融机构，以及由农村信用社改制成型的农村商业银行逐渐发展成为农村金融市场的主力军，备受监管部门和地方政府的青睐。而内生于农村社区并带有农民自身特点的农村互助合作金融却备受冷落，逐渐被边缘化和弱势化[①]。虽然农产品价格保险、收入保险、指数保险、巨灾保险以及农业担保、期货期权等试点工作持续推进并取得了显著成效，但尚未形成合力从而有效分

---

① 调研发现，随着农业农村部关于新型农村合作金融组织的试点和推广，农村合作金融被冷落的这种趋势略有好转。

担农村金融风险和降低农村金融服务成本。农村信托、租赁虽有成功个案,但总体发展严重滞后,未来还有很大空间。

从融资渠道来看,农业企业的直接融资渠道不畅,仍以银行间接融资为主。虽然农业农村领域的股票、债券、基金等直接融资渠道日益多元化,但能够通过直接融资渠道获得资金的仅是少数规模较大的农业产业化龙头企业,数量占比较大的专业大户、家庭农场、农民专业合作社等主要新型农业经营主体仍只能采用银行间接融资,然而农业产业化龙头企业的数量在新型农业经营主体总数中占比非常小(2016年底全国各类农业产业化龙头企业在新型农业经营主体数量中的占比仅为4.6%),农业企业直接融资规模与农业产值占GDP的比重很不相称,直接融资对农业农村领域的支持作用仍比较有限。2017—2018年,全国首发上市涉农企业10家,融资69.82亿元;再融资企业9家,融资99.83亿元;涉农企业发行公司债券14只,融资80.5亿元。截至2018年,新三板挂牌涉农企业累计418家,2018年全年共完成股票定向发行55次,但累计融资仅为25.06亿元。累计有257家涉农企业在银行间债券市场发行1 553只、1.47万亿元债券融资工具;涉农私募基金1 175只,基金规模5 293.93亿元,在投项目数达1 550个,在投本金806.23亿元。已上市26个农产品期货、期权品种,覆盖了粮、棉、油等主要大宗农产品领域;2017年,上海、郑州、大连三家期货交易所投入1.11亿元支持75个"保险+期货"试点项目,涵盖黑龙江等12个省份,惠及11.86万农户和211个合作社;2018年该试点项目增加到156个,覆盖品种、省域和农户数量都几乎翻一倍。2017年全国共有上市公司3 341家,其中农业行业仅有84家,占比为2.5%;所有84家农业A股上市公司营业收入总额仅为4 431.830亿元,比中国石化、中国石油等13家单个上市公司营业收入还低。在2017年上市公司500强中,农业上市公司仅有6家,如表4-7所示,每家上市公司的总资产和总市值都比较小。调查数据显示,在被调查的24家农业产业化龙头企业中,只有四川通威股份、吉峰农机股份公司和湖北武昌鱼股份公司3家企业在A股上市,其他21家农业产业化龙头企业目前都没有上市,只能通过银行贷款的间接融资模式筹集资金。

表4-7 2017年农业上市公司入选500强情况

数据项	温氏股份	新希望	通威股份	大北农	正邦科技	海大集团
总资产/亿元	414.38	373.85	213.99	152.58	122.59	102.88
500强排名	42	128	313	335	353	367
营业收入/亿元	556.57	625.57	260.89	187.42	206.15	325.57
行业排名	2	1	4	7	5	3

数据来源:华顿经济研究院和中商产业研究院。

4.5.4 农村金融机构创新能力和可持续发展能力待加强

农村金融需求的多样性、层次性和地域性决定了农村金融产品和金融服务需要不断创新。尤其是随着新型农业经营主体的不断成长和农村产业融合发展进程的不断加快，新型农业经营主体日益扩张的金融需求与其较弱的融资能力之间的矛盾，更需要通过金融产品创新和金融服务创新来加以解决。在《中共中央 国务院关于深入推进农业供给侧结构性改革加快培育农业农村发展新动能的若干意见》《乡村振兴战略规划（2018—2022年）》等一系列政策的指引下，近年来在中国农村金融服务领域进行了大量的探索和创新。一是金融机构创新探索"银行贷款+风险补偿金""政银保合作""互联网+农村金融""农业领域PPP""开发性金融与绿色金融相结合"等多种模式，为绿色农业、田园综合体、水利建设、垃圾处理、新农村建设等项目提供资金支持。农业银行先后推出美丽乡村贷、治水专项贷、小城镇环境综合整治贷等特色信贷产品，农业银行浙江分行还在银行间市场创新发行了全国首个"绿水青山"专项信贷资产证券化项目。二是农村金融机构积极探索开发出"农民专业合作社贷款""农业产业链贷款"等适合新型农业经营主体的专属产品，推行"金融+产业联盟+合作社+农户""金融+龙头企业+基地+农户""龙头企业+合作社+农户"等多种贷款模式，大力支持新型农业经营主体发展。三是探索开展大型农机具抵押、农业生产设施抵押、供应链融资等新业务，加大对粮食收储、新型城镇化等重点领域的信贷投放；深化农村产权融资创新，稳妥有序地推进农村承包土地经营权和农民住房财产权抵押贷款试点，推出"两权+多种经营权组合抵押""两权+农业设施权证""农户联保+两权反担保"等多种贷款模式；农户活体牲畜抵押贷款、应收账款抵押贷款、以预期现金流为依据的贷款等新型贷款产品和"拎包银行""流动银行服务车"等多种新型金融服务模式快速发展。四是支持国际竞争力大的农业企业对外合作和"走出去"。国家开发银行运用"投贷债租证"综合金融服务优势，支持光明集团收购英国第二大谷物食品生产公司、首农集团并购英国樱桃谷鸭公司等一批重大农业国际合作项目。截至2018年末，农产品进出口总额2 168.1亿元，同比增长7.7%，其中出口同比增长5.5%，进口同比增长8.9%，贸易逆差同比增长14.0%。

但是，调查发现涉农金融机构金融产品和金融服务的创新力度明显不足，金融供给与需求之间的结构性失衡愈演愈烈。银行类金融机构贷款产品创新不足，贷款模式传统且简单，大多数被调查新型农业经营主体目前都主要采用信用贷款、抵押贷款、联保贷款和担保贷款等贷款形式，其中10.1%的农户获得信用贷款，12.4%的农户获得联保贷款，34.8%的农户获得房屋抵押贷款，18.4%的农户获得土地承包经营权抵押贷款。仅有1家新型农业经营主体从当地农村商业银行获得了农产品商标权抵押贷款，1家新型农业经营主体获得了应收账款抵押贷款。截至2016年末,全国232个农地抵押贷款试点县的贷款余额仅为140亿元,59个农房抵押贷款试点县的贷款余额仅为126亿元。58.1%的新型农业经营主体表示银行贷款的门槛条件高、程序复杂,贷款难问题仍较严重;46.8%的新型农业经营主体表示商业银行贷款产品难以满足自身需求。仅有5家农村商业银行负责人表示已经开始尝试根据当地实际情况创新信贷产品和信贷模式,但同时表示新型涉农信贷产品和信贷模式的推广难度大、风险控制成本高,能否持续创新有待观察。

另一方面,农村金融机构可持续发展能力有待加强。无论金融发展到何种水平,金融机构尤其是商业性金融机构的经营目标仍是追求营利和可持续发展。当前,农村金融机构自身可持续发展能力明显不足,其农村金融服务功能难以有效发挥。统计数据显示,2012—2018年间,农村商业银行、农村合作银行、农村信用社和新型农村金融机构的资产利润率和资本利润率[①]整体偏低且呈现出不同程度的下降(见表4-8)。银行类金融机构产品同质化严重,农村基层信贷人员业绩压力大,而且合规意识和风险责任意识淡薄,往往为了完成任务链而走险违规放贷,前仆后继"踩红线",农村金融机构不良贷款率居高不下甚至不断上升(见表4-9),尤其是农村合作银行和农村信用社的不良贷款率在2018年已达到13.3%和10.0%,少数地方农村农商行的不良贷款率更高(比如贵阳农商行和山东广饶农商行分别达到19.54%和13.9%)。而且,近年来主要涉农金融机构因为不可持续而导致法人机构数出现不同程度的下降。全国小额贷款公司从2015年6月末的8 951家下降到2018年末的8 133家,下降比例高达9.14%;农村合作银行和农村资金互助社分别从2016年末的40家和48家下降到2018年末的30家和45家,下降比例分别为25%和6.25%,农村合作银行的营业网点数也下降了33.53%。此外,课题组调研还发现,一些非银行类金融机构因为对农村市场把握不足导致其业务开展的可持续性也面临巨大挑战,不少非银行金融机构迫不得已选择提前退出市场。

表4-8 2012—2018年主要涉农金融机构的盈利水平　　　　　　　　单位:%

年份	农村商业银行		农村合作银行		农村信用社		新型农村金融机构	
	资产收益率	资本收益率	资产收益率	资本收益率	资产收益率	资本收益率	资产收益率	资本收益率
2012	1.25	15.94	1.34	16.57	0.82	16.29	—	—
2013	1.26	15.91	1.32	14.87	0.85	16.14	—	—
2014	1.38	17.23	1.15	13.00	0.95	17.37	1.42	10.1

---

① 资产利润率(ROA)是指金融机构在一个会计年度内获得的税后利润与总资产平均余额的比率,采用净利润与总资产平均余额的比率计算;资本利润率(ROE)是指金融机构在一个会计年度内获得的税后利润与资本平均余额的比率,采用净利润与所有者权益平均余额的比率计算。

续表

年份	农村商业银行 资产收益率	农村商业银行 资本收益率	农村合作银行 资产收益率	农村合作银行 资本收益率	农村信用社 资产收益率	农村信用社 资本收益率	新型农村金融机构 资产收益率	新型农村金融机构 资本收益率
2015	1.11	13.95	0.96	10.93	0.80	14.07	1.28	9.38
2016	1.01	13.14	0.63	7.27	0.69	11.83	0.96	7.64
2017	0.87	11.67	0.62	7.73	0.64	10.80	0.82	6.93
2018	0.82	10.61	0.48	5.97	0.61	10.17	0.66	5.62

表4-9 2016—2018年金融机构涉农不良贷款

年份	指标	全部金融机构	中资大型银行	中资中型银行	中资小型银行	农村商业银行	农村合作银行	村镇银行	农村信用合作社
2016	余额/亿元	8 649	3 043	1 349	2 095	1 554	58	93	2 161
2016	同比增长/%	8.7	13.9	34.3	28.3	30.6	−27.1	44.9	−18.4
2016	不良贷款率/%	3.1	2.9	2.0	2.6	2.9	3.3	1.7	8.0
2018	余额/亿元	11 625	3 088	1 690	4 779	3 663	157	232	2 066
2018	同比增长/%	19.3	−2.2	13.0	54.4	53.9	109.7	46.8	3.7
2018	不良贷款率/%	3.6	2.6	2.2	4.4	4.9	13.3	3.3	10.0

数据来源：作者从历年《中国农村金融服务报告》中整理得到。

4.5.5 多部门协同服务机制不健全导致金融服务效率低

金融支持农村产业融合发展点多面广，涉及政府部门、金融机构、第三方中介服务机构、新型农业经营主体等多个相关主体。调研发现，政府部门、金融机构和中介机构等相关主体目前尚处于单打独斗、各自为战的局面，尚未建立完善的多部门协同服务机制，65.2%的新型农业经营主体面临着"信用贷款难、抵押贷款慢"的问题。如图4-9所示，一方面，地方政府对金融机构的引导不足，仅有4家金融机构得到了政府的政策支持和优惠政策，金融机构支持农村产业融合发展缺乏具有针对性、靶向性的具体操作指南或行动方案，15家金融机构目前在支持农村产业融合发展的过程中仍实行农业经营主体主动申请、银行审批的被动模式发放抵押贷款。政策性金融、商业性金融、合作性金融之间缺乏明确的分工与合作，实践中存在明显的错位、缺位和叠加并存现象，金融支持农村产业融合发展的效率偏低。仅有10家农户获得了政府的财政资金补贴，仅有4.0%的新型农业经营主体表示所获得的贷款支持能满足资金需求，18.4%的新型农业经营主体目前没有获得任何的贷款支持。另一方面,大多数农村金融机构的服务种类和服务模式大同小异,而且银行类金融机构与农业保险公司、农业担保公司、信用评级机构、抵押物评估与处置机构等非银行类金融机构之间缺乏有机联系,在业务经营上各自为战,尚未形成互补合作机制。银行发放贷款面临信用征集、抵押物评估处置等诸多难题。目前仅有3家农村商业银行与保险公司签订了长期合作协议,但仅有2家新型农业经营主体利用农业保险保单获得了信用贷款;有2家村镇银行与抵押物评估机构签订合作协议,农户申请贷款所提供的抵押物由合作机构进行评估,如果农户贷款违约则由合作机构负责处置抵押物并按合作协议偿还银行贷款;有1家村镇银行与担保公司合作,合作担保公司为农户申请贷款提供担保,农户与担保公司签订反担保协议;有2家农村商业银行与农民专业合作社合作,农村商业银行向入社的会员集体授信,合作社统一负责发放贷款和偿还贷款。

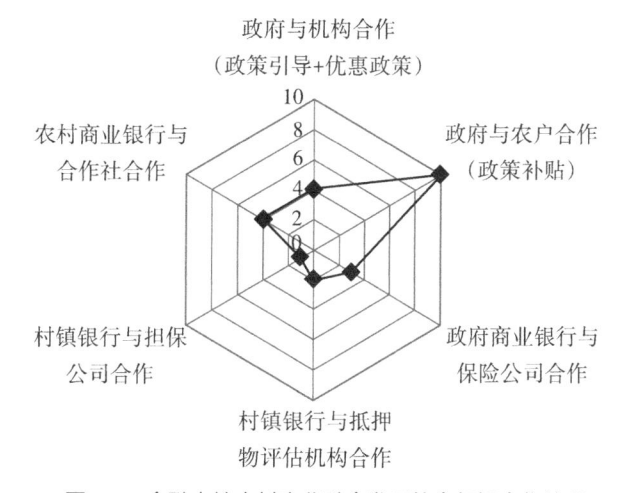

图4-9 金融支持农村产业融合发展的多部门合作情况

4.6 本章小结

本章节首先采用历史分析方法总结了农村产业融合发展的演进历程,包括农业产业化发展的三个阶段和2015年及以后的农村产业融合发展阶段,采用文献分析方法总结了国家层面关于农村产业融合发展的主要政策文件及核心思想。在此基础上,本章节结合课题组调查数据、宏观统计数据以及现有的公开发布的各类研究报告等资料,对农村产业融合发展与金融支持的现状及问题进行了系统性分析。

中国农村产业融合发展的基础不断夯实,发展势头良好。一是农村产业融合发展的产业基础不断夯实,包括农业产业生产能力稳中有升、一村一品快速推进、都市农业稳定增长、农业产业化经营组织蓬勃发展;二是农村产业融合发展的试点范围不断扩大,包括国家层面的试点省、示范县、示范区、先导区的创建与确认,以重庆(试点省份)为例分析省级层面试点项目的扩张;三是农村产业融合发展产业形态日益丰富,包括农产品加工业迅速发展壮大、休闲农业与乡村旅游业取得快速发展、农产品电子商务发展呈燎原之势、工厂化农业和循环农业等新业态不断涌现;四是农村产业融合发展的模式日益多元化,主要包括农业内部有机融合模式、全产业链发展融合模式、农业多功能拓展融合模式、产业集聚型融合发展模式和技术渗透型融合发展模式;五是农村产业融合发展利益联结机制不断完善,包括订单合同型、股份合作型、服务带动型、反租倒包再就业型等几种利益联结机制。

尽管在一系列政策指导以及多方实践部门的共同努力下,中国农村产业融合发展取得了显著成效,但仍存在一些问题亟待解决:一是农村产业之间相互融合的程度不高、融合发展水平低、产业链条较短、合作方式单一;二是农村产业融合发展从业主体的带动能力不强,经营能力和创新能力不强,发展后劲不足;三是农村产业融合发展受土地、资金、人才等生产要素的约束比较严重;四是农村产业融合发展的基础设施建设相对滞后,公共服务供给明显不足,制约了新产业新业态的发展。

近年来,多层次、广覆盖、适度竞争的农村金融服务体系建设继续推进,政策性金融、商业性金融与合作性金融功能互补、相互协作的格局正在形成,金融支持农村产业融合发展的基础条件不断形成并日益夯实,表现为:一是农村金融扶持"三农"的差异化信贷政策、财政税收优惠政策、差异化监管政策等政策体系逐步完善;二是农村信贷、保险、担保等基础金融服务覆盖广度持续提升;三是农村现代化支付体系、农村信用体系和担保体系等金融基础设施建设不断改善;四是农村普惠金融发展水平稳步提升,在降低服务门槛、节约交易成本等方面对支农支小发挥了重要作用。

由于农村金融支持农村产业融合发展目前仍处于试点探索阶段,面临着诸多困境。主要表现为:一是农村金融指导理论定位不清,农业信贷补贴论和农村金融市场论混用,对采用农村金融供给引导还是需求追随的发展模式不明确,而且对农村金融调控对象把握不准;二是农村金融机构涉农贷款供给尤其是中长期大额涉农贷款供给总量不足,农村金融产品和金融服务种类单一,同质化现象较严重;三是银行类金融机构"一股独大",非银行金融机构发展严重滞后,新型农业经营主体的直接融资渠道不畅;四是农村金融机构创新能力不足,县域金融机构缺乏创新权限,农村金融机构不良贷款率居高不下甚至不断上升,农村金融机构可持续发展能力有待加强;五是多部门协同服务机制不健全,不同类型金融机构仍处于单打独斗局面,尚未形成合力,导致金融服务效率偏低。

第5章 省际农村产业融合发展水平与区域差异分析

农村产业融合发展已被纳入乡村振兴战略的重要工作范畴,中央及地方各级政府先后出台多项政策以期推动农村产业融合发展实践。经过几年的试点和发展,各省份农村产业融合发展水平如何?呈现出何种演变趋势?不同区域之间农村产业融合发展水平是否存在差异?导致区域差异的主要原因是什么?省际农村产业融合发展的影响因素包括哪些?弄清楚这些问题既是对前期工作成效的全面总结,又可以为下一步政策方针的制定提供科学依据,无疑具有重要的现实意义。本章节的主要目的是首先构建农村产业融合发展评价指标体系,测度2008—2018年中国30个省份的农村产业融合发展水平,并采用Dagum基尼系数测算农村产业融合发展水平的区域差异,采用Kernel密度估计和Markov链分析方法考察省际农村产业融合发展的分布动态演进,然后建立动态面板数据模型进一步检验省际农村产业融合发展水平的影响因素,试图回答上述几个主要问题,为加快推动农村产业融合发展提供实践证据并建言献策。

5.1 省际农村产业融合发展水平测度

5.1.1 评价指标体系构建

农村产业融合发展是一项长期性、动态性的复杂系统工程,涉及的点多面广,构建合理的综合评价指标体系和选择科学的评价方法是准确测度省际农村产业融合发展水平的前提。

经过几年的试点和实践探索,农村产业融合发展逐渐形成了具有中国特色的三产融合模式和商业模式,包括农业内部融合模式、农业产业链延伸模式、农业多功能拓展型模式、新技术渗透型模式、农业产业集聚型模式、产城融合型模式等(张林等,2020;江泽林,2021)。其中,农业内部融合模式是农业内部子产业之间以种养结合、林养结合等多种方式,按照经济效益最大化、绿色生态优先的原则进行系统性融合,实现农业内部紧密协作和循环发展。农业产业链延伸模式是指通过农产品生产、加工、储运、销售等的串联与整合,将农业产业向产前产后纵向延伸,从而形成农工商全产业链以增加农产品附加值,同时将农业产业的增值收益留在农村留给农民,扩宽农民增收渠道。农业多功能拓展型模式是指拓展农业经济、社会、文化和生态功能,促进农业与旅游、教育、文化、健康等产业融合,培育生态农业、循环农业、休闲农业、旅游农业、生物农业、智慧农业、文化农业、创意农业等新业态。新技术渗透型模式是指农业生产经营领域引入互联网、物联网、云计算、大数据等现代信息技术,实现农业生产、加工、融资、管理、运输、销售等多个环节无缝对接,加快发展农村电子商务、农产品产地直销、会员个性化定制等新模式,进而实现农业生产经营的数据化、智能化和农产品销售的线上化。农业产业集聚型模式以农业产业链中的核心企业为依托,打造出集生产加工、仓储物流、商务会展、生态旅游等于一体的复合型农业综合体和农业产业园区。产城融合型模式以农村新型城镇化为基础,通过产业在农村优化组合和空间重构,以及生产要素在城乡之间的充分流动和优化配置,进而加快农业发展方式转型和城乡一体化发展。

由此可见,无论是哪种融合模式,第一产业的发展和转型是农村产业融合发展的基础,农业产业链延伸、农业多功能性发挥和农业服务业融合发展是推进农村产业融合发展的重要方式和手段,农民增收与就业、城乡一体化发展是农村产业融合发展的重要目标(张林、张雯卿,2021)。因此,本书在综合借鉴前人研究成果的基础上,考虑指标的科学性和系统性、数据的可得性和可比性等基本原则,从农业产业链延伸、农业多功能性发挥、农业服务业融合发展、农民增收与就业、城乡一体化发展5个维度构建包含14个具体指标的农村产业融合发展综合评价指标体系,详见表5-1。

表5-1 农村产业融合发展水平的评价指标体系

目标	准则层	二级指标	代码	三级指标	指标含义或算法	指标属性
农村产业融合发展	农村一二三产业融合发展	农业产业链延伸	X_1	人均第一产业总产值	第一产业总产值/农村人口数	+
			X_2	农村每万人拥有农民专业合作社数量	农民专业合作社数量/农村人口数	+
			X_3	人均农副产品加工业总产值	农副产品加工业总产值/农村人口数	+

续表

目标	准则层	二级指标	代码	三级指标	指标含义或算法	指标属性
农村产业融合发展	农村一二三产业融合发展	农业多功能性发挥	X_4	人均主要农产品产量	主要农产品人均产量加总	+
			X_5	设施农业面积占比	设施农业总面积/耕地面积	+
			X_6	农作物化肥施使用强度	农作物化肥使用量/农作物种植面积	−
		农业服务业融合发展	X_7	人均农林牧渔服务业产值	(农林牧渔总产值−第一产业产值)/农村人口数	+
			X_8	农村信息化发展水平	农村平均每百户拥有电话和计算机数	+
	农村产业融合发展的经济社会效益	农民增收与就业	X_9	农民人均纯收入增长率	本年农户人均纯收入增加量/上年农户人均纯收入	+
			X_{10}	农民非农收入占比	1−家庭经营收入/人均纯收入	+
			X_{11}	乡村非农就业占比	(乡村就业人数−第一产业就业人数)/乡村就业人数	+
		城乡一体化发展	X_{12}	城乡居民人均收入比	城镇居民可支配收入/农村居民人均纯收入	−
			X_{13}	城乡居民人均消费支出比	城镇居民人均消费支出/农村居民人均消费支出	−
			X_{14}	城乡居民人均固定资产投资比	城镇居民人均固定资产投资/农村居民人均固定资产投资	−

注:+表示正向指标,−表示负向指标。

5.1.2 指标解释与数据说明

尽管2015年中央一号文件才首次提出"推进农村一二三产业融合发展"的概念,但正如前文所述,纵观中国农业发展历程可知,农村产业融合发展与农业产业化之间存在空间上的并存性和时间上的继起性(国家发展改革委宏观院和农经司课题组,2016;张红宇等,2016),农业产业化是农村产业融合发展的源头和主要内容,农村产业融合发展是农业产业化的高级阶段、升级版和拓展版(苏毅清等,2016;王乐君、寇广增,2017;肖卫东、杜志雄,2019)。鉴于中央"一号文件"从2004年开始持续"姓农",同时考虑到数据的可得性、可比性与连续性等问题,本书将研究时间区间确定为2008—2018年[①],研究对象包括除西藏、香港、澳门、台湾以外的其他30个省份[②]。

表5-1中相关指标的解释和数据来源说明如下。

[①] 若以2015年为研究起始年,数据的可得性问题将导致研究样本太少,研究结论可能缺乏说服力。
[②] 由于西藏、香港、澳门和台湾的统计数据存在不同程度的缺失,未被纳入本文研究样本。

(1)农业产业链延伸方面。目前,农业产业链延伸的重点是以农民专业合作社为依托大力发展农产品加工业,支持农产品精深加工,提高农产品商品化率和副产物综合利用率,从而将更多的增值收益留在农村留给农民。本书选择人均第一产业总产值、农村每万人拥有农民专业合作社数量和人均农副产品加工业总产值3个三级指标来评价农业产业链延伸。农民专业合作社数据来源于各地区市场主体发展报告和工商行政管理局的网站报道,农副产品加工业总产值采用规模以上农副产品加工业总产值代替,原始数据来源于历年各省份统计年鉴,手工搜集整理得到。第一产业总产值和农村人口数直接从历年《中国统计年鉴》获得。

(2)农业多功能性发挥方面。农业多功能性发挥是在稳定粮食供给和基本经济社会功能的基础上,推进农业与旅游、教育、文化、历史、康养等其他产业的有机融合,全面挖掘农业的生产、生活、生态功能。限于数据可得性问题,本书选择人均主要农产品产量、设施农业面积占比和农作物化肥使用强度3个三级指标来评价农业多功能性发挥。人均主要农产品产量采用粮食、棉花、油料、猪牛羊肉、水产品、牛奶的人均产量加总得到,原始数据来源于历年《中国统计年鉴》。设施农业面积采用温室总面积予以替代,数据来源于农业农村部农业机械化管理司的全国温室数据系统[①],2008—2016年间的个别缺失数据采用线性插值法进行补齐。耕地面积、农作物化肥使用量和农作物种植面积直接从历年《中国统计年鉴》获得。

(3)农业服务业融合发展方面。农业服务业是指专门为农业产前、产中、产后各环节提供中间服务的现代服务业,主要包括农业信息服务、金融保险服务、农资配送和农技推广等多个方面。本书主要选择人均农林牧渔服务业产值、农村信息化发展水平2个三级指标来评价农业服务业融合发展情况。根据统计年鉴中主要统计指标的解释说明可知,2003年开始执行的国民经济行业分类新标准中,农林牧渔业总产值中包括了农林牧渔服务业产值,第一产业指农、林、牧、渔业(不含农、林、牧、渔服务业),所以农林牧渔服务业产值采用农林牧渔总产值减去第一产业产值得到,原始数据来源于历年《中国统计年鉴》。农村信息化发展水平采用农村平均每百户拥有电话和计算机数量来衡量。现有统计资料中缺乏2013年和2014年农村平均每百户拥有电话和计算机的数量,本书采用前后相邻2年的数值近似计算得到,计算公式为:2013年的值=2012年的值×2-2011年的值;2014年的值=2015年的值×2-2016年的值。

(4)农民增收与就业方面。扩宽农民增收渠道和促进农民收入持续稳定增长,以及创造更多就业岗位促进农民就近转移就业是农村产业融合发展的重要目标。本书选择农民

[①] 网站地址为:http://data.sheshiyuanyi.com/AreaData/

人均纯收入增长率、农民非农收入占比和乡村非农就业占比3个三级指标来评价农民增收和就业情况。农民人均纯收入、家庭经营收入等相关数据均可以直接从历年《中国统计年鉴》上获得。第一产业从业人数和乡村就业人数均来自历年各省份的统计年鉴,手工搜集整理得到。

(5)城乡一体化发展方面。通过推进农村三次产业融合发展的最终目标是促进城乡居民收入差距不断缩小和城乡资源要素自由流动,实现城乡经济社会一体化发展。本书选择城乡居民人均收入比、城乡居民人均消费支出比和城乡居民人均固定资产投资比3个三级指标来评价城乡一体化发展情况。城镇居民可支配收入和人均消费支出、农民人均纯收入和消费支出的数据均来源于历年《中国统计年鉴》。从现有统计资料仅能收集到历年的全社会固定资产投资额和城镇固定资产投资额,因此农村固定资产投资额采用全社会固定资产投资额减去城镇固定资产投资额计算得到,城乡居民人均固定资产投资比=(城镇固定资产投资额/城镇人口)/(农村固定资产投资额/农村人口)。

5.1.3 评价方法选择

由于农村产业融合发展的评价指标体系中基础指标间具有明显的不可公度性[①],本书将采用最大最小值法对各指标的原始数据进行无量纲化处理和平移处理[②]。指标数据标准化处理的计算公式为

$$S_{ij} = \begin{cases} \dfrac{X_{ij} - \min(X_{ij})}{\max(X_{ij}) - \min(X_{ij})} + 1 & (正向指标) \\ \dfrac{\max(X_{ij}) - X_{ij}}{\max(X_{ij}) - \min(X_{ij})} + 1 & (负向指标) \end{cases} \quad (5-1)$$

上式(5-1)中,S_{ij}为标准化值,且S_{ij}取值为[1,2],其值越大表示该指标对农村产业融合发展综合指数的贡献度越大。X_{ij}为各指标的实际值,$i=1,2,\cdots,m;j=1,2,\cdots,n$。$m$和$n$分别表示样本数和指标数。$\max(X_j)$和$\min(X_j)$分别表示样本中第$j$个指标最大值和最小值。

关于指标权重的确定,目前主要有主观赋权法和客观赋权法,主观赋权法包括专家打分法、二项系数法、层次分析法等。客观赋权法包括主成分分析法、熵值赋权法、相关矩阵赋权法、离差均值法等。无论是主观赋权法还是客观赋权法都各有利弊,本书采用主客观综合赋权法予以克服。主客观综合赋权法的计算公式为:综合权重=主观权重×0.5+客观权重×0.5,其中主观权重采用层次分析法来确定,客观权重采用熵值赋权法来确定。主客

---

① 可公度性亦称可通度性,指如果两个量可以合并计算,那么它们可以用同一个单位来衡量,不可公度性则刚好相反(周江燕、白永秀,2014)。
② 无纲量化处理得到的标准化数据存在部分零值,会影响熵值取对数的计算,因此采用平移的办法予以解决。

观综合赋权法既可以有效克服层次分析法的主观性及其对专家经验和知识的依赖性,又可以利用原始数据和数学模型来提高指标权重确定的科学性,即主客观综合赋权法兼具经验性和科学性[①]。

(1)层次分析法的计算过程。

①建立层次结构模型:如综合评价指标体系,具体层次结构模型略;

②构建比较判断矩阵:首先构建 $A=(\alpha_{ij})_{n*n}$ 的比较判断矩阵,α_{ij} 在1~9及其倒数中取值,根据指标 i 比指标 j 的重要性(同等重要、略重要、重要、重要很多、极其重要)判断确定,即 $\alpha_{ij}=1$ 表示指标 i 和指标 j 同等重要,$\alpha_{ij}=3$ 表示指标 i 比指标 j 略重要,$\alpha_{ij}=2$ 表示指标 i 比指标 j 的重要性介于 $\alpha_{ij}=1$ 和 $\alpha_{ij}=3$ 之间,以此类推。当 $i=j$ 时,$\alpha_{ji}=\alpha_{ij}$;当 $i≠j$ 时,$\alpha_{ji}=1/\alpha_{ij}$。为了得到更加科学合理的比较判断矩阵,本书邀请5个本领域学者(包括教授、副教授、博士)、5个实践能人(主要是新型农业经营主体负责人)和3个农业管理部门领导相互独立给 α_{ij} 赋值,然后剔除一个最大值和一个最小值后将剩下11个数值取算术平均数,从而形成最终的比较判断矩阵 A。

③指标权重计算:首先计算比较判断矩阵 A 各行元素的乘积 $M_i=\prod_{j=1}^{n}\alpha_{ij}, i=1,2,\cdots,n$;然后计算 M_i 的 n 次方根 $\overline{W_i}=\sqrt[n]{M_i}$,并对向量 $[\overline{W_1},\overline{W_2},\cdots,\overline{W_n}]^T$ 进行归一化处理即可得到各指标的权重 $\omega_i=\overline{W_i}\big/\sum_{i=1}^{n}\overline{W_i}$。

④一致性检验:首先计算比较判断矩阵的最大特征根 $\lambda_{max}=\frac{1}{n}\sum_{i=1}^{n}\frac{(AW)_i}{\omega_i}$,然后计算衡量比较判断矩阵 $A(n=15$ 阶方阵)不一致程度的指标 $CI=(\lambda_{max}(A)-n)/(n-1)$ 和随机不一致性比率 $CR=CI/RI$,RI 可以通过查表得到。当 $CR<0.1$ 时则表示比较判断矩阵具有满意的一致性,否则就需要调整比较判断矩阵 A,直到达到满意的一致性为止。

(2)熵值赋权法的计算步骤。

①对无量纲化处理后的标准化数据进行比重变换:$P_{ij}=S_{ij}\big/\sum_{i=1}^{m}S_{ij}$;

②计算各指标的熵值:$E_j=-(\ln m)^{-1}\sum_{i=1}^{m}P_{ij}\ln P_{ij}, 0\leq E_j\leq 1$;

③在此基础上,得到熵值的信息效用价值:$I_j=1-E_j$;

④最后得到各指标的权重:$\lambda_j=I_j\big/\sum_{j=1}^{n}I_j$。

采用主客观综合赋权法得到的各指标权重,见表5-2。

---

① 囿于篇幅,指标赋权法的计算过程未详细阐述,指标赋权过程备索。

表5-2 2008—2018年各指标权重计算结果

指标	权重										
	2008	2009	2010	2011	2012	2013	2014	2015	2016	2017	2018
X_1	0.0624	0.0674	0.0716	0.0690	0.0738	0.0756	0.0745	0.0687	0.0640	0.0679	0.0647
X_2	0.0845	0.0819	0.0879	0.0920	0.0901	0.0905	0.0809	0.0839	0.0835	0.0778	0.0812
X_3	0.1024	0.1102	0.1022	0.0988	0.0963	0.0988	0.1022	0.0951	0.0962	0.0965	0.1000
X_4	0.0577	0.0605	0.0597	0.0588	0.0578	0.0573	0.0575	0.0599	0.0596	0.0591	0.0627
X_5	0.0734	0.0690	0.0691	0.0731	0.0736	0.0822	0.0821	0.0913	0.0835	0.0809	0.0796
X_6	0.0595	0.0649	0.0692	0.0631	0.0656	0.0674	0.0640	0.0652	0.0577	0.0574	0.0601
X_7	0.0805	0.0857	0.0809	0.0751	0.0753	0.0763	0.0820	0.0812	0.0821	0.0854	0.0825
X_8	0.0602	0.0652	0.0643	0.0632	0.0633	0.0615	0.0565	0.0557	0.0543	0.0520	0.0545
X_9	0.0933	0.0678	0.0659	0.0744	0.0721	0.0832	0.0889	0.0714	0.0915	0.0844	0.0792
X_{10}	0.0552	0.0556	0.0548	0.0604	0.0642	0.0559	0.0560	0.0562	0.0580	0.0629	0.0648
X_{11}	0.0602	0.0580	0.0592	0.0585	0.0594	0.0601	0.0569	0.0600	0.0610	0.0642	0.0639
X_{12}	0.0623	0.0682	0.0677	0.0638	0.0621	0.0516	0.0522	0.0542	0.0524	0.0520	0.0524
X_{13}	0.0562	0.0573	0.0594	0.0629	0.0588	0.0524	0.0584	0.0681	0.0669	0.0620	0.0575
X_{14}	0.0390	0.0350	0.0349	0.0338	0.0344	0.0341	0.0347	0.0359	0.0360	0.0443	0.0437

数据来源：作者计算整理得到。

在对指标数据进行标准化处理和指标赋权以后，本书采用线性加权求和法计算各省份的农村产业融合发展综合指数（RICD），计算公式为

$$\text{RICD}_i = \sum_{j=1}^{n} \lambda_{ij} S_{ij} - 1, \sum_{j=1}^{n} \lambda_{ij} = 1 \tag{5-2}$$

RICD的值越大表示农村产业融合发展水平越高，RICD < 0.3说明农村产业融合发展处于较低水平，0.3 ≤ RICD ≤ 0.5说明农村产业融合发展处于中等水平，RICD > 0.5说明农村产业融合发展处于较高水平。

5.1.4 综合指数测度结果与分析

(1) 农村产业融合发展综合指数。

基于前述评价模型，本书测算出2008—2018年中国省际农村产业融合发展水平综合指数。限于篇幅，本书仅列出部分年份部分省份的农村产业融合发展综合指数及历年平均值，结果见表5-3。从历年各省份农村产业融合发展水平的均值来看，样本期内农村产业融合发展水平的均值为0.3479，说明中国农村产业融合发展水平整体偏低。2008年省际农村产业融合发展水平的均值为0.3382，2015年开始试点以后，农村产业融合发展水

平呈现快速上升,2018年各省份农村产业融合发展水平的均值上升到0.371 5。从各省农村产业融合发展水平的历年平均值来看,目前大多数省份农村产业融合发展水平尚处于中等水平,部分省份甚至还处于较低水平,东部沿海地区和中部地区农村产业融合发展水平明显高于西部地区。具体而言,目前黑龙江省的农村产业融合发展水平历年均值为0.492 0,全国排名第一,即将达到较高水平状态。其后依次为辽宁、江苏、北京、天津、山东、内蒙古、吉林、浙江等省份,历年均值超过0.4。农村产业融合发展水平历年均值低于0.3的省份包括山西、广东、广西、重庆、贵州、云南、陕西、甘肃和新疆,其中贵州和云南农村产业融合发展水平历年均值仅为0.188 9和0.189 7,排名全国倒数第一和第二。

表5-3　农村产业融合发展水平综合指数

省份	2008	2010	2012	2014	2015	2016	2018	历年均值
北京	0.629 1	0.610 4	0.495 6	0.353 7	0.385 3	0.377 8	0.375 9	0.470 5
天津	0.320 1	0.392 0	0.476 3	0.477 1	0.546 3	0.552 9	0.448 9	0.463 6
河北	0.307 3	0.355 8	0.336 1	0.339 7	0.382 0	0.355 4	0.377 0	0.352 2
山西	0.264 3	0.322 0	0.333 6	0.270 4	0.290 3	0.251 5	0.311 3	0.298 5
内蒙古	0.410 5	0.421 5	0.411 0	0.442 4	0.461 9	0.443 3	0.456 0	0.436 7
辽宁	0.529 5	0.549 8	0.507 3	0.458 8	0.472 9	0.374 7	0.366 2	0.473 9
吉林	0.452 1	0.469 8	0.460 2	0.414 9	0.411 0	0.405 8	0.381 0	0.432 7
黑龙江	0.510 6	0.514 8	0.473 4	0.497 0	0.468 2	0.449 8	0.533 4	0.492 0
上海	0.551 7	0.510 9	0.397 3	0.264 7	0.299 3	0.314 4	0.307 0	0.391 5
江苏	0.387 8	0.468 8	0.460 5	0.425 9	0.498 1	0.504 6	0.533 3	0.473 3
浙江	0.396 8	0.478 0	0.382 2	0.362 1	0.426 3	0.413 1	0.447 1	0.425 2
安徽	0.335 9	0.322 5	0.288 4	0.315 4	0.339 5	0.326 5	0.406 9	0.328 5
福建	0.344 9	0.374 3	0.359 5	0.378 1	0.414 1	0.425 9	0.416 9	0.387 6
江西	0.314 1	0.320 6	0.280 7	0.309 4	0.356 3	0.345 0	0.378 4	0.327 3
山东	0.429 3	0.435 5	0.418 3	0.413 7	0.441 5	0.423 3	0.470 9	0.434 0
河南	0.316 3	0.310 9	0.270 8	0.278 8	0.319 2	0.310 1	0.377 7	0.312 1
湖北	0.325 9	0.329 8	0.321 8	0.407 2	0.407 6	0.368 4	0.429 9	0.365 9
湖南	0.321 4	0.313 5	0.270 7	0.301 8	0.337 2	0.329 6	0.355 2	0.315 6
广东	0.263 8	0.241 8	0.271 8	0.247 1	0.290 7	0.292 9	0.321 5	0.276 6
广西	0.246 7	0.233 1	0.197 7	0.235 2	0.265 8	0.295 9	0.333 4	0.265 8
海南	0.328 8	0.319 3	0.355 1	0.338 8	0.336 4	0.367 5	0.367 0	0.346 4
重庆	0.246 5	0.263 2	0.235 1	0.281 6	0.331 2	0.347 1	0.325 8	0.285 8
四川	0.319 3	0.292 1	0.255 3	0.278 0	0.320 7	0.332 3	0.348 3	0.308 1
贵州	0.161 6	0.145 7	0.118 3	0.213 6	0.227 0	0.241 8	0.281 8	0.188 9
云南	0.206 8	0.176 3	0.147 6	0.144 4	0.206 2	0.212 2	0.244 5	0.189 7

续表

省份	2008	2010	2012	2014	2015	2016	2018	历年均值
陕西	0.262 9	0.238 0	0.228 8	0.256 6	0.271 0	0.256 2	0.301 1	0.261 1
甘肃	0.184 3	0.193 5	0.180 5	0.225 0	0.251 2	0.205 8	0.294 4	0.214 9
青海	0.240 7	0.321 4	0.355 4	0.361 6	0.335 9	0.335 0	0.319 0	0.322 5
宁夏	0.330 7	0.334 3	0.301 9	0.295 3	0.368 9	0.327 3	0.358 0	0.330 0
新疆	0.206 4	0.323 5	0.294 8	0.248 8	0.238 4	0.230 8	0.276 2	0.265 8
平均值	0.338 2	0.352 8	0.329 5	0.327 9	0.356 7	0.347 2	0.371 5	0.347 9

数据来源：作者计算整理得到。

（2）农村产业融合发展综合指数的变动趋势。

为了进一步考察各省农村产业融合发展水平的动态变化情况，本书描绘了各省农村产业融合发展水平综合指数的变化趋势，如图5-1所示。总体来看，样本期间内虽然各省份农村产业融合发展水平存在明显的个体差异性，但大多数省份都表现出了不同程度的增长或保持稳定态势，尤其是2015年及以后，呈明显下降趋势的仅为少数省份。具体来看，各省份农村产业融合发展的变动趋势主要表现为以下几种情况。

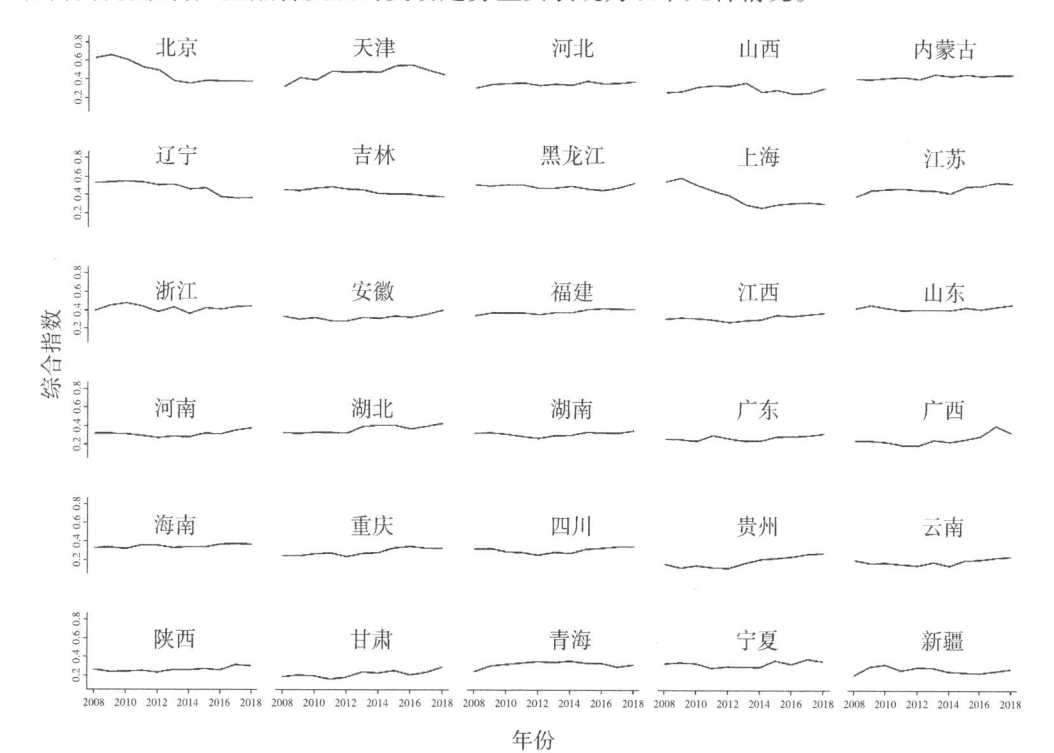

图5-1 各省份农村产业融合发展水平变化趋势

一是北京和上海早期呈现出大幅下降趋势,开始试点以后逐渐趋于平稳并开始反弹。北京和上海在2009年分别达到最大值0.6611和0.5905,此后开始下降,2014年分别达到最小值0.3537和0.2647。辽宁、浙江、青海、新疆在样本期内呈现出明显的先上升后下降趋势,辽宁农村产业融合发展水平在2010年为最大值0.5498,2017年为最小值0.3625;浙江农村产业融合发展水平在2010年为最大值0.4780,在2014年为最小值0.3621;青海农村产业融合发展水平在2014年为最大值0.3616,在2008年为最小值0.2407;新疆农村产业融合发展水平在2010年为最大值0.3235,在2008年为最小值0.2064。

二是部分省份农村产业融合发展水平呈现出不同程度的增长。比如:天津、内蒙古、江苏、福建、湖北、广西、贵州、甘肃等省份农村产业融合发展水平均呈现出不同程度的上升,尤其是天津、江苏、广西、贵州、甘肃等省份上升趋势较明显。天津从2008年的最小值0.3201上升到2016年的最大值0.5529,江苏从2008年的最小值0.3878上升到2017年的最大值0.5454,广西从2012年的最小值0.1977上升到2017年的最大值0.4102,贵州从2012年的最小值0.1183上升到2018年的最大值0.2818,甘肃从2011年的最小值0.1581上升到2018年的最大值0.2944。

三是部分省份农村产业融合发展水平增长缓慢或呈稳定态势。河北、安徽、山东、河南、湖南、广东、海南、重庆、四川、贵州、陕西等省份农村产业融合发展水平在样本期间内趋于平稳,增长幅度较小。河北、山西农村产业融合发展水平在样本期间内略微下降。

(3)农村产业融合发展综合指数分区域比较。

一是按照2016年农村部公布的农村产业融合发展试点省名单,将30个省份分成试点省和非试点省[①]。从图5-2中可以看出,试点省的农村产业融合发展水平在2012年前呈先上升后下降的变化趋势,在2010年达到最大值0.3711,2012年为最小值0.3356;2012年以后呈现上升趋势,尤其是2015年开始试点以后,其上升速度加快,2016年出现短暂下滑趋势,2018年达到0.4089。非试点省在2008—2014年间呈先上升后下降的变化趋势,在2009年达到区间最大值0.3465,2014年为最小值0.3095。从试点省和非试点省之间的绝对差距来看,2012年之前呈逐渐收敛趋势,2012年二者的绝对差距为最小值0.0101;此后二者的变化趋势较为一致,但绝对差距又开始扩大,2018年达到最大值0.0624。

[①] 试点省包括辽宁、黑龙江、江苏、浙江、山东、河南、湖北、湖南、江西、安徽、重庆、贵州共12个省份,其他为非试点省。

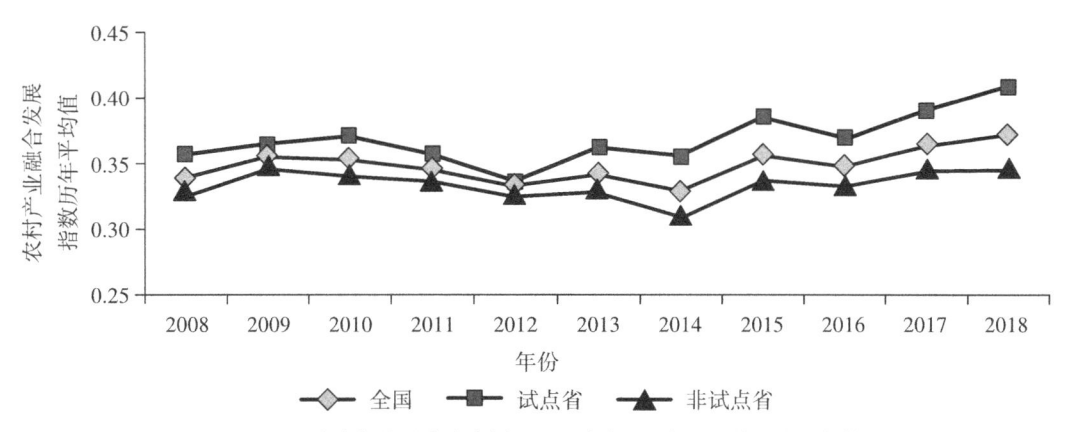

图5-2 试点省与非试点省农村产业融合发展历年平均值及变化趋势

二是按照学界常用的统计局三大区域划分标准将30个省份分成东、中、西部地区。具体来看,样本区间内东部和中部地区农村产业融合发展水平均值高于全国平均值和西部地区均值,但东中西部地区农村产业融合发展水平均值的绝对差距具有缩小趋势。东部地区农村产业融合发展水平均值呈先降后升的变化趋势,2009年达到最大值0.444 8,2014年达到最小值0.369 1,2015年试点后又开始逐渐上升。中部地区农村产业融合发展水平均值波动不大,与全国30个省份农村产业融合发展水平均值及变化趋势基本一致,长期维持在0.35左右波动,从2016年开始出现较快增长。西部地区农村产业融合发展水平的平均值最小,但总体上呈缓慢上升趋势,尤其是2012年以后的增长速度较快,2018年达到最大值0.321 7。农村产业融合发展历年平均值及变化趋势,见图5-3。

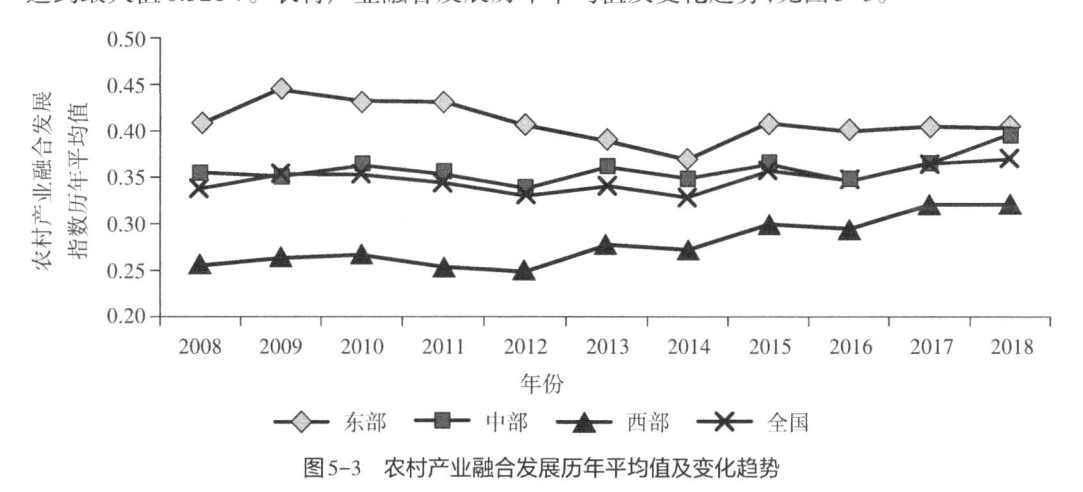

图5-3 农村产业融合发展历年平均值及变化趋势

三是借鉴汪伟等(2013)的方法,按照农林牧渔业总产值占GDP的比重将30个省份分为农业大省和非农业大省,如果某省份在样本期间内农林牧渔业总产值占GDP比重大于全部样本的平均值时,则该省为农业大省,否则为非农业大省①。具体来看,历年非农业大省的农村产业融合发展水平均值明显高于农业大省,这说明农业大省的农业基础优势目前尚未转化为农村产业融合发展的优势。但是,农业大省的农村产业融合发展水平均值从2012年开始逐年上升,使得农业大省与非农业大省农村产业融合发展水平的绝对差距不断缩小,尤其是2015年开始试点以后,农业大省农村产业融合发展水平的上升势头更加明显,2018年农业大省和非农业大省之间的绝对差距已经下降到了0.057 5。农业大省与非农业大省农村产业融合发展历年平均值及变化趋势,见图5-4。

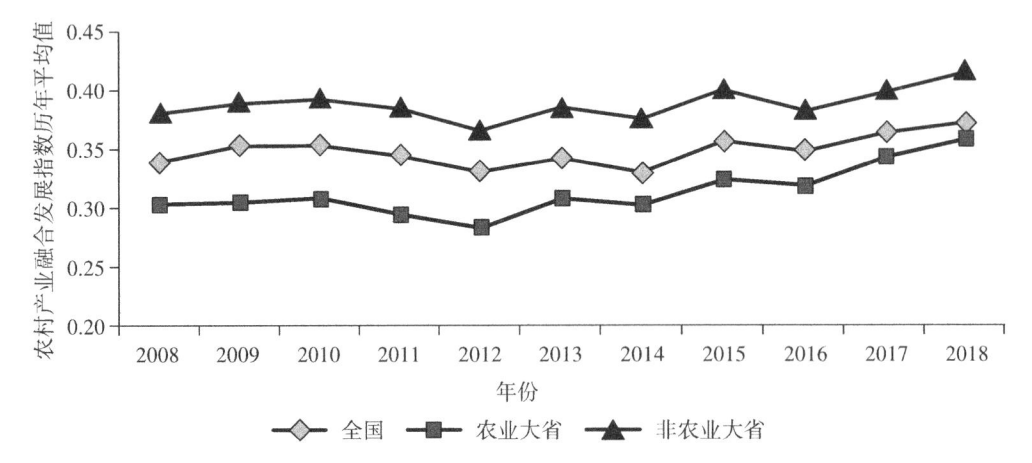

图5-4 农业大省与非农业大省农村产业融合发展历年平均值及变化趋势

四是将全部30个省份分为粮食主产省和非粮食主产省②。具体来看,历年粮食主产省的农村产业融合发展水平均值明显大于非粮食主产省,两个区域间的绝对差异在样本期间内变化不大,绝大多数年份都维持在0.08左右,2016年为最小值0.061 7。粮食主产省和非粮食主产省农村产业融合发展水平在样本期内变动不大,前者长期围绕在0.40左右波动,后者2008—2014年间围绕在0.30~0.35之间波动,从2015年开始不断上升。可喜的是,从2015年开始试点后,各省份农村产业融合发展水平均出现不同程度增长。粮食主产区和非粮食主产区农村产业融合发展历年平均值及变化趋势,见图5-5。

---

① 样本期间内,所有省份农林牧渔业总产值占GDP比重的均值为17.82%,农业大省包括河北、吉林、黑龙江、安徽、江西、河南、湖北、湖南、广西、海南、四川、贵州、云南、甘肃、新疆共15个省份,其他15个省份为非农业大省。
② 粮食主产区包括河北、内蒙古、辽宁、吉林、黑龙江、江苏、安徽、江西、山东、河南、湖北、湖南、四川共13个省份,其他省份为非粮食主产省。

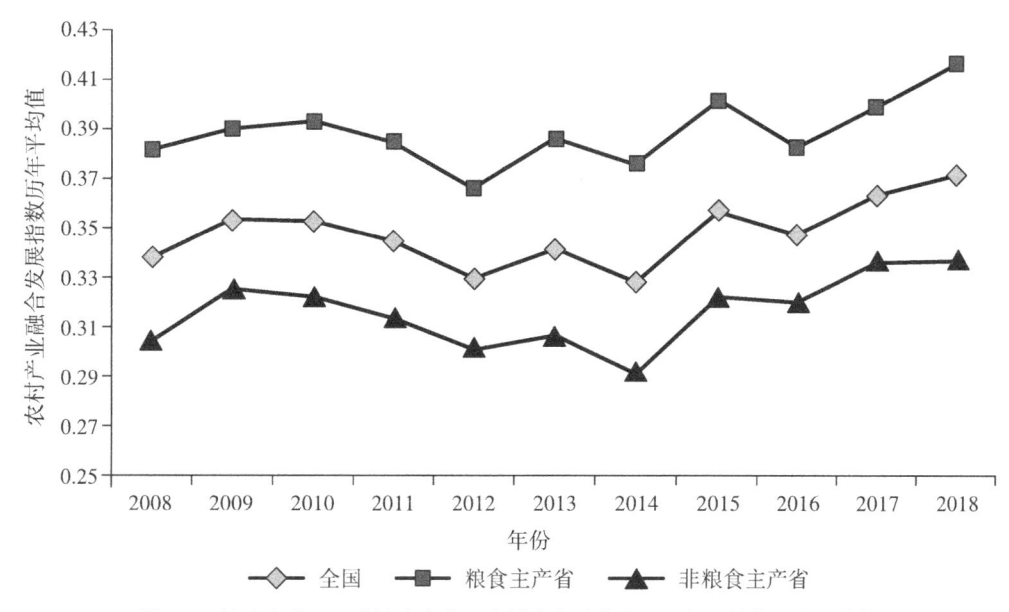

图5-5 粮食主产区和非粮食主产区农村产业融合发展历年平均值及变化趋势

5.2 省际农村产业融合发展水平的区域差异

5.2.1 区域差异的测度方法

本书将采用Dagum(1997)所构建的基尼系数及其分解方法来研究省际农村产业融合发展的区域差异及其来源。Dagum基尼系数有效克服了泰尔指数、变异系数和传统基尼系数所存在的缺陷,可以解决样本数据间交叉重叠问题,以及识别地区相对差异的贡献及来源等问题(王谦、董艳玲,2018;赵磊、方成,2019)。Dagum基尼系数及其分解方法的计算公式为

$$G = \frac{\sum_{j=1}^{k}\sum_{h=1}^{k}\sum_{i=1}^{n_j}\sum_{r=1}^{n_h}|y_{ji} - y_{hr}|}{2n^2\mu}, \quad 其中, \mu_h \leq \mu_j \leq \cdots \leq \mu_k \quad (5-3)$$

式中,$y_{ji}(y_{hr})$表示第$j(h)$个区域内任一省份农村产业融合发展指数的值,μ表示30个省份农村产业融合发展指数的均值,k表示区域数量,n表示省份数量,$n_j(n_h)$表示第$j(h)$个区域内部省份的数量。按照Dagum(1997)的思想,Dagum基尼系数可以进一步分解为看作超变密度的贡献(G_t)、区域间差异贡献(G_{nb})和区域内差异贡献(G_w)三者之和,即$G = G_w + G_{nb} + G_t$。

$$G_w = \sum_{j=1}^{k} G_{jj} p_j s_j \quad (5-4)$$

$$G_{jj} = \frac{\frac{1}{2\mu_j}\sum_{i=1}^{n_j}\sum_{r=1}^{n_j}|y_{ji}-y_{jr}|}{n_j^2} \tag{5-5}$$

$$G_{nb} = \sum_{j=2}^{k}\sum_{h=1}^{j-1}G_{jh}(p_j s_h + p_h s_j)D_{jh} \tag{5-6}$$

$$G_{jh} = \sum_{i=1}^{n_j}\sum_{r=1}^{n_h}|y_{ji}-y_{hr}|\Big/n_j n_h(\mu_j+\mu_h) \tag{5-7}$$

$$G_t = \sum_{j=2}^{k}\sum_{h=1}^{j-1}G_{jh}(p_j s_h + p_h s_j)(1-D_{jh}) \tag{5-8}$$

$$D_{jh} = (d_{jh}-p_{jh})/(d_{jh}+p_{jh}) \tag{5-9}$$

$$d_{jh} = \int_0^\infty dF_j(y)\int_0^y(y-x)dF_h(x) \tag{5-10}$$

$$p_{jh} = \int_0^\infty dF_h(y)\int_0^y(y-x)dF_j(x) \tag{5-11}$$

以上系列公式中,式(5-4)表示的是区域内差异贡献率 G_w,式(5-5)表示的是 j 区域内基尼系数 G_{jj},式(5-6)表示的是区域间的差异贡献率 G_{nb},式(5-7)表示的是 j、h 区域间的基尼系数 G_{jh}。$p_j = n_j/n$,$s_j = n_j\mu_j/(n\mu)$,D_{jh} 表示第 j、h 个区域间农村产业融合发展指数的相对影响。d_{jh} 表示区域间农村产业融合发展指数的差值,并且可以看作 j、h 区域中所有 $y_{ji} - y_{hr} > 0$ 样本数值的加权平均;p_{jh} 表示超变一阶矩,并可以看成 j、h 区域中所有 $y_{hr} - y_{ji} > 0$ 样本数值的加权平均。$F_j(F_h)$ 表示 $j(h)$ 区域的累计密度分布函数。

5.2.2 区域差异及其来源分析

根据前面介绍的区域划分标准和 Dagum 基尼系数测算方法,本章节测算了中国省际农村产业融合发展水平的整体相对差异、地区内相对差异、地区间相对差异及其贡献率,四种分区域方法下的测算结果分别见表5-4至表5-7。中国省际农村产业融合发展水平整体基尼系数的均值为0.153 5,在2008—2012年间省际农村产业融合发展水平整体相对差异高于平均值,而在2013—2018年农村产业融合发展水平的整体相对差异低于平均值。从演进过程及变化趋势来看,省际农村产业融合发展水平整体基尼系数在2008—2011年处于高位波动,其中2009年达到最大值0.186 8。2011年开始逐年下降,尤其是2013年下降较大,2018年达到最小值0.106 2(图5-6)。以上结果表明,中国省际农村产业融合发展水平的前期演进过程波动趋势明显,但后期呈现出明显的缩小趋势,意味着样本期间内中国省际农村产业融合发展水平随着相关政策的不断推进与落实而逐渐趋于平衡。

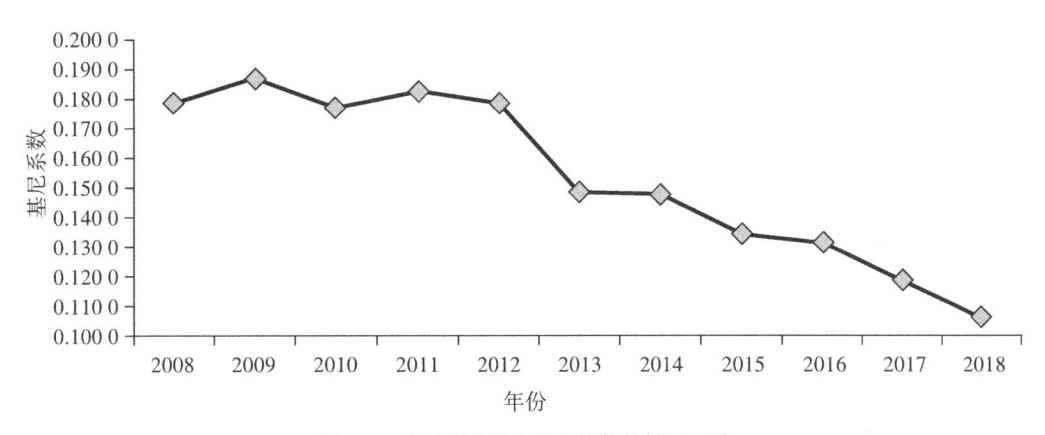

图5-6 农村产业融合发展的整体基尼系数

(1)试点省和非试点省的相对差异及其演进。

从表5-4的结果可知,大多数年份中,试点省和非试点省的地区内基尼系数要明显小于整体基尼系数,而且非试点省的地区内基尼系数多大于试点省的地区内基尼系数,这说明试点省和非试点省农村产业融合发展水平地区内相对差异多明显小于全国整体相对差异,非试点省的地区内相对差异要大于试点省的地区内相对差异。从纵向变化趋势来看,试点省地区内基尼系数整体上呈现先上升后下降的变化趋势,而非试点省地区内基尼系数总体上呈逐渐下降趋势,说明地区内的相对差异在不断缩小。地区间基尼系数也整体上呈先上升后下降的变化趋势,而且从2013年开始下降速度加快。

从相对差异的贡献率来看,地区内相对差异和超变密度差异是省际农村产业融合发展相对差异的主要来源,地区间相对差异的贡献率较小。地区间相对差异的贡献率长期维持在50%左右;超变密度差异和地区间相对差异对总体差异的贡献率呈此消彼长的变动关系,超变密度差异的贡献率总体上呈下降趋势,从2008年的最大值48.12%下降到2018年的35.42%,而地区间相对差异的贡献率呈逐年上升趋势,从2008年的最小值1.14%上升到2018年的最大值16.80%。

表5-4 试点省与非试点省农村产业融合发展水平基尼系数及其分解结果

年份	基尼系数	地区内基尼系数		地区间基尼系数	贡献率/%		
		试点省	非试点大省		地区内	地区间	超变密度
2008	0.178 1	0.152 8	0.186 1	0.173 9	50.74	1.14	48.12
2009	0.186 8	0.173 5	0.187 9	0.182 9	51.90	1.45	46.65
2010	0.176 8	0.168 5	0.175 7	0.173 2	51.64	4.97	43.39
2011	0.182 4	0.177 6	0.181 7	0.177 1	51.63	2.68	45.69
2012	0.178 3	0.182 7	0.171 9	0.174 3	50.32	2.37	47.31

续表

年份	基尼系数	地区内基尼系数		地区间基尼系数	贡献率/%		
		试点省	非试点大省		地区内	地区间	超变密度
2013	0.148 3	0.152 1	0.137 4	0.148 5	49.68	5.54	44.78
2014	0.147 7	0.129 9	0.149 4	0.146 7	48.86	7.13	44.01
2015	0.134 4	0.110 9	0.137 5	0.134 9	50.45	6.07	43.48
2016	0.131 2	0.100 6	0.144 7	0.127 0	51.74	6.15	42.11
2017	0.118 6	0.103 3	0.120 9	0.117 5	51.67	10.99	37.34
2018	0.106 2	0.102 5	0.090 0	0.113 9	47.79	16.80	35.42

数据来源：作者计算整理得到。

(2) 东中西部地区的相对差异及其演进。

从表5-5中的结果可知，横向比较来看，东部、中部和西部省际农村产业融合发展水平的地区内基尼系数多小于全国整体基尼系数，而且在绝大多数年份西部地区内基尼系数最大，其次是东部地区，中部地区最小，这说明分区省际农村产业融合发展水平地区内相对差异要明显低于全国整体相对差异，同时西部地区内相对差异要大于东部、中部，且中部地区内相对差异最小。从纵向变化趋势来看，东部地区农村产业融合发展水平的地区内基尼系数呈逐年下降趋势，而中部和西部地区均呈现"上升—下降"的波动变化趋势，均在2018年达到最小值，说明东部地区农村产业融合发展水平的地区内相对差异呈明显的收敛趋势，而西部和中部地区农村产业融合发展水平的地区内差异在波动中缓慢下降。东－西部地区间基尼系数早期小幅波动，在2011年达到最大值0.271 1，2011年后开始逐年下降，2018年达到最小值0.132 7。东－中部和中－西部地区间基尼系数均呈现出一定程度的波动，但总体以收敛趋向为主，这说明东－西部、东－中部和中－西部农村产业融合发展水平的地区间相对差异均在波动中呈收敛趋势。

从相对差异的贡献率来看，农村产业融合发展的地区内相对差异贡献率变化平稳，长期介于0.25~0.30之间，地区间相对差异和超变密度差异贡献率变化趋势大致相反，并且存在此消彼长关系，基本呈现出"上升—下降"和"下降—上升"交替变动的演进规律。农村产业融合发展水平的超变密度贡献率明显大于地区间相对差异和地区内相对差异的贡献率，说明超变密度差异是中国省际农村产业融合发展水平地区相对差异的主要来源。地区内相对差异、地区间相对差异和超变密度对省际农村产业融合发展水平地区相对差异贡献率的年均增长率均为负，说明地区间相对差异和地区内相对差异的交互作用对省际农村产业融合发展的影响效应逐渐增强，进而导致省际农村产业融合发展水平的整体差异逐渐收敛。

表 5-5　东中西部地区农村产业融合发展水平基尼系数及其分解结果

年份	基尼系数	地区内基尼系数			地区间基尼系数			贡献率/%		
		东部	中部	西部	东-西部	东-中部	中-西部	地区内	地区间	超变密度
2008	0.178 1	0.149 3	0.109 0	0.147 7	0.222 7	0.132 2	0.153 6	26.61	31.03	42.36
2009	0.186 8	0.141 9	0.101 8	0.167 9	0.268 9	0.164 8	0.176 2	25.72	32.31	41.98
2010	0.176 8	0.134 9	0.096 3	0.162 6	0.251 8	0.149 5	0.178 1	25.89	33.73	40.38
2011	0.182 4	0.094 2	0.119 0	0.184 9	0.271 1	0.145 2	0.204 8	23.40	27.06	49.54
2012	0.178 3	0.098 5	0.118 4	0.192 0	0.254 4	0.141 9	0.200 9	24.87	31.46	43.67
2013	0.148 3	0.112 5	0.104 3	0.141 6	0.197 7	0.116 6	0.166 7	27.40	17.78	54.82
2014	0.147 7	0.105 7	0.115 8	0.147 2	0.186 7	0.121 9	0.168 9	27.85	18.50	53.65
2015	0.134 4	0.106 9	0.082 4	0.130 5	0.182 2	0.108 7	0.141 0	27.64	21.03	51.34
2016	0.131 2	0.100 0	0.090 1	0.129 1	0.175 5	0.111 7	0.132 2	27.90	26.94	45.15
2017	0.118 6	0.097 7	0.085 4	0.123 1	0.147 7	0.101 7	0.122 6	29.78	20.81	49.41
2018	0.106 2	0.089 4	0.079 5	0.086 7	0.132 7	0.087 4	0.126 0	27.46	20.05	52.50

数据来源：作者计算整理得到。

(3)农业大省与非农业大省的相对差异及其演进。

从表5-6的结果可知，横向比较来看，大多数年份农业大省的地区内基尼系数小于全国整体基尼系数，只有个别年份大于全国整体基尼系数，非农业大省的地区内基尼系数在样本期内一直小于全国整体基尼系数。在样本前期(2008—2009年)和后期(2016—2018年)非农业大省的地区内基尼系数要大于农业大省，在中间年份(2010—2015年)农业大省的地区内基尼系数大于非农业大省。农业大省地区内基尼系数整体上呈先上升后下降的变化趋势，在2011年达到最大值0.197 8，在2018年达到最小值0.102 3；非农业大省的地区内基尼系数整体上呈逐年下降趋势，在2009年达到最大值0.175 1，在2018年达到最小值0.102 5。这说明农业大省的农村产业融合发展水平地区内相对差异在波动中呈收敛趋势，非农业大省农村产业融合发展水平的地区内相对差异呈现出明显的收敛趋势。

农业大省与非农业大省的地区间基尼系数呈现出与全国整体基尼系数完全一致的变化趋势，早期微小波动，后期逐年下降，在2009年达到最大值0.205 2，2018年达到最小值0.110 0，说明农业大省和非农业大省的地区间相对差异均在波动中缓慢收敛。地区内差异对农村产业融合发展水平的相对差异贡献率最大，其次为超变密度，地区间相对差异的贡献率最小。地区内相对差异的贡献率总体相对平稳，长期介于0.43~0.50之间，而地区间相对差异的贡献率和超变密度的贡献率呈此消彼长的关系，分别呈"上升—下降"和"下降—上升"交替变动的演进趋势。

表5-6 农业大省与非农业大省农村产业融合发展水平基尼系数及其分解结果

年份	基尼系数	地区内基尼系数 农业大省	地区内基尼系数 非农业大省	地区间基尼系数	贡献率/% 地区内	贡献率/% 地区间	贡献率/% 超变密度
2008	0.178 1	0.160 4	0.171 0	0.189 9	46.68	12.54	40.78
2009	0.186 8	0.159 4	0.175 1	0.205 2	45.06	19.97	34.97
2010	0.176 8	0.163 5	0.156 7	0.193 9	45.16	14.77	40.06
2011	0.182 4	0.197 8	0.131 4	0.205 0	43.79	19.29	36.92
2012	0.178 3	0.189 9	0.131 9	0.199 8	43.97	14.58	41.45
2013	0.148 3	0.146 9	0.128 1	0.159 9	46.07	13.37	40.56
2014	0.147 7	0.157 7	0.123 6	0.156 0	47.19	9.43	43.38
2015	0.134 4	0.127 0	0.120 9	0.145 1	46.02	15.76	38.22
2016	0.131 2	0.120 4	0.124 7	0.139 6	46.79	14.30	38.92
2017	0.118 6	0.107 4	0.118 1	0.124 2	47.64	11.18	41.18
2018	0.106 2	0.102 3	0.102 5	0.110 0	48.22	8.58	43.19

数据来源：作者计算整理得到。

(4)粮食主产省和非粮食主产省的相对差异及其演进。

从表5-7中的结果可知，粮食主产省的地区内基尼系数呈先上升后下降的变化趋势，在2012年达到最大值0.135 0,2018年达到最小值0.079 3；非粮食主产省的地区内基尼系数变化趋势跟全国整体基尼系数变化趋势基本一致，2009年达到最大值0.226 4,2018年达到最小值0.092 8。非粮食主产省的地区内基尼系数历年均大于粮食主产省的地区内基尼系数，而且大多数年份中非粮食主产省的地区内基尼系数大于全国整体基尼系数，粮食主产省的地区内基尼系数历年均小于全国整体基尼系数。这说明粮食主产省农村产业融合发展水平的地区内相对差异在波动中呈收敛趋势，非粮食主产省农村产业融合发展水平的地区内相对差异呈明显的收敛趋势。粮食主产省和非粮食主产省的地区间基尼系数在2009年为最大值0.195 5,此后呈逐年下降趋势，2018年达到最小值0.125 5,说明粮食主产省和非粮食主产省的地区间相对差异呈明显的收敛趋势。

地区内相对差异对农村产业融合发展水平相对差异的贡献率相对稳定，长期介于0.41~0.49之间，地区间相对差异和超变密度的贡献率呈此消彼长的关系，地区间相对差异的贡献率整体上呈先上升后下降再上升的变化趋势，超变密度的贡献率则整体上呈先下降后上升再下降的变化趋势，这与其他分样本情况下的结果基本一致。地区内相对差异和超变密度是省际农村产业融合发展水平相对差异的主要来源，而地区间相对差异对省际农村产业融合发展水平相对差异的贡献相对较小。

综上分析可以发现,样本期内省际农村产业融合发展的相对差异呈逐年收敛趋势,其中地区内差异和超变密度差异是相对差异的主要来源,地区间相对差异对总体差异的贡献率相对稳定,超变密度差异和地区间相对差异对总体差异的贡献率呈此消彼长的变动关系。

表5-7 粮食主产省与非粮食主产省农村产业融合发展水平基尼系数及其分解结果

年份	基尼系数	地区内基尼系数 粮食主产省	地区内基尼系数 非粮食主产省	地区间基尼系数	贡献率/% 地区内	贡献率/% 地区间	贡献率/% 超变密度
2008	0.178 1	0.106 4	0.201 9	0.194 7	45.49	6.63	47.88
2009	0.186 8	0.109 3	0.226 4	0.195 5	47.97	1.36	50.67
2010	0.176 8	0.119 2	0.204 1	0.184 8	47.96	11.30	40.74
2011	0.182 4	0.132 4	0.208 2	0.188 2	48.62	11.45	39.93
2012	0.178 3	0.135 0	0.197 9	0.184 9	48.42	13.60	37.98
2013	0.148 3	0.114 7	0.149 0	0.162 1	45.48	17.07	37.45
2014	0.147 7	0.107 1	0.143 9	0.167 3	43.40	16.54	40.06
2015	0.134 4	0.086 3	0.141 2	0.150 9	44.06	13.16	42.78
2016	0.131 2	0.082 1	0.149 0	0.140 9	46.61	11.26	42.13
2017	0.118 6	0.081 3	0.127 4	0.128 9	46.02	16.39	37.58
2018	0.106 2	0.079 3	0.092 8	0.125 5	41.16	20.81	38.03

数据来源:作者计算整理得到。

5.3 省际农村产业融合发展的分布动态演进

5.3.1 研究方法

(1)Kernel密度估计方法。关于农村产业融合发展分布动态演进过程的分析,本书采用非参数核密度估计方法。非参数核密度估计能够利用连续密度曲线来对随机变量的分布形态加以描述,进而求解其概率密度,是研究区域经济不均衡分布常用的一种非参数估计方法。Kernel密度估计方法从数据本身出发研究数据的分布特征,克服了参数估计中函数形式设定的主观性,模型依赖性较弱,稳健性强(徐维祥等,2015;张林、温涛,2020)。核密度估计的基本函数形式为

$$f(x) = \frac{1}{nh} \sum_{i=1}^{n} K\left(\frac{x_i - \bar{x}}{h}\right) \quad (5-12)$$

$$K(x) = \frac{1}{\sqrt{2\pi}} \exp(-\frac{x^2}{2}) \tag{5-13}$$

Kernel密度作为一种平滑转换函数或者加权函数,通常满足:

$$\begin{cases} \lim_{x \to \infty} K(x) \cdot x = 0 \\ K(x) \geq 0, \quad \int_{-\infty}^{+\infty} K(x)\mathrm{d}x = 1 \\ \sup K(x) < +\infty, \quad \int_{-\infty}^{+\infty} K^2(x)\mathrm{d}x < +\infty \end{cases} \tag{5-14}$$

其中,n为观测值的数量,x_i表示独立同分布的观测值,$\overline{X}$表示观测值的均值。$K(\cdot)$为核密度函数,本书采用高斯核密度函数。h表示带宽,为一个较小的正数,采用Silverman(1986)的拇指法则来确定最优带宽。带宽越大,估计的密度函数曲线越光滑,但结果的精确性越低;宽带越小,密度函数越不光滑,但结果的精确性越高。因此要尽量使用数值较小的带宽(王谦、董艳玲,2018)。

(2)Markov链分析方法。将农村产业融合发展水平X视为一个随机过程,给定当前时刻的值为X_t,未来时刻$X_s(s>t)$时系统所处状态不受过去状态值$X_u(u<t)$的影响,只与时间t有关。马尔可夫过程在任意时刻所处的状态i转移到状态j的概率都是固定的概率p_{ij},即对于状态空间中所有状态$i_0,i_1,\cdots i_{t-1},i_t$,以及任意时刻t≥0满足

$$P\{X_{t+1}=j|X_t=i,X_{t-1}=i_{t-1},\cdots,X_1=i_1,X_0=i_0\} = P\{X_{t+1}=j|X_t=i\} = p_{ij} \tag{5-15}$$

将省际农村产业融合发展水平划分为k种类型,通过马尔可夫链可以构造出一个$k \times k$维的省际农村产业融合发展水平状态转移概率矩阵,进而可以判断中国省际农村产业融合发展水平的内部动态演进特征。

$$U = (u_{ij})_{k*k}, \quad u_{ij} \geq 0, \quad \sum_{j \in k} u_{ij} = 1, \quad i,j \in k \tag{5-16}$$

5.3.2 Kernel密度估计结果分析

利用Dagum基尼系数及其分解可以对不同分区农村产业融合发展水平的地区相对差异大小及其来源进行定量分析,但无法反映省际分区农村产业融合发展水平的地区绝对差异及其动态演进趋势。本书将采用Kernel密度估计方法来考察样本区间内农村产业融合发展水平分布动态的演进过程,一方面直观刻画农村产业融合发展水平分布的整体形态,另一方面揭示不同分区省际农村产业融合发展水平分布的演进特征。图5-7至图5-10显示了全国和不同分区省际农村产业融合发展水平分布动态演进趋势。从全国农村产业融合发展水平的空间分布及演进来看,核密度曲线总体上呈缓慢右移趋势,表明全国农村产业融合发展水平总体上呈不断上升趋势。与2008年相比,2011年核密度曲线波峰高度下降,波峰宽度略微缩小,说明2011年省际农村产业融合发展水平地区绝对差异缩小。

与2011年相比,2014年和2017年的核密度曲线波峰高度明显上升,波峰宽度进一步缩小,说明2014年和2017年省际农村产业融合发展水平的地区绝对差异进一步缩小。可见,全国省际农村产业融合发展水平的地区绝对差异呈逐年缩小趋势。

(1)东中西部农村产业融合发展水平分布动态。

东部核密度曲线在样本期内呈"右移—左移—右移"的变化轨迹,说明东部农村产业融合发展水平呈"上升—下降—上升"的演进过程。与2008年相比,2011年核密度曲线右移明显,波峰高度有所上升,波峰宽度略微缩小,说明2011年东部农村产业融合发展水平上升较快,而且地区绝对差异有所缩小。与2011年相比,2014年核密度曲线波峰最高,波峰宽度比2014年明显缩小;与2014年相比,2017年核密度曲线右移且波峰高度下降,但波峰宽度无明显变化。由此可知,东部省际农村产业融合发展水平的地区绝对差异呈逐年缩小趋势,但收敛速度不断减缓。中部核密度曲线在2008年呈现双峰形态,即存在明显的两极分化现象,此后双峰形态消失;2011年和2014年核密度曲线波峰下降,波峰宽度变化不明显;2017年核密度曲线明显右移,波峰上升且宽度明显缩小,说明近年来中部地区农村产业融合发展水平的绝对差异呈缩小趋势。与2008年相比,西部地区核密度曲线的宽度在2011年和2014年有所扩大,但2017年又呈现出明显的缩小,2017年西部核密度曲线波峰明显上升和右移,说明近年来西部地区农村产业融合发展水平上升明显,样本期内的地区绝对差异呈先扩大后缩小的变化趋势。

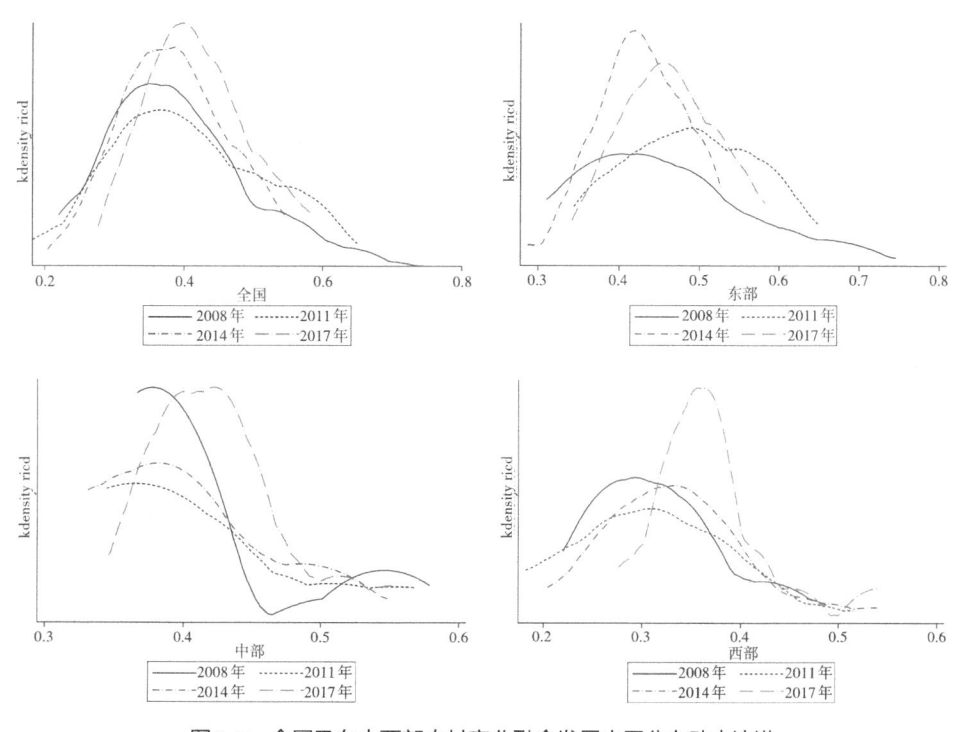

图5-7 全国及东中西部农村产业融合发展水平分布动态演进

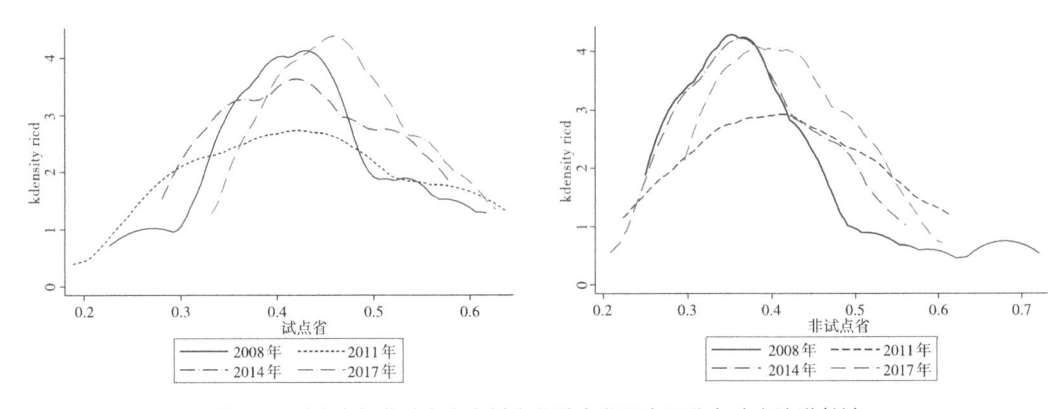

(2)试点省与非试点省农村产业融合发展水平分布动态。

2008年,试点省的核密度曲线存在明显的拖尾现象,而且还表现出多峰趋势。非试点省的核密度曲线存在明显的双峰特征,此后拖尾和双峰特征逐渐消失。这说明2008年省际农村产业融合发展水平存在极化现象,此后极化现象逐渐消失。与2014年相比较,2017年试点省和非试点省的核密度曲线右移比较明显,说明2015年开始试点以后,省际农村产业融合发展水平增长较快。试点省份核密度曲线总体呈向右移动的变化轨迹,波峰高度呈先下降后上升的变化趋势,说明试点省农村产业融合发展水平在样本期内呈上升趋势。试点区核密度曲线的宽度呈先扩大后缩小的变化趋势,2011年核密度曲线的波峰宽度明显比2008年大,2014年和2017年又明显缩小,说明试点省农村产业融合发展水平的绝对差异呈现先扩大后缩小的变化趋势,尤其是试点以后绝对差异缩小较快。非试点省的核密度曲线总体上也呈逐年右移的变化趋势,但波峰高度呈"下降—上升—下降"的变化趋势,核密度曲线的宽度也呈"扩大—缩小—扩大"的变化趋势。这说明非试点省农村产业融合发展水平也呈逐年上升趋势,绝对差异也在缩小。

图5-8 试点省与非试点省农村产业融合发展水平分布动态演进(续)

(3)农业大省与非农业大省农村产业融合发展水平分布动态。

农业大省核密度曲线在2008年具有明显的多峰形态,说明农业大省农村产业融合发展水平在2008年存在极化倾向。农业大省核密度曲线的宽度呈"扩大—缩小—扩大"的变化趋势,2011年核密度曲线的波峰宽度明显比2008年大,2014年明显缩小,2017年又有所扩大,但比2008年的波峰宽度要小,说明农业大省农村产业融合发展水平的绝对差异呈"扩大—缩小"的演进趋势,但总体有所缩小。非农业大省核密度曲线的波峰宽度逐年缩小,2008年具有明显的右拖尾现象,说明非农业大省农村产业融合发展水平的绝对差异不断缩小。2014年和2017年非农业大省核密度曲线均表现出不明显的双峰形态,说明近年来非农业大省农村产业融合发展具有一定程度的极化倾向。

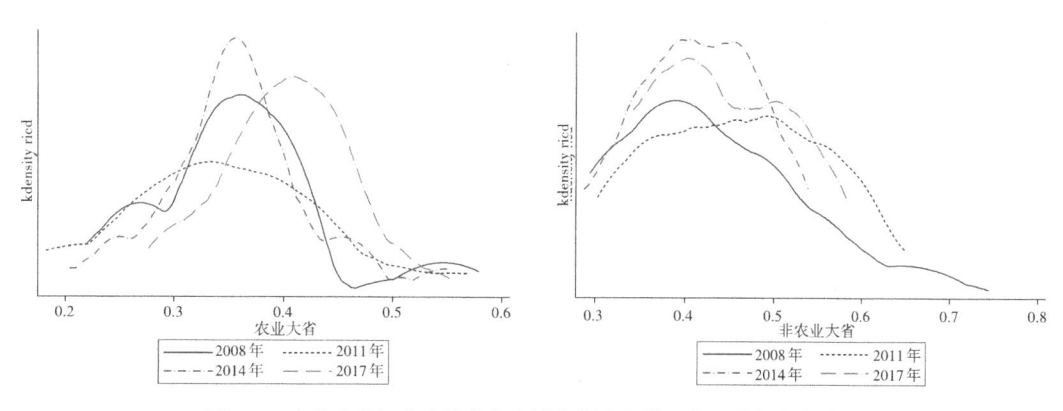

图5-9　农业大省与非农业大省农村产业融合发展水平分布动态演进

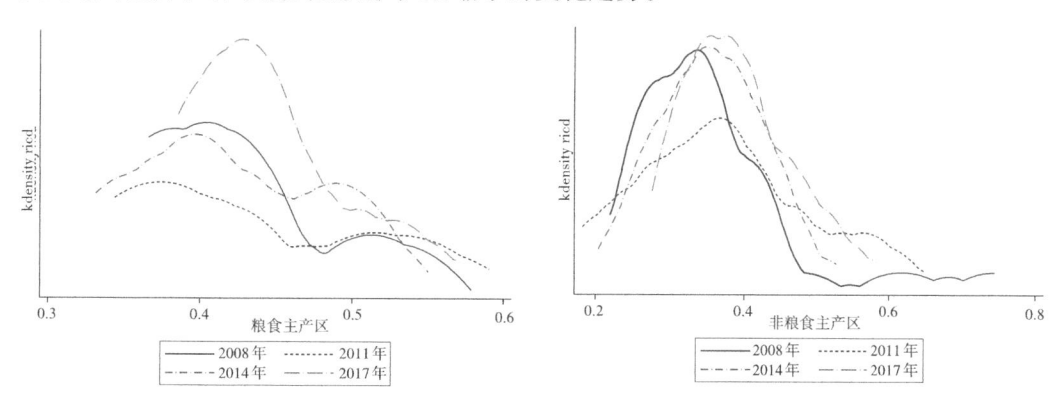

(4)粮食主产区和非粮食主产区农村产业融合发展水平分布动态。

在2008—2014年间,粮食主产省的核密度曲线都具有双峰形态,波峰宽度都较大且并没有表现出明显的缩小现象,说明粮食主产省农村产业融合发展的绝对差异较大,并伴有两极分化现象。2017年,粮食主产省的核密度曲线双峰形态消失,转变成单峰形态,波峰宽度也明显缩小,说明近年来粮食主产区农村产业融合发展的绝对差异不断缩小,两极分化现象也逐渐消失。非粮食主产省的核密度曲线在2008年呈现明显的右拖尾现象,2011年波峰宽度明显扩大,此后波峰宽度逐渐缩小,说明非粮食主产区农村产业融合发展的绝对差异在样本期内呈先扩大后缩小的变化趋势。

图5-10　粮食主产区和非粮食主产区农村产业融合发展水平分布动态演进

综上可知,尽管不同地区的核密度曲线呈现出"右移—左移"交替演变过程,但与2008年相比,无论是全国还是各区域,核密度曲线整体都有一定程度的右移,这说明省际农村产业融合发展水平总体上有明显上升。2014年以后,全国和分区农村产业融合发展水平的绝对差异都呈现出了收敛态势,且极化现象也不断消失,说明随着农村产业融合发展政策的落实和试点范围的不断扩大,不同省份之间农村产业融合发展水平逐渐趋于平衡,省际差距不断缩小。

5.3.3 Markov链分析

首先,以省际农村产业融合发展水平综合指数为划分依据,参考李强谊和钟水映(2016)的做法,将省际农村产业融合发展水平划分为低水平(L)、中低水平(ML)、中高水平(MH)和高水平(H)4种类型,划分标准依次为:农村产业融合发展水平综合指数低于全国平均值75%的低水平省级单元,介于综合指数均值75%~100%(不含)的为中低水平省级单元,介于综合指数均值100%~125%的为中高水平省级单元,高于综合指数均值125%的为高水平省级单元。其次,利用Markov链分析方法,计算出整个样本期、两阶段内分区省际农村产业融合发展水平的传统Markov链转移概率矩阵,并通过分析其结构特征来揭示省际农村产业融合发展水平的内部动态变化信息。

第一,表5-8显示了省际农村产业融合发展水平Markov链转移概率矩阵。无论是全样本时段2008—2018年,还是两个分样本时段2008—2014年和2015—2018年,对角线上的转移概率明显高于非对角线上的转移概率,这说明省际农村产业融合发展水平保持状态稳定的概率较高,不同发展水平状态之间的流动性较低。主要原因在于省际农村产业融合发展对前期发展的路径依赖程度较高,导致农村产业融合发展水平的状态相对比较稳定,前期发展水平的高低在很大程度上决定了下一期的发展水平。非对角线上的转移概率并非全部为零,并且均分布在对角线两侧,表明省际农村产业融合发展水平在一定程度上可以向邻近状态转移,但尚未出现向上等级跨级跃迁或向下等级跨级滑落的概率。这说明省际农村产业融合发展的地区差异演进是一个调整速度较慢的渐进过程,推进省际农村产业融合发展是一项长期性工作,要处理好"远"与"近"的协调关系。

第二,如表5-8所示,在2008—2018年,农村产业融合发展水平处于高水平状态的省级单元能够保持稳定状态的概率为80.95%,有19.05%的省级单元会下降一个等级,回落到中高水平。以此类推,有76.79%的省级单位维持在低水平状态,而有23.21%的省级单元向上转移一个等级,进入中低水平状态。有80.17%的省级单元能维持在中低水平状态,上升到中高水平状态的转移概率为12.93%,下降到低水平状态的转移概率为6.90%。有69.23%的省级单元能维持在中高水平状态,上升到高水平状态的转移概率为13.85%,下降到中低水平状态的转移概率为16.92%。

第三,由于2015年正式提出农村产业融合发展试点,因此本书以2015年为分界点将全样本分成两个时间段。2008—2014年省级农村产业融合发展水平初始状态为中低、高水平的省级单元发生转移的概率较小,保持稳定状态的概率分别达到82.61%和84.09%;2015—2018年省际农村产业融合发展水平初始状态处于低水平的省级单元保持稳定状态的概率下降到68.75%,初始状态处于中低水平的省级单元保持稳定状态的概率下降到

74.29%，初始状态处于高水平的省级单元保持稳定状态的概率下降到75%，初始状态处于中高水平的省级单元保持稳定状态的概率上升到74.07%。说明在样本期内省际农村产业融合发展水平可能存在"俱乐部趋同"现象，特别需要高度警惕可能存在的中低水平、低水平固化现象以及由此引发的地区差异扩大风险。与2008—2014年相比较，2015—2018年省级农村产业融合发展水平由初始低水平状态上升到中低水平状态的概率从22.22%增大到31.25%，但由初始中高水平状态滑落到中低水平的概率从9.68%增大到22.22%，由初始高水平状态滑落到中高水平状态的概率从15.91%增大到25.00%，由初始中高水平状态上升到高水平状态的概率从25.81%下降到3.70%，由初始中低水平状态上升到中高水平状态的概率从7.25%下降到5.71%。一方面，随着农村产业融合发展试点的不断推进，处于较低水平状态的省级单元展现出了明显的上升势头，但同时相关政策的边际效应缩小，初始处于高水平状态的省级单元向下等级滑落的概率也有所扩大，早期的"俱乐部趋同"和"两极分化"现象有所减缓，省际农村产业融合发展水平分布日趋均衡，地区差异呈收敛态势。另一方面，这一结果也告诉我们，农村产业融合发展是一项长期性工程，需要相关政策保持持续性才能保证农村产业融合发展水平稳步提升。

表5-8 省际农村产业融合发展水平Markov链转移概率矩阵

时间段	t/t+1	样本数	L%	ML%	MH%	H%
2008—2018	L	56	76.79	23.21		
	ML	116	6.90	80.17	12.93	
	MH	65		16.92	69.23	13.85
	H	63			19.05	80.95
2008—2014	L	36	77.78	22.22		
	ML	69	7.25	82.61	10.14	
	MH	31		9.68	64.52	25.81
	H	44			15.91	84.09
2015—2018	L	16	68.75	31.25		
	ML	35	5.71	74.29	20.00	
	MH	27		22.22	74.07	3.70
	H	12			25.00	75.00

注：为便于观察，表中转移概率为零的未列出。

5.4 本章小结

本章节首先在概念及内涵分析的基础上,从农业产业链延伸、农业多功能性发挥、农业服务业融合发展、农民增收与就业、城乡一体化发展5个维度构建了省际农村产业融合发展水平的评价指标体系,并综合采用主客观综合赋权法和线性加权求和法测算了2008—2018年中国30个省份农村产业融合发展水平。在此基础上采用Dagum基尼系数及其分解、非参数核密度估计和Markov链分析方法研究了省际农村产业融合发展的区域差异及其分布动态演进过程、特征及趋势。基本研究结论如下。

第一,根据省际农村产业融合发展综合指数,目前大多数省份农村产业融合发展水平尚处于中等水平,部分省份甚至还处于较低水平,大多数省份农村产业融合发展在样本期间内表现出了不同程度增长或保持相对稳定状态。分区域比较研究发现,样本期内试点省农村产业融合发展水平历年均值明显高于非试点省,而且两者之间的绝对差距在2012年以后呈扩大趋势。东部地区农村产业融合发展水平均值高于中部和西部地区,但东中西部地区间的绝对差距具有缩小趋势。非农业大省的农村产业融合发展水平均值明显高于农业大省,农业大省并非农村产业融合发展的强省。粮食主产省的农村产业融合发展水平均值明显大于非粮食主产省,但两个区域的平均值在样本期内变化甚微。

第二,Dagum基尼系数及其分解结果表明,中国省际农村产业融合发展水平在样本前期呈现波动演进过程,后期呈现出明显的收敛趋势。除非粮食主产区以外,其他所有分区农村产业融合发展水平的地区内相对差异要小于全国整体相对差异。非试点省地区内基尼系数大于试点省地区内基尼系数。西部地区内基尼系数大于东部和中部地区,中部地区内基尼系数最小;农业大省地区内基尼系数在样本中期大于非农业大省,在样本前期和后期小于非农业大省。非粮食主产省的地区内基尼系数大于粮食主产省的地区内基尼系数。不同区域间的相对差异具有明显的异质性,其中东-西部的地区间相对差异最大,所有地区间基尼系数均具有一定程度的波动,但总体以收敛趋势为主,即地区间相对差异在波动中呈收敛趋势。超变密度差异和地区内相对差异是省际农村产业融合发展水平整体相对差异的主要来源。

第三,Kernel密度估计结果表明,全国及不同分区农村产业融合发展水平整体上呈不同程度的上升态势,并且随着相关政策的落实和试点范围的不断扩大,2014年以后农村产业融合发展水平的地区绝对差异呈明显的逐年缩小趋势。Markov链分析结果表明,省级单元保持稳定状态的概率较高,不同状态之间的流动性较弱,地区差异演进为缓慢的渐进式过程,但随着时间推移,省际农村产业融合发展水平的地区差异呈缩小态势。

第6章 农村普惠金融与农村产业融合发展的耦合协调度

以追求利润最大化的商业性金融很难成为支持农村产业融合发展的主力军,而农村普惠金融旨在帮助贫困农户、低收入者、小微企业等弱势群体以可负担成本充分获得金融服务和金融产品,在支持农业农村发展方面大有可为而且至关重要。普惠金融与农村产业融合发展的耦合互动不仅仅是二者互助互利的双赢关系,还可以辐射出更多的经济社会效应。因此,本章节将首先从理论上阐释普惠金融与农村产业融合发展的理论逻辑与二者的耦合互动机理,然后构建普惠金融发展评价指标体系,采用耦合协调度模型实证研究普惠金融与农村产业融合发展的耦合互动关系,以及二者耦合协调度的动态变化趋势。

6.1 农村普惠金融与农村产业融合发展的耦合互动机理

6.1.1 农村普惠金融发展的理论逻辑

联合国在"2005年国际小额信贷年"宣传中首次提出普惠金融的概念,随后被联合国和世界银行大力推广。普惠金融又称包容性金融,对其概念的界定源于小额信贷的扶贫救困和消除金融排斥视角,狭义上指确保弱势群体在支付得起的情况下,能及时充分地接触和获得金融服务(Cnaan等,2012;Kodan和Chhikara,2013),广义上指金融机构在可持续发展前提下,经济体中每一个金融需求者尤其是贫困农户、低收入者、小微企业等弱势群体都能以可承担成本充分接触和获得金融服务和金融产品(Chakravarty和Pal,2013;World Bank,2014;Ambarkhane et al.,2016)。

中国最早引入普惠金融概念的是中国小额信贷联盟。2005年中国小额信贷联盟秘书长在开展小额信贷年的推广活动中提出用"普惠金融体系"作为"Inclusive Financial System"的中文翻译。2006年3月,焦瑾璞在北京召开的亚洲小额信贷论坛上正式使用普惠金融概念。2012年6月墨西哥二十国集团峰会(G20)上,国家主席胡锦涛同志指出,普惠金融问题的本质是发展问题,并指出要加强国际交流合作,共同建立一个惠及所有国家和民众的金融体系,为各国民众提供现代、安全、便捷的金融服务。2013年11月,党的十八届三中全会通过《中共中央关于全面深化改革若干重大问题的决定》,正式提出发展普惠金融。2015年底国务院发布《推进普惠金融发展规划(2016—2020)》,首次在国家层面明确了普惠金融的定义:是指立足机会平等要求和商业可持续原则,以可负担的成本为有金融服务需求的社会各阶层和群体提供适当、有效的金融服务。小微企业、农民、城镇低收入人群、贫困人群和残疾人、老年人等特殊群体是当前我国普惠金融重点服务对象。

发展普惠金融的初衷和主要目的是提高金融覆盖广度和使用效益,给予弱势群体平等机会充分获取金融服务,帮助弱势群体发展生产从而实现脱贫致富。当然,普惠金融的商业本质要求其必须按照成本收益原则追求利润最大化,即普惠金融机构运营必须兼顾效率和公平,在为弱势群体提供金融服务的同时能够实现可持续发展。普惠金融的高效高质服务和可持续发展一方面依赖于良好的外部经济金融环境和国家相关政策支持,另一方面更需要普惠金融机构与弱势群体之间形成良性资金循环。

6.1.2 农村产业融合发展的理论逻辑

试点和推进农村产业融合发展的主要目的是以适度规模经营的新型农业经营主体为引领,以紧密的利益联结机制为纽带,通过发展新产业、新业态、新模式促进农业发展方式转型、返乡农民充分就业和农民收入持续增长,从而实现乡村产业振兴和农民生活富裕。首先,农村产业融合通过发展生态农业、循环农业、生物农业、智慧农业、观光休闲农业、创意农业等新业态,促进农业生产和农民生活方式向绿色环保方向转变,进而加快农业发展方式转型和城乡一体化发展(国家发展改革委宏观经济研究院和国家发展改革委农村经济司课题组,2016)。其次,农村产业融合发展通过一二三产业关系在农村优化组合和空间重构,以及生产要素在城乡之间的充分流动和优化配置,加快发展农村电子商务、农产品产地直销、会员个性化定制等新模式,为返乡农民工就业创业提供新契机。再次,农村产业融合通过发展农产品加工业、乡村旅游业、农业生产服务业等延伸农业产业链,将农业产业的增值收益留在农村留给农民,同时激活农村土地、住宅和金融等多个要素市场,增加农民家庭经营收入和财产性收入,拓宽农民增收渠道。

6.1.3 农村普惠金融与农村产业融合发展的耦合互动机理

耦合(Coupling)是物理学中的概念,是指两个或两个以上系统之间通过各种相互作用而彼此影响并联合的现象,后来被众多学者引入到经济问题研究中。协调是指各子系统之间在良性互动下形成一种相互依赖、相互协调、相互促进的动态关系。研究普惠金融与农村产业融合发展的耦合互动机理,实质是研究二者实现耦合互动并紧密联系的相互作用方式以及作用路径。

农村普惠金融和农村产业融合发展都以农村弱势群体为主要工作对象,都以农业产业转型升级和农民脱贫增收致富为主要目标,具有内在一致性,两个系统之间必然存在耦合互动关系。普惠金融与农村产业融合发展的融合互动有助于促进信贷资金的良性循环,从而实现普惠金融机构可持续发展与新型农业经营主体快速成长的双赢。普惠金融为新型农业经营主体参与产业融合项目提供资金支持,推动新型农业经营主体快速成长,进而基于多元化利益联结机制带动广大农户增收就业。同时,新型农业经营主体成长过程中多元化的金融需求也倒逼普惠金融机构创新产品和服务,从而提升服务效率和服务质量。

普惠金融发展可以通过多种途径促进农村产业融合发展。一方面,普惠金融发展可以为创业初期的新型农业经营主体提供低成本的信贷资金,为新型农业经营主体创业发展奠定基础;普惠金融发展可以为农业产业链上下游关联企业提供便捷、价廉、优质的金融服务,有助于延伸农业产业链。另一方面,普惠金融服务还可以发挥先导性作用,信贷资金的流动将带动人才、技术、土地等生产要素和其他资源向农村产业融合发展领域流动和集聚,从而不断提高农村资源配置效率;普惠金融发展对农村水利水电、道路、仓储、冷藏、物流等基础设施建设的支持,有助于为农村产业融合发展提供良好的外部环境和公共服务,推进农村产业融合高质高效发展。

农村产业融合发展的典型特征和特殊功能正好可以促进普惠金融机构加快金融产品和服务创新,并不断调整经营理念和发展模式,从而实现普惠和盈利双重目标。一方面,农村产业融合发展过程中新型农业经营主体多元化的金融需求倒逼普惠金融机构加快金融制度创新、金融产品创新和金融服务创新,从而不断提升普惠金融发展水平。多元化的农村金融需求也为金融服务实体经济提供了更多的渠道和空间,有助于金融服务从以往集中于城镇二三产业向农业农村领域延伸。另一方面,农村产业融合发展要求普惠金融更加注重信贷资金的开发性和造血性,注重新型农业经营主体发展能力和创收能力开发,注重信贷资金供给与农业产业链资金需求相匹配,从而促进普惠金融从"输血"服务向"造血"服务转变。农村产业融合发展注重产业链延伸的典型特征可以强化上下游企业之间的信用监督和新型农业经营主体的守信意识,以农业产业链为载体的新型融资模式具有更强的信用保障,可以有效降低新型农业经营主体信贷违约概率,减少金融机构交易成本和提高金融服务的包容性。

6.2 系统耦合协调度评价指标方法

构建科学合理的综合指标体系是准确测度普惠金融服务与农村产业融合发展系统耦合协调度的基础和关键。关于普惠金融发展水平的评价,目前学界尚未形成一套普遍认可的综合评价指标体系,不同学者基于不同研究目的而构建的指标体系各不相同。本章节将重点构建普惠金融发展的评价指标体系,而农村产业融合发展的评价指标体系已在第五章进行了说明和分析,不再赘述。

6.2.1 普惠金融发展指标体系构建

目前,已有较多国内外学者从不同角度构建了普惠金融发展的评价指标体系。Beck等(2007)首次从金融服务的可接触性和使用效用性构建了普惠金融发展水平的测度指标,具体包括每千平方公里的银行机构数量和ATM数量、每十万人拥有的银行机构数量和ATM数量、人均贷款余额和人均储蓄额、贷款收入比和储蓄收入比。Park和Mercado(2015)采用类似的指标构建了亚洲发展中国家的金融包容指数。Chakravarty和Pal(2010)指出人力发展的测量方法也能够有效地运用在金融包容性的测量中。Gupte等(2012)同样研究了如何测量金融包容性,并运用了印度乡村的最新数据计算了包含多维变量影响的金融包容性指数。Serma(2008,2010)基于金融服务的渗透性、可得性和使用效用性3个维度构建了金融包容综合指数(IFI)。此后,较多研究对此指标体系进行了适当改进和扩展。比如:金融包容联盟(Alliance for Financial Inclusion,AFI)的金融包容数据工作小组从正规金融服务的可获得性和使用情况2个维度设计了金融包容核心指标,2011年12个成员对核心指标进行了测试和修正。2012年4月,世界银行发布首份《全球金融包容性指数》,但是该指标主要评价了"金融发展的普惠性"。同年6月,金融包容全球合作伙伴组织(GPFI)数据与评估工作组也从可获得性和使用情况2个维度提出了金融包容核心指标。Okpara(2013)为了完善现有的金融包容性指标,使用平均比率指数法提出了chi-wins金融包容性指标(CFII)。现有国内外文献关于普惠金融发展评价指标维度归类总结结果,如表6-1所列。

表6-1 普惠金融发展评价指标维度归类

作者及时间	金融包容性发展评价指标维度
Beck(2007)、Park等(2015)	金融服务可接触性、金融服务使用效用性
Serma(2008、2010)	金融服务渗透性、可得性、使用效用性
金融包容联盟(2011)	正规金融服务的可获得性、使用情况
金融包容全球合作伙伴(2012)	金融服务可获得性和使用情况

续表

作者及时间	金融包容性发展评价指标维度
Gupte等(2012)、Arora(2010)、Fungácová等(2015)、Gwalani等(2014)	金融服务的使用效用情况、可获得性、使用成本等
Chakravarty和Pal(2013)、Ambarkhane等(2016)	金融服务使用便利性、使用效率、满意度
Amidzic等(2014)	金融包容的外延(人口和地理分布)、使用情况(存贷款数量)、质量(信息披露、争端解决、使用成本)
Rahman等(2013)、焦瑾璞等(2015)	金融服务的可获得性、使用情况、服务质量
谢家智等(2017)	金融发展的普惠性、经济与金融的耦合性、金融发展的创新性
崔艳娟和刘旸(2017)	金融服务的深度、广度、效度和稳定性
王修华等(2016)、王修华等(2019)、张珩等(2017)、刘亦文等(2018)、陆凤芝等(2017)、林春和孙英杰(2019)	金融服务的渗透性、可得性、使用效用性、可负担性
中国人民银行西宁中心支行课题组(2015)、谭燕芝和彭千芮(2018)	金融服务的普惠性、可获得性、可持续性
范香梅等(2015)、何海鹰和赵俐佳(2015)、尹志超等(2019)	金融供给、金融需求
李建军和卢盼盼(2016)	银行服务包容性、证券服务包容性、保险服务包容性
张林和冉光和(2018)	金融服务可获得性、使用效用性、可持续性和创新性，经济金融协同性
彭建刚和徐轩(2019)、沈丽等(2019)	金融服务渗透性、可得性、效用性和可负担性
马彧菲和杜朝运(2017)	宏观金融发展、银行业和保险业发展
杨军等(2016)、林春等(2019)、顾宁和张甜(2019)	金融服务可得性、使用效用性和服务质量
王婧和胡国晖(2013)、吕勇斌和肖凡(2018)、傅巧灵等(2019)	金融服务的范围(可得性和渗透性)、金融服务的使用

注:作者归纳整理得到。

综合国内外现有文献可以看出,普惠金融发展是一个多维度的动态发展,涵盖了金融服务的可获得性、便利性、创新性和可持续性,金融服务的质量和成本,经济金融协同性等多个方面。周小川(2013)指出,金融包容性发展应包括4个基本目标:一是家庭和企业以合理的成本获取较广泛的开户、存贷、保险、结算等金融服务;二是金融机构内控严密,接受市场监督稳健运营;三是金融业实现可持续发展,能长期提供金融服务;四是金融服务竞争性强,为消费者提供多样化选择。

根据普惠金融发展的理论逻辑,在借鉴文献和考虑数据可得性和可比性的基础上,结合本书的研究目的以及科学性、系统性、可操作性和可量化性等基本原则,本研究将从金融服务可获得性、金融服务使用效用性、金融服务质量三个维度来构建包含13个二级指标的普惠金融发展综合指标体系,详见表6-2。表中大多数指标都可以直接获取或经过简单的计算得到。考虑到我国关于证券账户开户的年龄限制条件和数据可得性问题,每千(成年)人拥有A股账户数采用沪深A股期末账户数除以15~64岁总人口数计算得到。

同第5章一样,本章的研究对象仍是除西藏、香港、澳门、台湾以外的其他30个省份,时间样本为2008—2018年。各指标的原始数据来源于历年《中国统计年鉴》《中国金融年鉴》《中国人口和就业统计年鉴》《中国区域金融运行报告》《中国证券期货统计年鉴》《中国证券登记结算统计年鉴》和各省份历年统计年鉴,以及中国人民银行官网、国研网统计数据库、中宏数据库、Wind资讯数据库等权威网站。

表6-2 普惠金融发展的评价指标体系

目标层	一级指标	二级指标	代码	性质
普惠金融发展	金融服务可获得性	每十万人拥有银行类金融机构网点数	Y_1	正向
		每十万人拥有银行类金融机构从业人员数	Y_2	正向
		每千平方公里拥有银行类金融机构网点数	Y_3	正向
		每千平方公里拥有银行类金融机构从业人员数	Y_4	正向
		每千人拥有A股账户数	Y_5	正向
	金融服务使用效用性	人均存款余额/人均GDP(%)	Y_6	正向
		人均贷款余额/人均GDP(%)	Y_7	正向
		农村人均农林牧渔业贷款余额(万元/人)	Y_8	正向
		农村人口人均农业保险保费收入	Y_9	正向
		农村人口人均农业保险赔付支出	Y_{10}	正向
	金融服务质量	商业银行不良贷款率	Y_{11}	负向
		贷存比	Y_{12}	正向
		保险赔付与保费收入之比	Y_{13}	负向

注:作者归纳整理得到。

6.2.2 指标权重确定

本章节仍采用最大最小值法对各指标原始数据进行无量纲化处理和平移处理,采用主客观综合赋权法确定指标权重,采用线性加权求和法合成普惠金融发展综合指数(IFD)。普惠金融发展的指标权重,见表6-3。

表6-3 普惠金融发展评价指标权重

指标	2008	2009	2010	2011	2012	2013	2014	2015	2016	2017	2018
X_1	0.075 7	0.076 2	0.086 3	0.087 5	0.079 8	0.081 4	0.076 6	0.081	0.082 9	0.083 7	0.058 7
X_2	0.079 9	0.080 1	0.086 4	0.089 7	0.084 6	0.083 4	0.083 3	0.084	0.081 6	0.069 2	0.068 0
X_3	0.073 5	0.074 0	0.074 3	0.076 6	0.074 0	0.077 3	0.074 9	0.075 1	0.075 3	0.075 8	0.083 2
X_4	0.075 1	0.076 8	0.075 7	0.077 5	0.075 3	0.077 3	0.075 4	0.076 6	0.076 0	0.088 1	0.083 8
X_5	0.077 6	0.078 2	0.079 6	0.082 4	0.079 3	0.081 6	0.079 2	0.078 8	0.078 5	0.079 4	0.086 5
X_6	0.072 6	0.072 1	0.073 2	0.075 5	0.072 9	0.075 4	0.073 0	0.076 0	0.076 7	0.077 6	0.085 6
X_7	0.084 8	0.085 3	0.087 5	0.090 6	0.089 3	0.093 4	0.090 3	0.093 2	0.094 2	0.100 6	0.086 2
X_8	0.077 4	0.083 7	0.080 8	0.090 6	0.096 9	0.100 5	0.094 0	0.094 8	0.096 2	0.099 3	0.099 8
X_9	0.107 2	0.092 5	0.092 2	0.075 0	0.088 1	0.080 0	0.082 2	0.085 0	0.075 5	0.081 8	0.096 6
X_{10}	0.097 3	0.091 6	0.085 6	0.092 2	0.083 0	0.087 0	0.081 4	0.083 1	0.081 3	0.062 2	0.063 5
X_{11}	0.052 6	0.066 3	0.049 6	0.052 1	0.052 4	0.050 2	0.065 1	0.050 1	0.057 3	0.064 9	0.068 7
X_{12}	0.073 4	0.068 8	0.070 6	0.072 3	0.067 6	0.065 8	0.062 4	0.063 4	0.063 6	0.062 2	0.050 8
X_{13}	0.053 2	0.054 2	0.058 1	0.037 8	0.056 7	0.046 7	0.062 2	0.058 9	0.060 9	0.055 1	0.068 6

数据来源:作者计算整理得到。

6.2.3 耦合协调度模型

耦合度主要衡量两个系统之间的联动程度,协调度主要衡量两个系统之间相互促进良性互动的水平。首先构建普惠金融与农村产业融合发展两个系统的耦合度模型,如

$$C = 2\sqrt{\frac{W_1 \times W_2}{(W_1 + W_2)^2}} \tag{6-1}$$

其中,W_1和W_2分别表示普惠金融和农村产业融合发展的综合指数,C表示两个系统的耦合度。当$C=1$时,耦合度极大,表示普惠金融与农村产业融合发展两系统之间达到良性共振耦合;当$C=0$时,耦合度极低,表示普惠金融与农村产业融合发展两系统之间处于无序状态。

耦合度C虽然对判断普惠金融与农村产业融合发展两系统之间的耦合作用强度和作用时序区间具有重要意义,但难以反映普惠金融与农村产业融合发展两系统之间互动的整体功效和协调效应,因为发展水平较低的两个系统之间的耦合度也可能会很高。因此,单纯依靠耦合度难以准确判断普惠金融与农村产业融合发展两系统的协调关系,需要进一步引入系统耦合协调度模型,如

$$D = \sqrt{C \times T} \quad T = \alpha W_1 + \beta W_2 \tag{6-2}$$

其中，D为系统耦合协调度，T为系统综合协调指数，反映系统整体协调效应。α、β为待定参数，其值大小根据普惠金融与农村产业融合发展的重要程度确定，本书认为两系统同等重要，故令$\alpha = \beta = 0.5$。为了更好地反映普惠金融与农村产业融合发展的协调水平，本章将两系统耦合协调度进行层次划分，从而全面分析普惠金融与农村产业融合发展两系统作用的时序演变过程。系统耦合协调度层次划分，见表6-4。

表6-4 系统耦合协调度层次划分

阶段	失调阶段		过渡阶段		协调阶段	
耦合协调度区间	$D<0.2$	$0.2 \leq D<0.4$	$0.4<D<0.5$	$0.5<D<0.6$	$0.6 \leq D<0.8$	$D \geq 0.8$
协调等级	严重失调	轻度失调	濒临失调	勉强协调	中度协调	良好协调

6.3 系统耦合协调度评价结果与分析

6.3.1 普惠金融发展水平测度与分析

利用前面所介绍的计算方法，本书测算了2008—2018年中国30个省份（西藏、香港、澳门和台湾除外）以及东中西部地区的普惠金融发展水平，结果见表6-5（因幅面局限，仅显示偶数年份，后同）。

从历年各省份普惠金融发展水平来看，中国普惠金融发展水平整体偏低。具体来看，普惠金融综合指数历年平均值超过0.4的仅有北京、上海、内蒙古3个省份。北京普惠金融发展水平最高，样本期内一直位于0.62以上，最高达到0.830 6，历年平均值为0.761 3。其次是上海，样本期内最大值为0.765 5，最小值为0.572，历年平均值为0.677 2。内蒙古普惠金融发展水平的历年均值排名第三，为0.417 9。普惠金融发展水平历年平均值处于0.3~0.4之间的有天津、辽宁、黑龙江、浙江、宁夏和新疆6个省份，其他21个省份普惠金融发展综合指数的历年平均值均低于0.3。贵州普惠金融发展水平最低，历年平均值仅为0.138 3。排名第一的北京普惠金融综合指数历年平均值（0.761 3）是排名倒数第一贵州（0.138 3）的5.5倍。从普惠金融综合指数的省际差异来看，中国普惠金融发展存在明显的省际差异和两极分化现象。东部地区普惠金融发展水平明显高于中西部地区，东部地区各省份普惠金融发展水平历年均值长期稳定在0.35左右，波动较小；中西部地区各省份普惠金融发展水平历年均值都在0.21~0.29之间，总体上呈逐年上升趋势。

表6-5 部分年份各地区普惠金融发展水平

地区	2008	2010	2012	2014	2016	2018
北京	0.819 6	0.823 0	0.813 9	0.705 6	0.771 9	0.624 6
天津	0.370 5	0.394 5	0.380 4	0.358 2	0.380 2	0.379 2
河北	0.239 9	0.243 3	0.223 3	0.185 8	0.183 2	0.255 4
山西	0.280 5	0.282 7	0.296 3	0.225 5	0.266 0	0.274 9
内蒙古	0.364 6	0.408 7	0.443 8	0.377 2	0.449 5	0.468 1
辽宁	0.309 7	0.339 8	0.324 1	0.349 4	0.394 9	0.326 4
吉林	0.276 0	0.309 1	0.290 3	0.272 9	0.289 4	0.288 8
黑龙江	0.343 5	0.343 8	0.362 1	0.297 8	0.335 1	0.340 3
上海	0.708 4	0.669 8	0.731 5	0.700 9	0.674 1	0.598 2
江苏	0.245 2	0.281 7	0.280 8	0.264 7	0.281 1	0.324 5
浙江	0.341 7	0.376 0	0.332 6	0.321 0	0.349 5	0.346 0
安徽	0.177 5	0.208 6	0.158 1	0.148 7	0.170 1	0.220 2
福建	0.226 4	0.233 3	0.239 7	0.217 7	0.219 4	0.270 9
江西	0.176 9	0.185 5	0.187 7	0.202 1	0.206 7	0.245 2
山东	0.199 8	0.205 2	0.213 6	0.169 2	0.167 2	0.221 5
河南	0.185 7	0.179 4	0.217 4	0.208 0	0.176 4	0.272 8
湖北	0.219 8	0.216 1	0.209 5	0.200 7	0.154 4	0.237 4
湖南	0.231 6	0.209 7	0.189 4	0.170 7	0.159 6	0.236 0
广东	0.273 5	0.257 4	0.261 0	0.272 3	0.279 4	0.286 7
广西	0.125 7	0.143 3	0.154 7	0.159 5	0.157 9	0.216 4
海南	0.246 2	0.263 3	0.251 6	0.274 1	0.308 3	0.341 6
重庆	0.245 2	0.226 5	0.255 4	0.246 6	0.150 3	0.285 8
四川	0.213 5	0.268 1	0.269 3	0.259 8	0.243 0	0.255 3
贵州	0.114 4	0.121 0	0.115 6	0.144 9	0.158 8	0.160 6
云南	0.143 5	0.142 1	0.151 1	0.155 8	0.112 1	0.161 2
陕西	0.259 3	0.260 1	0.264 2	0.236 0	0.232 9	0.279 0
甘肃	0.211 1	0.241 4	0.286 2	0.306 0	0.373 8	0.260 9
青海	0.184 4	0.180 5	0.238 0	0.259 9	0.303 5	0.249 8
宁夏	0.283 7	0.295 8	0.320 3	0.323 7	0.375 3	0.356 8
新疆	0.377 1	0.363 2	0.366 2	0.413 9	0.400 8	0.294 2
东部	0.361 9	0.371 6	0.368 4	0.347 2	0.364 5	0.361 4
中部	0.236 4	0.241 9	0.238 9	0.215 8	0.219 7	0.264 4
西部	0.229 3	0.241 0	0.260 4	0.262 1	0.268 9	0.271 6

数据来源:作者计算整理得到。

6.3.2 系统耦合协调度的结果与分析

基于所设定的系统耦合度模型和协调度模型,部分年份普惠金融与农村产业融合发展的系统耦合度测算结果见表6-6。从系统耦合度来看,样本期内各省份普惠金融与农村产业融合发展的系统耦合度基本在0.9以上,甚至有少数省份个别年份的系统耦合度接近于1,处于高水平耦合阶段,说明普惠金融与农村产业融合逐渐向有序方向发展。从历年均值来看,普惠金融与农村产业融合发展系统耦合度最高的省份为广东,历年均值为0.999 4,其后依次为甘肃、浙江、重庆、陕西、贵州等省份;普惠金融与农村产业融合发展系统耦合度最小的省份为山东省,历年均值为0.887 4,排名倒数2~3位的分别是湖北和安徽,历年均值分别为0.918 6和0.919 6,而且安徽省普惠金融与农村产业融合发展的系统耦合度波动相对较大。

表6-6 部分年份普惠金融与农村产业融合发展的系统耦合度

省份	2008年	2010年	2012年	2014年	2016年	2018年
北京	0.997 9	0.996 8	0.985 7	0.969 0	0.966 8	0.987 4
天津	0.999 5	0.995 9	0.980 9	0.975 4	0.965 7	0.986 3
河北	0.974 0	0.959 7	0.954 7	0.924 4	0.914 0	0.960 2
山西	0.996 2	0.986 1	0.987 5	0.979 0	0.995 6	0.986 8
内蒙古	0.989 2	0.994 7	0.998 7	0.986 6	0.996 9	0.997 7
辽宁	0.943 6	0.950 4	0.953 4	0.973 2	0.996 2	0.988 5
吉林	0.947 8	0.959 0	0.953 0	0.957 2	0.967 2	0.973 8
黑龙江	0.963 6	0.962 8	0.977 8	0.946 9	0.974 6	0.956 9
上海	0.998 7	0.998 0	0.975 4	0.932 5	0.961 1	0.973 9
江苏	0.950 6	0.946 2	0.948 4	0.950 5	0.934 6	0.950 1
浙江	0.986 7	0.980 3	0.987 1	0.987 9	0.985 4	0.978 3
安徽	0.918 0	0.950 4	0.920 7	0.894 5	0.915 3	0.926 5
福建	0.953 7	0.947 6	0.956 9	0.935 4	0.918 9	0.954 7
江西	0.928 0	0.933 1	0.952 8	0.951 4	0.941 2	0.953 8
山东	0.899 0	0.901 1	0.915 7	0.871 5	0.863 3	0.903 6
河南	0.934 7	0.931 1	0.974 7	0.966 7	0.929 3	0.967 8
湖北	0.956 8	0.952 5	0.951 2	0.908 7	0.873 3	0.930 3
湖南	0.965 3	0.954 8	0.958 2	0.927 6	0.902 1	0.955 5
广东	0.994 9	0.995 4	0.990 8	0.997 1	0.991 3	0.986 4
广西	0.901 5	0.933 6	0.964 7	0.950 1	0.917 5	0.950 5

续表

省份	2008年	2010年	2012年	2014年	2016年	2018年
海南	0.970 1	0.979 8	0.964 2	0.979 1	0.983 9	0.990 9
重庆	0.991 9	0.981 1	0.996 3	0.983 8	0.879 8	0.986 1
四川	0.955 1	0.988 3	0.995 5	0.988 9	0.967 6	0.969 1
贵州	0.944 4	0.963 1	0.975 6	0.947 8	0.947 0	0.925 9
云南	0.949 7	0.965 0	0.985 7	0.989 6	0.904 3	0.946 0
陕西	0.992 1	0.996 3	0.998 1	0.986 8	0.985 8	0.989 1
甘肃	0.996 4	0.999 2	0.997 3	0.999 8	0.988 7	0.984 5
青海	0.967 3	0.927 7	0.957 5	0.966 7	0.988 7	0.979 4
宁夏	0.984 4	0.986 7	0.996 8	0.997 6	0.999 5	0.988 8
新疆	0.987 3	0.998 9	1.000 0	0.991 8	0.989 8	0.997 8

数据来源：作者计算整理得到。

正如上文所述，我们不能仅看两个系统的耦合度大小，而应更关心普惠金融与农村产业融合发展的系统协调度大小。系统协调度同时受到系统的整体发展水平和系统耦合度的影响，系统间发展水平的差距扩大会降低耦合度，进而对耦合协调度产生负向影响。表6-7显示了各省份部分年份普惠金融与农村产业融合发展的系统协调度。

从各省份历年普惠金融与农村产业融合发展的系统协调度来看，北京和上海两个直辖市普惠金融与农村产业融合发展的系统协调度较高，历年均值分别达到0.801 4和0.743 8。北京2008—2012年间的耦合协调度均值处于0.8以上，表明该地处于良好协调状态，2013年及以后系统协调度有所下降，变为中度协调状态。上海2008—2009年的系统协调度高于0.8，处于高水平协调阶段，2010年及以后均为中度协调状态。内蒙古普惠金融与农村产业融合发展系统协调度的历年均值为0.682 3，全国排名第三，在样本期间一直处于中度协调阶段。总体来看，上海、内蒙古、天津、辽宁、黑龙江、浙江、江苏、吉林、宁夏共9个省份处于中度协调状态。普惠金融与农村产业融合发展的系统耦合度处于濒临失调的省份包括广西、贵州、云南，这三个省份普惠金融与农村产业融合发展的系统协调度在绝大多数年份均属于濒临失调阶段，最近几年才上升到勉强协调阶段。其中贵州历年平均值最低，为0.431 0，云南历年平均值为0.438 7，广西历年平均值为0.477 7。河北、山西、安徽等其他省份的系统协调度处于勉强协调阶段，有个别年份的系统协调度低于0.5或高于0.6。福建、海南和新疆三个省份的普惠金融与农村产业融合发展系统协调度历年均值高于0.57，即将进入中度协调状态(部分年份的系统协调度已经超过0.6，处于中度协调状态)。

表6-7 部分年份普惠金融与农村产业融合发展的系统协调度

省份	2008年	2010年	2012年	2014年	2016年	2018年
北京	0.8766	0.8715	0.8285	0.7404	0.7709	0.7297
天津	0.6185	0.6574	0.6806	0.6695	0.7042	0.6692
河北	0.5496	0.5699	0.5509	0.5269	0.5308	0.5834
山西	0.5534	0.5782	0.5893	0.5265	0.5406	0.5689
内蒙古	0.6500	0.6731	0.6832	0.6669	0.6972	0.7079
辽宁	0.6609	0.6846	0.6653	0.6645	0.6566	0.6165
吉林	0.6197	0.6432	0.6300	0.6063	0.6118	0.6034
黑龙江	0.6722	0.6735	0.6693	0.6447	0.6487	0.6774
上海	0.8204	0.7927	0.7645	0.6930	0.7125	0.6891
江苏	0.5814	0.6277	0.6245	0.6042	0.6386	0.6694
浙江	0.6346	0.6777	0.6251	0.6126	0.6442	0.6534
安徽	0.5196	0.5364	0.4886	0.4904	0.5107	0.5719
福建	0.5557	0.5699	0.5685	0.5613	0.5770	0.6067
江西	0.5115	0.5199	0.5068	0.5271	0.5421	0.5782
山东	0.5652	0.5714	0.5719	0.5379	0.5398	0.5918
河南	0.5189	0.5128	0.5224	0.5198	0.5099	0.5939
湖北	0.5446	0.5440	0.5369	0.5596	0.5128	0.5905
湖南	0.5501	0.5337	0.5042	0.5027	0.5033	0.5655
广东	0.5503	0.5324	0.5469	0.5421	0.5648	0.5817
广西	0.4469	0.4566	0.4501	0.4693	0.4905	0.5463
海南	0.5615	0.5679	0.5745	0.5804	0.6078	0.6253
重庆	0.5278	0.5249	0.5277	0.5437	0.5021	0.5814
四川	0.5382	0.5592	0.5443	0.5493	0.5608	0.5732
贵州	0.4011	0.3993	0.3801	0.4490	0.4708	0.4888
云南	0.4454	0.4311	0.4232	0.4244	0.4206	0.4750
陕西	0.5425	0.5324	0.5299	0.5272	0.5253	0.5689
甘肃	0.4793	0.5010	0.5159	0.5477	0.5669	0.5581
青海	0.4888	0.5169	0.5659	0.5810	0.5942	0.5536
宁夏	0.5820	0.5904	0.5891	0.5888	0.6225	0.6440
新疆	0.5669	0.6172	0.6064	0.6033	0.5892	0.5607

数据来源:作者计算整理得到。

借鉴彭建刚和徐轩(2019)的做法,根据普惠金融发展水平和农村产业融合发展水平的高低,将两个系统的协调发展关系划分为普惠金融相对滞后型和农村产业融合发展相对滞后型两种类型。从结果可以发现,北京和上海的普惠金融发展水平明显高于农村产业融合发展水平(上海2009年除外),属于农村产业融合发展相对滞后型耦合协调关系,新疆的普惠金融发展水平略高于农村产业融合发展水平,差距非常小,其他省份几乎都属于普惠金融发展相对滞后型。

图6-1和图6-2分别显示了北京和上海两个直辖市普惠金融与农村产业融合发展的相对关系。从图中可以看出,北京和上海普惠金融与农村产业融合发展相对关系的变动趋势比较一致,样本期内普惠金融发展水平高于农村产业融合发展水平,而且两者之间的绝对差距在2009—2014年间都呈逐渐扩大的趋势,此后不断缩小。众所周知,北京和上海是中国两大金融中心,金融机构数量和密度、金融机构从业人员数都非常高,金融服务的可获得性和使用性较高,同时大多数金融机构的总部都在北京或上海。因此,北京和上海普惠金融发展水平也位列全国前2位。北京和上海都以服务业为主要产业,农业在经济中的占比较低,样本早期北京和上海农村产业融合发展水平相对较高的可能原因是两个直辖市在农业产业链延伸和多功能性发挥方面比较突出,对农村产业融合发展的贡献较大。

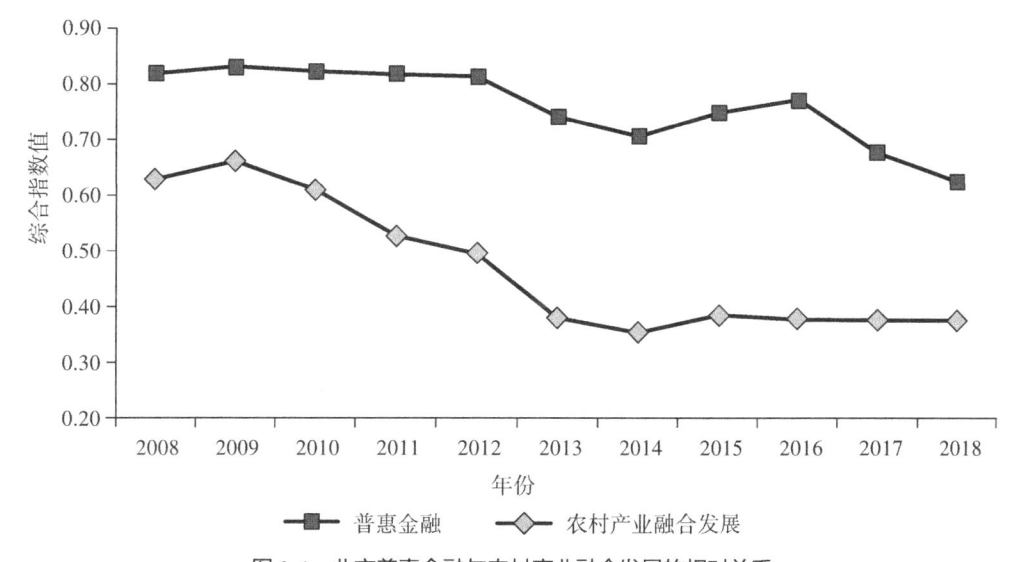

图6-1 北京普惠金融与农村产业融合发展的相对关系

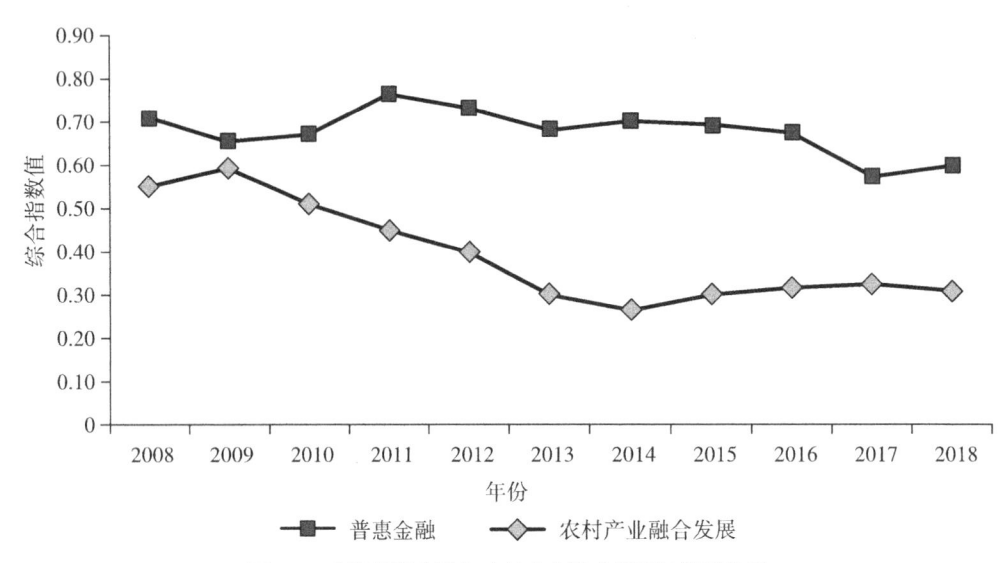

图6-2 上海普惠金融与农村产业融合发展的相对关系

表6-8显示了各年农村产业融合发展相对滞后型的省份。从表中结果可以看出,除北京和上海以外,其他省份几乎都属于普惠金融发展相对滞后型,仅有个别年份个别省份的普惠金融发展水平高于农村产业融合发展水平。这表明,在农村产业融合发展试点稳步推进、省际农村产业融合发展提速的情况下,要有效推进普惠金融与农村产业融合协调发展,首要任务是加快普惠金融体系建设,提高省际普惠金融发展水平,解决新型农业经营主体尤其是创业初期的各类经营主体的融资难题。

表6-8 农村产业融合发展相对滞后型的省份

年份	省份	年份	省份
2008	北京、上海、新疆	2014	北京、上海、甘肃、新疆
2009	北京	2015	北京、上海、甘肃、新疆
2010	北京、上海	2016	北京、上海、甘肃、新疆
2011	北京、上海、甘肃、新疆	2017	北京、上海、甘肃、新疆
2012	北京、上海、甘肃	2018	北京、上海
2013	北京、上海、新疆		

数据来源:作者计算整理得到。

大多数情况属于普惠金融发展相对滞后型的可能原因在于:一是中国农村金融资源总量稀缺,农村金融市场体系不健全,农村金融总体仍处于抑制状态,再加上普惠金融的发展历程较短,普惠金融体系还在不断建设完善之中,绝大多数金融机构网点都在县及以上城市,农村地区尤其是偏远地区的金融服务网点少、金融服务覆盖率较低,农民获取金融服务的难度较大、成本较高。二是当前金融机构的金融产品和金融服务创新的权限更多集中在总行或省分行,县域以下金融机构网点自主创新权限极小,所有产品都只能按照总行或省分行统一设计开发,难以根据地区实际情况灵活开发新业务和新产品,既不适应农村金融新需求,也难以发挥县域金融机构支农的主力军作用和信息优势,导致农村金融服务创新性和创新的可持续性都较低,农村金融供需结构性失衡现象比较明显。三是中国作为农业大国,农业在国民经济中占据重要的地位,而且中央政府高度重视"三农"问题,从20世纪90年代开始实施农业产业化发展战略[①],进入21世纪后农业产业化发展速度加快,农业总产值、粮食产品数量、农民家庭人均收入等重要指标都出现连续增长。

6.4 系统耦合协调度的区域差异及分布动态演进

同第5章一样,本章节将采用Dagum基尼系数及其分解方法考察普惠金融发展水平的区域差异及其主要来源,采用Kernel核密度估计方法和Markov链分析方法考察普惠金融发展的分布动态演进过程和趋势。但与第5章不同的是,本章节考虑到普惠金融发展的实际情况,只考察全国及东中西部地区的情况,不再考察其他分区的差异情况。关于Dagum基尼系数、Kernel核密度估计和Markov链分析方法的介绍不再赘述。

6.4.1 系统耦合协调度的区域差异

从图6-3中可以看出,中国省际普惠金融与农村产业融合发展的系统协调度存在较大的区域差异。2008—2012年间整体比较平稳,普惠金融与农村产业融合发展系统协调度的基尼系数一直围绕在0.087左右微小波动;2012年以后总体呈逐年下降趋势(2014—2016年间略有上升),2013年及以后一直处于0.08以下,样本期间从2011年的最大值0.0875下降到2018年的最小值0.0519,尤其是2013年和2018年下降幅度较大。这说明普惠金融与农村产业融合发展系统协调度的区域差异呈逐年缩小态势。

从地区内差异看,东部、中部和西部省际农村产业融合发展水平的地区内基尼系数均小于全国整体基尼系数,而且东部地区内基尼系数整体大于西部,西部大于中部,这说明普惠金融与农村产业融合发展系统协调度的地区内差异小于全国整体相对差异,东部地区内相对差异大于西部和中部。东部地区北京和上海普惠金融与农村产业融合发展的系统协调度相对较高,而其他9个省份的系统协调度水平与北京上海相比存在较大的差距,从而使得东部地区内部的基尼系数较大。东部地区内差异总体呈下降趋势,西部地区内差异呈先上升后下降的倒"U"型变化趋势,中部地区内差异没有明显的变化趋势,一直围绕在0.002左右波动。

---

① 中国农业产业化发源于山东潍坊。

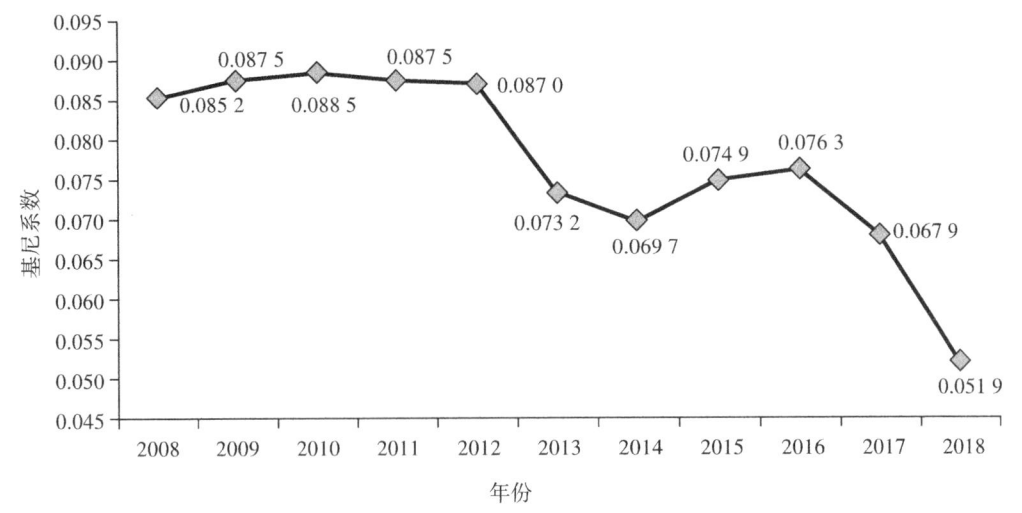

图6-3 普惠金融与农村产业融合发展系统协调度的整体基尼系数

从地区间差异来看,样本期间内东西部地区间差异最大,但整体呈现出先下降后上升再下降的变化趋势,从2009年的最大值0.017 1下降到2018年的0.002 6,2013—2017年间波动较小,一直围绕在0.008~0.010之间。这与中国东西部地区的实际情况是基本吻合的,中国东部地区经济金融发展水平高,西部地区比较落后,东西部地区在各方面都存在明显的差距。其次是东中部地区间差异,东中部地区间差异在2008—2012年间呈先上升后下降的波型变化趋势,2018年已经下降到0.002 3。中西部地区间差距相对较小,中西部地区间差异总体上呈逐年下降的变化趋势,从2008年的最大值0.003 9下降到2018年的最小值0.000 1。总体基尼系数及区域性分解结果,见表6-9。

表6-9 总体基尼系数及区域性分解结果

年份	基尼系数(G)	区域内差异(G_w)			区域间差异(G_{nb})			超变密度贡献(G_t)	贡献率/%		
		东部	中部	西部	东中	东西	中西		G_w	G_{nb}	G_t
2008	0.085 2	0.012 4	0.003 4	0.009 1	0.005 0	0.016 9	0.003 9	0.034 6	29.14	30.26	40.60
2009	0.087 5	0.012 5	0.003 0	0.009 9	0.007 4	0.017 1	0.002 6	0.035 0	29.01	30.97	40.02
2010	0.088 5	0.012 2	0.003 6	0.010 1	0.006 3	0.014 2	0.002 6	0.039 5	29.28	26.05	44.66
2011	0.087 5	0.011 3	0.003 7	0.009 3	0.007 5	0.014 7	0.002 9	0.038 0	27.71	28.84	43.45
2012	0.087 0	0.010 8	0.004 2	0.010 8	0.006 1	0.013 4	0.003 5	0.038 4	29.52	26.36	44.12
2013	0.073 2	0.008 9	0.004 0	0.009 1	0.003 7	0.008 7	0.001 8	0.036 9	30.18	19.35	50.47
2014	0.069 7	0.008 9	0.003 4	0.009 0	0.003 6	0.010 0	0.001 6	0.033 2	30.45	21.83	47.72
2015	0.074 9	0.009 0	0.003 4	0.010 0	0.004 0	0.009 4	0.001 0	0.038 1	29.93	19.12	50.95
2016	0.076 3	0.009 4	0.003 2	0.009 7	0.007 0	0.008 2	0.000 5	0.038 1	29.32	20.66	50.02

续表

年份	基尼系数(G)	区域内差异(G_w) 东部	中部	西部	区域间差异(G_{nb}) 东中	东西	中西	超变密度贡献(G_t)	贡献率/% G_w	G_{nb}	G_t
2017	0.067 9	0.009 2	0.002 4	0.008 2	0.006 4	0.009 9	0.001 1	0.030 7	29.15	25.70	45.15
2018	0.051 9	0.005 5	0.001 9	0.007 1	0.002 3	0.002 6	0.000 1	0.032 3	28.08	9.73	62.18

数据来源：作者计算整理得到。

从相对差异的贡献率来看，超变密度的贡献率最大，且有不断上升之势，说明超变密度是普惠金融与农村产业融合发展系统协调度地区相对差异的主要来源，如何缩小地区间差异将是下一步实践工作的重点。地区内差异的贡献率在样本期内变化不大，一直围绕在30%左右，而地区间差异的贡献率呈逐渐下降趋势，从2008年的30.26%下降到2018年的9.73%。

6.4.2 系统耦合协调度的分布动态演进

（1）Kernel核密度估计结果分析。

Dagum基尼系数及其分解主要反映了普惠金融与农村产业融合发展系统协调度的省际相对差异大小及来源，本书采用核密度估计进一步考察系统协调度的省际绝对差异及动态演进趋势。图6-4显示了全国及东中西部地区普惠金融与农村产业融合发展系统协调度的空间分布与动态演进趋势。综合来看，我国各地区普惠金融与农村产业融合发展的系统协调度总体上呈现上升趋势，地区绝对差异呈逐渐缩小趋势，尤其是2015年开始试点农村产业融合发展以后，普惠金融与农村产业融合发展的系统协调度上升较快，地区绝对差异缩小趋势比较明显。

从全国的情况看，核密度曲线总体上呈缓慢右移趋势，均呈现出右拖尾现象，2014年以后右移速度加快，说明普惠金融与农村产业融合发展系统协调度总体呈上升趋势。与2008年和2011年相比较，2014年和2018年的核密度曲线波峰高度逐渐上升，波峰宽度不断缩小，说明普惠金融与农村产业融合发展系统协调度的地区绝对差异在不断缩小。东部地区的核密度曲线在2008年呈现双峰形态，即存在两极分化现象，2011年和2014年核密度曲线的双峰形态逐渐消失；与2008年相比，2011年和2014年核密度曲线波峰下降，波峰宽度变大；2018年波峰高度快速上升，波峰宽度明显缩小，说明东部普惠金融与农村产业融合发展系统协调度的绝对差异呈缩小态势。中部地区2008—2014年的核密度曲线比较一致，波峰高度较低，宽度较大，2018年波峰快速升高，波峰变窄，但表现出明显的双峰形态，说明样本期内中部省份的普惠金融与农村产业融合发展系统协调度前期变化不明显，后期呈快速增长之势，但又表现出两极分化现象。西部地区核密度曲线与中部地区相似,2008—2014年变化不大,2018年的核密度曲线波峰明显升高,波峰宽度变小,但呈现出多峰形态,说明农村产业融合发展试点在西部地区的政策效果比其他地区更为突出,但西部地区普惠金融与农村产业融合发展的极化现象比较严重。

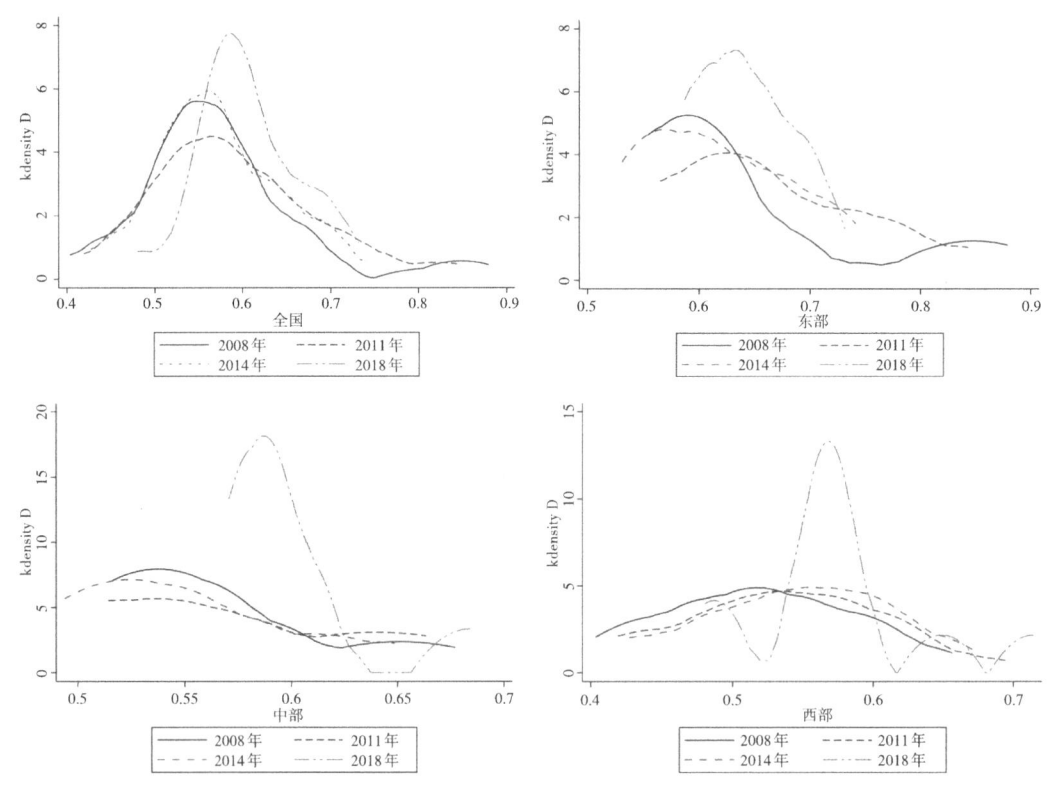

图6-4 全国及东中西部地区系统协调度分布动态演进

(2)马尔可夫链分析。

首先,以省际普惠金融与农村产业融合发展的系统协调度为划分依据,将普惠金融与农村产业融合发展耦合协调模式划分为低水平(L)、中低水平(ML)、中高水平(MH)和高水平(H)4种类型。划分标准为:系统协调度低于全国平均值75%的为低水平省际单元,介于全国均值75%~100%(不含)之间的为中低水平省级单元,介于全国均值100%~125%的为中高水平省级单元,高于全国平均值125%的为高水平省级单元。其次,利用马尔可夫链分析方法计算2008—2018年、2008—2014年、2015—2018年普惠金融与农村产业融合发展系统协调度的传统马尔可夫链转移概率矩阵,计算结果如表6-10。分析马尔可夫链转移概率矩阵的结构特征可以揭示普惠金融与农村产业融合发展系统协调度的内部动态变化信息。

从表6-10可以看出,无论是全样本时段还是分样本时段,对角线上的转移概率明显高于非对角线上的转移概率,说明普惠金融与农村产业融合发展系统协调度保持稳定状态的概率较高。可能的原因是普惠金融与农村产业融合发展两个系统的路径依赖程度较高,前期发展水平在很大程度上影响下一期的发展水平,导致普惠金融与农村产业融合发展的耦合协调过程受前期的影响也较大。非对角线上的转移概率也并非全部为零,比较均匀地分布在对角线两侧,说明普惠金融与农村产业融合发展的耦合协调状态在一定程度上可以向邻近状态转移,但尚未出现向上跨级跃迁或向下跨级滑落的概率,这说明推进普惠金融与农村产业融合发展的耦合系统是一个渐进过程,必须处理好"远"与"近"的关系。

在2008—2018年有60%的省级单元维持在低水平状态,92.90%的省级单元维持在中低水平状态,93.40%的省级单元维持在中高水平状态,86.67%的省级单元维持在高水平状态;在2008—2014年有57.14%的省级单元维持在低水平状态,90.38%的省级单元维持在中低水平状态,93.10%的省级单元维持在中高水平状态,90.91%的省级单元维持在高水平状态;在2015—2018年有50.00%的省级单元维持在低水平状态,有97.96%的省级单元维持在中低水平状态,91.67%的省级单元维持在中高水平状态,66.67%的省级单元维持在高水平状态。这说明样本期内普惠金融与农村产业融合发展系统耦合协调可能存在"俱乐部趋同"现象,需要特别警惕可能存在的中低水平固化现象以及由此引发的地区差异扩大风险。另外,还有两点需要引起重视,一是2015—2018年由中高水平状态向下滑落到中低水平状态的概率从2008—2014年的6.90%上升到了8.33%。二是在2015—2018年处于高水平状态的省级单元数量较少,而且保持稳定状态的概率下降到了66.67%,这预示着推进普惠金融与农村产业融合耦合协调发展需要在保持政策稳定性的同时加大政策扶持力度。

表6-10 普惠金融与农村产业融合发展系统协调度Markov链转移概率矩阵

时间段/年	t/t+1	样本数	L	ML	MH	H
2008—2018	L	10	0.600 0	0.400 0		
	ML	169	0.017 8	0.929 0	0.053 3	
	MH	106		0.066 0	0.934 0	
	H	15			0.133 3	0.866 7
2008—2014	L	7	0.571 4	0.428 6		
	ML	104	0.028 8	0.903 8	0.067 3	
	MH	58		0.069 0	0.931 0	
	H	11			0.090 9	0.909 1

续表

时间段/年	t/t+1	样本数	L	ML	MH	H
2015—2018	L	2	0.500 0	0.500 0		
	ML	49		0.979 6	0.020 4	
	MH	36		0.083 3	0.916 7	
	H	3			0.333 3	0.666 7

注：为便于观察，表中转移概率为零的未列出。

6.5 本章小结

普惠金融和农村产业融合发展都以农村弱势群体为主要工作对象，都以农业产业转型升级和农民脱贫增收致富为主要目标，具有内在一致性，两个系统之间必然存在耦合互动关系。普惠金融与农村产业融合发展的融合互动有助于促进信贷资金的良性循环，从而实现普惠金融机构可持续发展与新型农业经营主体快速成长的双赢。本章节首先分析了普惠金融和农村产业融合发展的理论逻辑，以及普惠金融与农村产业融合发展的耦合互动机理；然后在文献借鉴的基础上从金融服务可获得性、金融服务使用效用性、金融服务服务质量三个维度构建普惠金融发展的评价指标体系，分析了中国各省份普惠金融发展水平，并建立系统耦合协调度模型实证分析普惠金融与农村产业融合发展的系统耦合度和协调度；最后采用Dagum基尼系数、Kernel核密度估计和Markov链分析方法考察了普惠金融与农村产业融合发展系统耦合协调度的区域差异及分布动态演进趋势。主要研究结论如下。

第一，当前中国省际普惠金融发展速度较慢，发展水平整体偏低，且存在明显的省际差异和两极分化现象。尽管样本期内多个省份的普惠金融发展水平都表现出不同程度上升，但大多数省份普惠金融发展水平的上升幅度较小，目前只有北京、上海和内蒙古3个省份的普惠金融发展水平历年均值超过0.4，其中北京普惠金融发展水平长期处于0.62以上。普惠金融发展水平历年平均值处于0.3~0.4之间的有天津、辽宁、黑龙江、浙江、宁夏和新疆6个省份，历年平均值处于0.2~0.3之间的有河北、山西、吉林、江苏、福建、广东、重庆、海南、四川、陕西、甘肃、青海共12个省份，历年平均值低于0.2的有安徽、江西、山东、河南、湖北、湖南、广西、贵州、云南共9个省份。从区域来看，东部地区普惠金融发展水平明显高于中西部地区，东部地区各省份普惠金融发展水平历年均值长期稳定在0.35以上，波动较小;中西部地区各省份普惠金融发展水平历年均值都在0.21~0.29之间,总体上呈逐年上升趋势。

第二,尽管各省市普惠金融与农村产业融合发展的耦合度非常高,但只有北京和上海两个直辖市普惠金融与农村产业融合发展的系统协调度处于良好协调阶段,其他省市二者系统协调度目前仍处于勉强协调或中度协调阶段。从普惠金融与农村产业融合发展协同关系看,北京和上海表现为农村产业融合发展相对滞后,其他28个省市都表现为普惠金融发展相对滞后,普惠金融服务供给不足、普惠金融发展水平较低会影响两系统协调关系的改善。

第三,普惠金融与农村产业融合发展的系统协调度存在较大的区域差异,但地区相对差异和地区绝对差异都随着农村产业融合发展试点的推进而逐渐缩小。东部地区普惠金融与农村产业融合发展的系统协调度明显高于中西部地区,而且东部地区内差异也明显高于中西部地区,东部地区内差异总体呈下降趋势。东西部的地区间差异最大,其次是东中部地区间差异,东西部、东中部地区间差异都在2018年出现明显的下降。地区间相对差异对总体基尼系数的贡献最大,是区域差异的主要来源。

第四,省际普惠金融与农村产业融合发展系统耦合协调关系保持稳定状态的概率较高,不同水平状态之间的转变性较小。样本期内普惠金融与农村产业融合发展系统协调度可能存在"俱乐部趋同"现象,需要警惕可能存在的中低水平固化现象。同时,普惠金融与农村产业融合发展的耦合协调状态在一定程度上可以向邻近状态转移,但尚未出现向上跨级跃迁或向下跨级滑落的概率,这说明推进普惠金融与农村产业融合发展的耦合协调是一个渐进过程,不能操之过急,必须处理好"远"与"近"的关系。

第7章 财政金融服务协同对农村产业融合发展的影响效应

在金融资源总体处于抑制状态的农业农村领域,金融支持是农村产业融合发展的关键动力。但是,金融尤其是商业性金融具有"逐利"和"嫌贫爱富"的本性,使其并不青睐经济效益相对较低的农业农村。加强金融对农业农村领域的支持,必须强化对各级政府财政资金的科学引导,同时要求财政服务对金融服务予以协同配合。尽管当前学界关于农村产业融合发展及其财政金融支持的研究逐渐增多,但仍处于探索阶段,关于财政金融服务支持农村产业融合发展的研究,大多内含于农业产业化与财政金融支持、乡村振兴与财政金融支持的研究之中,且以规范性论述为主,相关实证研究乏善可陈,而将财政金融服务纳入同一分析框架实证检验财政金融及其二者协同对农村产业融合发展的影响更是空白。本章节的主要目的是检验财政金融服务对农村产业融合发展的影响效应及其区域差异性,并探究财政服务是否可以强化农业信贷、农业保险等金融服务对农村产业融合发展的影响作用,从而为后续政策研究提供有效的科学证据。

7.1 财政金融服务协同影响农村产业融合发展的理论机理

财政服务是指财政部门以财政补贴、财政投资、税收减免等多种措施对各类企业提供差异化服务,引导社会资源和要素在各类行业中合理流动和配置,从而促进产业结构优化升级。金融服务是指金融机构充分发挥金融系统的资源配置功能,通过信贷、租赁、担保、结算、保险等各种各样的服务将稀缺的金融资源进行合理配置,从而促进产业结构优化升级。财政金融服务联动就是指在产业结构调整过程中,财政部门和金融部门根据不同的产业政策目标,通过配合各种不同的工具来抑制低端落后产业并同时促进高精尖朝阳产业发展。

7.1.1 财政服务对农村产业融合发展的影响

财政服务作为一种重要的政府干预手段,在很大程度上能对农村产业融合发展的进程和效益产生重要影响,特别是县级政府在拥有信息对称优势的情况下,可以通过财政服务的配置来引导和加快农村产业融合发展。财政服务对农村产业融合发展的影响作用实质是一个"发出信号→信号传递→信号接收→信号反馈"的实施过程(储德银和建克成,2014),这里的信号就是指政府根据产业政策目标所实施的财政服务手段。财政服务通过调整财政支出结构和总量来影响农业经营主体的投资决策和生产决策以决定是否参与农村产业融合发展项目。政府财政增加对农业、能源、交通、通信、水电等基础设施和基础性服务产业的财政投资比重,可以充分发挥政府投资的乘数效应和对私人投资的导向作用,有效解决农村产业结构失调问题和农村基础设施建设滞后的问题。此外,农业作为弱质性产业,面临的自然风险、市场风险、技术风险都比较高,但同时收益又相对比较低,在这种情况下,财政服务可以通过税收减免政策、财政补贴和差异化政策促进农村产业融合发展。在农村产业融合发展试点初期,中央和地方政府为试点区下拨了大量的专项财政资金,对涉及农村产业融合的各领域提供项目资金支持,对推动农村产业融合发展起到了显著作用。随着农村产业融合发展的不断深化,农村产业融合的经济效益开始显现,政府税收优惠政策、财政保费补贴和利息补贴政策一方面有助于缓解农业经营主体生产经营资金短缺问题,另一方面又减少了农业经营主体的生产经营成本,提高了农业经营主体的净利润,对促进农业经营主体发展壮大和发挥示范效应、溢出效应产生了重要作用。

7.1.2 金融服务对农村产业融合发展的影响

金融业作为一个重要的生产性服务业,在农村产业融合发展的过程中起着不可替代的推动作用。金融服务水平和服务质量与农村产业融合发展之间呈正相关关系,即金融服务水平越高、质量越好,其对农村产业融合发展的促进作用越大,农村产业融合发展的速度就越快。一方面,农村产业融合发展项目前期投资大、回收期长,各类重要参与主体都面临着创业初期启动资金不足、发展时期资金周转不畅等问题,资金约束是阻碍各类参与主体响应农村产业融合发展的关键因素,金融机构所提供的金融服务数量和质量也直接影响着参与主体的创业意愿和成功率(Welter and Smallbone,2014)。金融服务通过创新融资渠道不仅可以丰富农村金融市场的资金供给,拓展农村金融的服务广度和服务深度,还可以通过"鲇鱼效应"和"技术溢出效应"促使农村金融机构降低客户门槛、创新金融产品和金融服务,为农业经营主体提供多元化的融资渠道和融资方式,从而为农村产业融合发展提供资金支持,从而有助于提高农业经营主体的融资可得性和融资效率,从而缓解农村产业融合发展的流动性约束问题。另一方面,金融服务创新,尤其是数字金融的快速发展为农产品加工企业在生产生活资料采购、农副产品销售、劳动者工资支付等方面提供支付便利,有助于降低农产品加工企业持有现金的机会成本和支付结算的交易成本,加速资金周转和提高经营利润,从而不断扩大生产经营规模和范围,延伸农业产业链;数字化支付在乡村旅游景区、乡村民宿、农家乐、乡村超市等场所的广泛使用为城镇居民下乡旅游、消费和购物带来了支付便利,符合城镇居民的线上支付习惯,增强了城镇居民乡村旅游的舒适度和满足感,从而带动了乡村旅游业发展。多元化的金融服务、便利的数字化支付和网上结算为农产品线上销售、网络直播带货等新业态奠定了基础,为农村电商发展创造了条件。快速发展的农业保险不仅有助于分散农业生产经营风险,还为保障农民经营收入发挥了重要作用,为推进农村产业融合发展起到了"保驾护航"的作用,尤其是随着农业保险覆盖广度和使用深度的不断提升,农业保险对农村产业融合发展的促进作用愈发明显。而且,现实中,农业保险与农业信贷的有机协调和配合也为农村产业融合发展提供了便利,有效解决了农业经营主体融资过程中缺乏有效抵押物的问题。

7.1.3 财政金融服务协同对农村产业融合发展的影响

在全面贯彻实施乡村振兴战略的背景下,推进农村产业融合发展是一个长期的、系统性的、复杂的动态化过程,不仅需要以金融为核心的市场力量加以作用,也需要政府财政的适度引导和干预。财政和金融是密不可分的,金融服务对农村产业融合发展的作用效果在很大程度上取决于财政服务的实施效果,而财政服务对农村产业融合发展的作用发挥也离不开金融市场力量的协调配合。金融服务对农村产业融合发展的影响主要通过商业性金融和政策性金融两种方式,前者发挥作用必须依赖于完善的金融市场及有效的监管,后者发挥作用必须以政府财政作为坚强的后盾,必须有财政政策的引导。因此,财政服务和金融服务协同对农村产业融合发展具有重要的影响作用。然而,由于金融和财政对农村产业融合发展影响的作用路径、作用机制、侧重点和作用时滞效应等各不相同,在具体实践过程中难免会出现两种作用重叠、冲突、干扰现象,以及政府财政干预过度或金融市场失灵、市场监管不力等"越位"或"缺位"现象,从而导致财政金融联动对农村产业融合发展的影响作用大打折扣,甚至出现反作用。由此可见,财政服务和金融服务协同对农村产业融合发展的作用大小和方向在很大程度上取决于二者配合的协调程度。若金融服务和财政服务二者联动配合的协调程度较高,其可以有效地促进农村产业融合发展;若二者配合的协调程度较差,其不但不能促进农村产业融合发展,甚至可能产生阻碍作用(张林,2016)。

7.2 实证研究设计:指标、模型与数据

7.2.1 指标选择

(1)被解释变量。

被解释变量为农村产业融合发展水平(RICD),采用本书第6章所测算的各省份农村产业融合发展综合指数替代,该综合指数值越大表明该省农村产业融合发展水平越高,其值越小表明该省农村产业融合发展水平越低。

(2)核心解释变量。

本书主要考察财政支农、农业信贷和农业保险及其交互项对农村产业融合发展水平的影响效应。考虑到中国各省间政府财政实力、农村金融与农业经济发展水平的巨大差异,采用绝对额指标可能影响实证结果的科学性。因此,采用各省财政支农支出与农林牧渔总产值之比衡量财政支农强度,采用各省农林牧渔业贷款余额与农林牧渔业总产值之比衡量农业信贷,采用农业保险保费收入与农林牧渔总产值之比衡量农业保险。

(3)控制变量。

正如前面所述,农村产业融合发展是一项系统性、动态化发展的复杂工程,目前尚处于探索试点初期,其发展过程除了受财政金融支农水平的影响外,还受其他很多因素的影响,包括土地流转、人力资本、技术进步、基础设施、城镇化、工业化等(赵霞等,2017;陈学云、程长明,2018;李晓龙、冉光和,2019b;程莉、孔芳霞,2020)。基于此,本书在借鉴前人研究成果的基础上,考虑到数据的可得性和可比性等问题,选择城镇化、工业化、农村人力资本、农村交通运输条件、市场化程度等主要因素作为控制变量纳入计量模型。城镇化水平(URB),采用城镇人口与总人口之比衡量。工业化水平(IND),采用工业总产值与GDP之比衡量。农村人力资本水平(RHC),采用农村6岁及以上人口平均受教育年限衡量[1],用primary、junior、senior和college分别表示小学、初中、高中和大专及以上教育程度的农村人口占比,农村6岁及以上人口平均受教育年限的计算公式为RHC=6×primary+12×junior+12×senior+16×college。农村交通运输条件(JTYS),采用农村公路密度来衡量,计算公式为JTYS=(等级公路-高级-一级-二级+等外公路[2])/(国土面积-建成区面积)。市场化程

---

[1] 理论上,采用农村劳动力平均受教育年限来衡量农村人力资本水平可能更加准确,但现有统计资料中仅能找到2008—2013年的农村劳动力受教育程度的数据,因此本文只能采用农村6岁及以上人口平均受教育年限近似替代。
[2] 按照《公路法》中关于公路等级划分标准可知,中国公路包括高速公路、一级公路、二级公路、三级公路、四级公路和等外公路共6个等级。农村公路主要包括县道、乡道和村道三个层次,县道一般采用三、四级公路标准,乡道采用四级公路或等外公路标准,村道可以采用等外公路标准。

度(MI)采用王小鲁等(2018)所提出的市场化指数衡量,缺失的部分数据采用插值法补齐。

7.2.2 模型设定

首先建立以下基本面板数据模型来实证检验财政支农、农业信贷和农业保险及其他因素对农村产业融合发展的影响效应。

$$\begin{aligned}\text{RICD}_{it} = {} & \alpha + \beta_1 \text{FIS} + \beta_2 \text{INS}_{it} + \beta_3 \text{FIN}_{it} + \beta_4 \text{URB}_{it} \\ & + \beta_5 \text{IND}_{it} + \beta_6 \text{RHC}_{it} + \beta_7 \text{JTYS}_{it} + \beta_8 \text{MI}_{it} + \gamma_i + \mu_t + \varepsilon_{it}\end{aligned} \quad (7\text{-}1)$$

上式(7-1)中,RICD 为模型的被解释变量,表示省际农村产业融合发展水平综合指数;FIS、INS、FIN、URB、IND、RHC、JTYS、MI 分别表示财政支农、农业保险、农业信贷、城镇化水平、工业化水平、农村人力资本水平、农村交通运输条件、市场化程度等因素。下标 i 和 t 分别表示省份和年份,γ 和 μ 分别表示省份和年份固定效应,ε_{it} 为随机误差项。

其次,为了进一步检验财政支农对金融支农的强化作用,本书在基本模型中引入财政支农与农业信贷、农业保险三者之间的交叉项,计量模型设定如下:

$$\begin{aligned}\text{RICD}_{it} = {} & \alpha + \beta_1 \text{FIS}_{it} + \beta_2 \text{INS}_{it} + \beta_3 \text{FIN}_{it} + \beta_4 \text{FIS}_{it} \times \text{FIN}_{it} \\ & + \beta_5 \text{FIN}_{it} \times \text{INS}_{it} + \beta_6 \text{FIS}_{it} \times \text{INS}_{it} + \beta_7 \text{FIN}_{it} \times \text{FIS}_{it} \times \text{INS}_{it} \\ & + \beta_8 \text{URB}_{it} + \beta_9 \text{IND}_{it} + \beta_{10} \text{RHC}_{it} + \beta_{11} \text{JTYS}_{it} + \beta_{12} \text{MI}_{it} + \gamma_i + \mu_t + \varepsilon_{it}\end{aligned} \quad (7\text{-}2)$$

FIS×FIN、FIN×INS、FIS×INS、FIN×FIS×INS 分别表示财政支农、农业信贷和农业保险三者之间的交叉项,用于检验财政支农是否可以强化农业信贷和农业保险对农村产业融合发展的影响效应。其他变量的含义不变。

针对静态面板数据,理论上存在三种可供选择的面板估计模型:混合效应(POLS)、固定效应(FE)和随机效应(RE)。实际运用过程中,可以根据样本数据特征选择合适的估计模型,具体的选择过程和选择标准为(张冰,2015):以 F 检验确定是选择混合效应模型还是固定效应模型,F 检验的原假设为"混合回归模型更优",若拒绝原假设则选择固定效应模型,反之则选择混合效应模型;以布罗施和帕干(Breusch 和 Pangan)的拉格朗日乘数(LM)检验确定是选择混合效应模型还是随机效应模型,LM 检验的原假设为"混合回归模型更优",拒绝原假设则选择随机效应模型,反之则选择混合效应模型;以豪斯曼(H,Hausman)检验确定是选择固定效应模型还是随机效应模型,H 检验的原假设为"随机效应模型更优",拒绝原假设则选择固定效应模型,反之则选择随机效应模型。如果 F 检验和 LM 检验均不显著,则说明应该选择混合效应模型,如果二者中有一个显著则需要再进行豪斯曼(H)检验。确定好面板估计模型以后,还需要对模型进行自相关检验(原假设为"不存在自相关")和异方差检验(原假设为"不存在异方差")。

以全国样本为例,从模型选择检验来看,面板设定 F 检验值为 22.63,通过显著性检验,即认为固定效应模型回归要优于混合回归;Hausman 检验结果为 22.59,通过显著性检验,即认为固定效应模型回归要优于随机效应模型回归;组间异方差的 Modified Wald 检验结果为 253.20,通过显著性检验,即认为面板数据模型存在组间异方差;组内自相关的 Wooldridge 检验结果为 121.58,通过显著性检验,即认为面板数据存在组内自相关;截面相关的 Pesaran 检验结果为 10.58,通过显著性检验,即认为面板数据存在截面相关。要有效解决这些问题,可以采用两种方法来加以处理:一是采用面板校正标准差(Panels Corrected Standard Errors,PCSE)方法来进行回归处理,二是采用可行广义最小二乘法(FGLS)来进行回归处理。对于这两种方法,PCSE 回归更为稳健,FGLS 回归更具效率,但 FGLS 由于条件方差函数难以确定,所以大多数情况下应该倾向于采用"OLS+PCSE"的回归方法(Stock,Watson,2011)。

考虑到农村产业融合发展的动态化特征,财政金融服务与农村产业融合发展之间的相互作用关系,本章将在基准模型的基础上加入被解释变量的滞后项,构建如下动态面板数据模型来检验财政金融服务对省际农村产业融合发展的影响。

$$\text{RICD}_{it} = \alpha_0 + \alpha_1 \text{RICD}_{it-1} + \beta_1 \text{FIS}_{it} + \beta_2 \text{INS}_{it} + \beta_3 \text{FIN}_{it} + \beta_4 \text{URB}_{it} \\ + \beta_5 \text{IND}_{it} + \beta_6 \text{RHC}_{it} + \beta_7 \text{JTYS}_{it} + \beta_8 \text{MI}_{it} + \gamma_i + \mu_t + \varepsilon_{it} \tag{7-3}$$

$$\text{RICD}_{it} = \alpha_0 + \alpha_1 \text{RICD}_{it-1} + \beta_1 \text{FIS}_{it} + \beta_2 \text{INS}_{it} + \beta_3 \text{FIN}_{it} + \beta_4 \text{FIS}_{it} \times \text{FIN}_{it} \\ + \beta_5 \text{FIN}_{it} \times \text{INS}_{it} + \beta_6 \text{FIS}_{it} \times \text{INS}_{it} + \beta_7 \text{FIN}_{it} \times \text{FIS}_{it} \times \text{INS}_{it} \\ + \beta_8 \text{URB}_{it} + \beta_9 \text{IND}_{it} + \beta_{10} \text{RHC}_{it} + \beta_{11} \text{JTYS}_{it} + \beta_{12} \text{MI}_{it} + \gamma_i + \mu_t + \varepsilon_{it} \tag{7-4}$$

针对动态面板数据模型,可以采用 Arellano 和 Bond(1991)所提出的广义矩估计(GMM)方法来估计参数。差分 GMM 估计的基本思想是先做水平方程的一阶差分处理以消除个体效应 μ_i,得到如下等式:

$$\Delta y_{it} = \beta_0 \Delta y_{i,t-1} + \beta_1 \Delta x_{it}^1 + \cdots + \beta_k x_{it}^k + \Delta \varepsilon_{it} \tag{7-5}$$

上式中,x_{it} 为方程的解释变量。由于 $\Delta y_{i,t-1}$ 为内生变量,需要寻找一组恰当的工具变量 Z_i 才能得到一致的参数估计。工具变量 Z_i 必须满足矩条件 $E(Z_i' \Delta \varepsilon_i) = 0$ 的基本条件,在此基础上,通过对目标函数 $Q = \left[\frac{1}{n}\sum_{i=1}^{n} Z_i' \Delta \varepsilon_i\right]' W \left[\frac{1}{n}\sum_{i=1}^{n} Z_i' \Delta \varepsilon_i\right]$ 进行迭代并求出其最小值,从而得到参数的 GMM 模型估计。

在应用 GMM 估计时,为了得到更加稳健的估计结果,可以选择怀特逐期协方差矩阵(White period covariance)作为加权矩阵:

$$W = \left[\frac{1}{n}\sum_{i=1}^{n} Z_i' \Delta \varepsilon_i \Delta \varepsilon_i' Z_i\right]^{-1} \tag{7-6}$$

Blundell 和 Bond(1998)提出了"系统 GMM"(System GMM),即将差分方程和水平方程

结合起来作为一个方程系统进行GMM估计。与差分GMM和水平GMM相比,系统GMM以因变量的一阶滞后项和内生变量的一阶差分作为水平方程中内生变量的工具变量,这样可以减少参数估计的偏差并提高方程的估计效率,而且系统GMM还可以估计不随时间变化的变量的系数(陈强,2014)。因此,可以说系统GMM比差分GMM和水平GMM更具有优势。

目前来看,差分GMM和系统GMM是学者们常用的动态面板模型估计方法。基于上述分析,本书将采用系统GMM来对上式(7-3)、(7-4)进行参数的稳健估计。针对动态面板数据模型,要增强参数估计结果的可靠性,还必须对模型设定的合理性和工具变量的有效性进行相关检验。针对方程,可以采用联合显著性Wald检验来判定方程的有效性,其原假设为"各解释变量的系数均为零",拒绝原假设说明方程设定有效。可以用AR(1)和AR(2)来检验模型设定的合理性,AR(1)和AR(2)的原假设为"扰动项 无自相关",分别检验方程扰动项的差分是否存在一阶或二阶自相关,若检验结果接受原假设,则说明方程设定是合理的。针对工具变量有效性的检验,可以采用Sargan过度识别检验来判断,其原假设为"所有工具变量均有效",若检验结果接受原假设说明工具变量有效,参数估计结果也是可靠的。

7.2.3 数据说明

鉴于研究的一致性,本部分的研究对象仍为2008—2018年中国30个省份(西藏、香港、澳门和台湾除外)的平衡面板数据。解释变量的原始数据来源于历年《中国统计年鉴》《中国人口和就业统计年鉴》、各省份历年统计年鉴以及中国经济社会和发展统计数据库、EPS数据库等。为了使不同年份数据具有可比性,采用GDP平减指数将所有与价格有关的变量换算成以2008年为基期的可比价,以消除价格的影响。为了减轻异方差对模型估计结果的负面影响,对所有非比值型变量进行取对数处理。所有变量的描述性统计分析结果,见表7-1。

表7-1 指标数据的描述性统计分析

指标	代码	平均值	最大值	最小值	标准差	中位数	峰度	偏度
农村产业融合发展水平	RICD	0.406 1	0.775 4	0.172 9	0.391 4	0.101 0	0.457 0	0.478 9
财政支农	FIS	0.202 4	1.681 2	0.040 9	0.140 0	0.205 2	20.290 1	3.980 3
农业信贷	FIN	0.390 0	1.870 6	0.036 8	0.314 7	0.251 3	7.123 6	2.244 6
农业保险	INS	0.389 4	2.667 6	0.009 2	0.250 1	0.416 8	7.008 8	2.387 7
城镇化水平	URB	0.544 0	0.896 0	0.307 0	0.522 2	0.131 4	0.743 0	1.016 1

续表

指标	代码	平均值	最大值	最小值	标准差	中位数	峰度	偏度
工业化水平	IND	0.392 3	0.564 9	0.118 4	0.408 3	0.084 9	1.180 9	-1.127 0
农村人力资本水平	RHC	2.128 9	2.393 2	1.756 1	2.143 3	0.100 1	2.463 2	-0.777 6
交通运输条件	JTYS	0.765 6	1.683 1	0.070 9	0.758 9	0.401 9	-0.771 9	0.070 2
市场化程度	MI	6.343 8	11.109 3	2.371 9	6.245 0	1.867 6	-0.348 2	0.203 3

数据来源：作者计算整理得到。

由于本书样本数据是典型的短面板数据，在进行回归分析之前有必要对所有指标数据进行平稳性检验，以保证回归结果的科学性。面板数据平稳性检验结果，见表7-2。表中数据说明，所有指标在同质单位根LLC检验和异质单位根PP-Fisher检验下通过显著性检验，少数指标在其他检验方法下通过检验。基于综合性判断原则，可以认为所有指标都是平稳性序列，可以直接进行实证研究。

表7-2 面板数据平衡性检验结果

指标	同质单位根 LLC	同质单位根 Breitung	异质单位根 IPS	异质单位根 ADF-Fisher	异质单位根 PP-Fisher	结论
RICD	-2.382 1***	2.210 8	1.244 0	38.056 1	81.514 9**	平稳
FIS	-3.613 5***	1.932 6	1.599 8	37.878 3	199.557***	平稳
FIN	-6.878***	1.972	-1.213	83.574**	114.374***	平稳
INS	-7.044***	7.078	0.876	85.594**	78.952**	平稳
URB	-36.328 8***	0.695 9	-10.316 8***	207.299	95.594 9**	平稳
IND	-14.391 5***	2.926 3	-0.752 3	85.021 9**	89.375 9**	平稳
RHC	-178.980***	-0.817 5	-17.233 4***	112.917***	120.434***	平稳
JTYS	-45.612 9***	2.045 6	-2.616 8***	70.973 9	80.977 0**	平稳
MI	-9.355 0***	5.252 9	-0.214 9	66.839 5	97.331 2***	平稳

注：*、**、***分别表示在10%、5%和1%的水平上显著。

7.3 财政金融服务支持农村产业融合发展的影响效应

7.3.1 总体效应检验

首先,本书采用基于PCSE的OLS回归估计方程,表7-3显示了回归结果(基于PCSE方法的全样本估计结果)。从模型①到模型③逐步纳入农业信贷(FIN)、农业保险(INS)和财政支农(FIS)三个核心解释变量,结果发现农业信贷(FIN)和财政支农(FIS)回归系数分别为0.004 1和0.025 8,且均通过显著性检验;农业保险(INS)的回归系数为0.011 7,但不显著。分别在模型①和模型②的基础上加入财政支农,回归结果见模型④和模型⑤,将农业信贷(FIN)和农业保险(INS)同时纳入计量模型,回归结果如模型⑥所示,然后在模型⑥的基础上加入财政支农(FIS),回归结果见模型⑦。模型④至模型⑦中所有核心解释变量的回归系数全部显著为正。以模型⑦的结果为例,农业信贷(FIN)、农业保险(INS)和财政支农(FIS)的回归系数分别为0.022 6、0.019 8和0.040 4,全部在1%的水平下显著为正,说明在控制其他变量的情况下,全国农业信贷、农业保险和财政支农水平分别每上升1个标准差,农村产业融合发展水平将上升2.26%、1.98%和4.04%。以上结果表明农业信贷、农业保险和财政支农均有助于促进农村产业融合发展,其中财政支农的促进作用最大,农业信贷的作用次之,农业保险的作用最小。

表7-3 基于PCSE方法的全样本估计结果

	模型①	模型②	模型③	模型④	模型⑤	模型⑥	模型⑦
常数项	0.204 8** (0.051 9)	−0.561 5* (0.302 4)	0.329 1 (0.229 7)	0.384 8*** (0.019 0)	0.328 1* (0.154 0)	0.400 8** (0.157 6)	0.502 4** (0.210 4)
FIN	0.004 1*** (0.000 9)			0.018 2*** (0.001 1)		0.012 5*** (0.000 8)	0.022 6*** (0.001 1)
INS		0.011 7 (0.012 1)			0.013 4** (0.004 8)	0.014 5** (0.005 6)	0.019 8*** (0.002 5)
FIS			0.025 8*** (0.000 9)	0.039 6*** (0.001 2)	0.039 5*** (0.001 2)		0.040 4*** (0.001 1)
URB	0.138 1*** (0.002 5)	0.189 3*** (0.002 1)	0.195 6*** (0.002 9)	0.201 7*** (0.001 7)	0.195 2*** (0.002 2)	0.195 4*** (0.001 6)	0.203 6*** (0.001 8)
IND	0.185 6*** (0.002 1)	0.201 4*** (0.003 3)	0.198 5*** (0.002 5)	0.202 2*** (0.001 4)	0.125 4*** (0.002 4)	0.127 7*** (0.001 9)	0.131 3*** (0.003 1)
RHC	−0.075 2* (0.031 0)	−0.037 5* (0.016 5)	−0.010 1* (0.004 5)	−0.000 9* (0.000 3)	−0.004 5** (0.001 9)	−0.028 7* (0.012 1)	−0.018 9* (0.007 8)

续表

	模型①	模型②	模型③	模型④	模型⑤	模型⑥	模型⑦
常数项	0.204 8** (0.051 9)	−0.561 5* (0.302 4)	0.329 1 (0.229 7)	0.384 8*** (0.019 0)	0.328 1* (0.154 0)	0.400 8** (0.157 6)	0.502 4** (0.210 4)
JTYS	0.023 5*** (0.000 8)	0.020 2*** (0.001 3)	0.019 2*** (0.001 3)	0.020 5*** (0.000 8)	0.018 1*** (0.001 2)	0.020 2*** (0.000 9)	0.018 5*** (0.001 0)
MI	0.004 0 (0.020 7)	0.013 2 (0.018 4)	0.022 5 (0.025 0)	0.004 4 (0.004 7)	0.007 5 (0.012 7)	−0.008 1 (0.008 4)	0.012 1 (0.020 9)

注：*、**、***分别表示在10%、5%和1%的水平上显著；( )内数值为相应标准差。

融资难、融资贵和融资慢是农村产业融合发展所面临的主要问题之一，农村金融机构信贷支持和各类财政资金补贴是融合主体最主要的两种资金来源渠道。在农村产业融合发展试点初期，各级财政承担着支农的主要任务，政府财政支农一方面对农村产业融合发展具有直接促进效应，另一方面又会对金融资本和社会资本支农产生较强的引导作用，发挥"四两拨千斤"的作用效应。因此，一般情况下财政支农强度越大，农村产业融合发展水平越高，尤其是在农村产业融合发展试点初期，财政专项资金补贴有助于减缓农户创业的资金短缺问题，对新型农业经营主体的成长具有带动作用。课题组调研发现，绝大多数被调查新型农业经营主体都已经购买农业保险，并认为农业保险在农村产业融合发展过程中具有非常重要的作用，尤其是粮食作物、蔬菜作物种植和家禽、牲畜、水产养殖等领域。实证结果显示农业保险对农村产业融合发展的促进作用相对财政和信贷较小，可能的原因是中国农业保险发展相对较晚，农业经营主体对农业保险的认知度不高，而且农业保险产品种类较少、保险覆盖范围小和风险保障水平较低[①]。

城镇化水平、工业化水平两个因素的回归系数在所有模型中全部显著为正，说明城镇化和工业化水平的提高对促进农村产业融合发展具有重要的推动作用，而且城镇化的影响作用更大。以模型⑦的结果为例，城镇化和工业化的回归系数分别为0.203 6和0.131 3，即城镇化和工业化水平每上升1%，农村产业融合发展水平将分别提升20.36 %和13.13%。城镇化和农村产业融合发展是相互促进、相互影响的作用关系，"产城融合"也是农村产业融合发展的主要类型之一（李晓龙、冉光和，2019a）。一方面，农村产业融合发展通过在县城、重点乡镇及产业园区合理规划布局二三产业，可以形成一批以农产品加工、销售、物流以及休闲旅游业为特色的小城镇，从而推动农村人口就地城镇化。另一方面，随着城镇化的不断推进，城乡要素流动加快，先进的技术、产品、知识不断向农业农村

[①] 课题组调研发现，目前农业保险仍以产量保险为主，目标价格保险和收入保险尚处于试点探索阶段，而且试验区农产品目标价格保险和收入保险的标的物以粮食、蔬菜、生猪等大宗农产品为主，保险对象主要是一些达到一定生产经营规模的新型农业经营主体。

领域转移,农村市场潜力不断被发现和挖掘,更多的城市资本下乡投资,更多的城市居民下乡消费,这为农村产业融合发展奠定了基础。工业化对农村产业融合发展的影响作用也是非常明显的。在"工业反哺农业"方针的指引下,工业化水平的提升一方面带动了农村经济发展、农村剩余劳动力转移就业和农民收入增长,从而有助于帮助农村居民加快原始资本积累,为返乡创业创造了条件。另一方面,工业化水平的不断提升有助于为农村农业输送先进的设备、技术、原材料、经营理念等,同时,工业发展也需要从农村采购各种农产品及其初加工产品、附属产品等,这都有助于推动农村产业融合发展。

农村人力资本(RHC)的回归系数在所有模型中全部显著为负,说明农村人力资本水平的提高不但没有促进农业产业融合发展,反而起到了一定的抑制作用。一般情况下,受教育程度越高,农民接受新事物新知识新技术的能力越强,其创业积极性和创业成功率都越高。出现与之刚好相反的实证结果的可能原因在于:随着城镇化与工业化进程的不断推进,农村劳动力尤其是具有一定知识水平的劳动力大量进城务工,留守农村从事农业生产经营的主要为老弱病残者,而且大多为小规模粗放式的传统农业生产,连农产品加工"小作坊"都少之又少。但是,这一结果并不能认定为农民受教育程度对推进农村产业融合发展具有负向影响,由于在不同地区,农民受教育程度存在一定的差异,还有必要进行区域差异检验。

交通运输(JTYS)的回归系数全部显著为正,说明便利性的道路交通可以促进农村产业融合发展,加快完善农村交通运输设施有助于推动农村产业融合发展,这与一般经济理论和实际情况都是相符的。"要想富、先修路"表明交通便利是农业农村发展的基础条件。在农村产业融合发展过程中,无论是哪一种产业融合发展模式,生产资料的运输、人口流动、农产品加工与销售等都需要有便利的交通运输条件,因此农村交通运输条件对农村产业融合发展的影响作用显著为正与基本理论和农村实践都是吻合的。但随着农村道路建设的不断加快,农村交通运输条件日益好转,其对农村产业融合发展驱动作用的边际效应将不断下降,这也正是其回归系数相对偏小的原因之一。

市场化程度的回归系数在7个模型中都不显著,说明市场化对农村产业融合发展的影响作用暂时尚未显现。从理论上看,市场化可以从供给侧和需求侧两端影响农村产业融合发展。在供给侧,要素价格的市场化形成机制有助于加快城乡资源要素的充分流动和合理配置;在需求侧,城乡产品市场发育程度和居民消费转型升级都有助于刺激和推动农村产业融合发展进程。在具体实践过程中,市场化对农村产业融合发展的影响作用可能存在门槛效应,当市场化程度比较低时,市场机制的作用较弱,而政府干预和调控作用则占主导地位,当市场化程度不断提升并跨越阈值以后,其对农村产业融合发展的促进作用将得以显现。

在此基础上,本书采用系统广义矩估计GMM方法估计方程(7-3),以考察财政金融服务影响农村产业融合发展的动态效应,结果如表7-4所示。从回归结果可以看出,7个模型的Wald值全部显著,AR(2)在5%的水平上接受原假设,Sargan检验在10%的水平上接受原假设,说明计量模型设定是合理的、有效的。被解释变量滞后一期(LRICD)均在1%的水平下显著,这意味着农村产业融合发展确实是一个动态演进过程,前期的融合发展水平对后期的发展具有显著影响。因此本书采用动态面板数据模型以剔除前期发展水平的影响是合理的。

从表7-4可以看出,农业信贷、农业保险和财政支农三个变量的回归系数与静态面板估计结果没有实质性变化,说明从长期来看,农业信贷、农业保险和财政支农仍对农村产业融合发展具有显著的正向促进作用,而且仍然是财政支农的作用更大、农业信贷次之、农业保险最小。这说明在推进农村产业融合发展的过程中,保持财政金融支持政策的连续性是非常重要的。控制变量中,城镇化水平、工业化水平和交通运输条件三个变量的系数仍显著为正,说明这三个因素对农村产业融合发展的影响作用是非常显著的。市场化水平的回归系数在部分模型中变为显著为正,在部分模型中仍为正不显著,在静态面板模型中全部不显著,说明长期市场化水平的提高对农村产业融合发展具有正向影响。农村人力资本水平的回归系数在部分模型中为正,部分模型中为负,但不显著。关于每个变量对农村产业融合发展的影响分析已在静态效应分析中进行了阐释,本节不再赘述。

表7-4 基于系统GMM的全国样本回归结果

指标	模型1	模型2	模型3	模型4	模型5	模型6	模型7	模型8
LRICD	0.582 5*** (0.041 2)	0.515 5*** (0.031 4)	0.520 0*** (0.038 9)	0.528 1*** (0.037 7)	0.546 1*** (0.040 1)	0.531 7*** (0.003 5)	0.354 2*** (0.004 4)	0.357 7*** (0.002 8)
FIN	0.004 8** (0.002 1)			0.016 8*** (0.002 2)		0.012 9*** (0.001 9)	0.023 9*** (0.002 5)	0.025 4** (0.003 1)
INS		0.012 1 (0.013 0)			0.013 4** (0.005 8)	0.014 1** (0.007 6)	0.017 9** (0.008 2)	0.018 7** (0.008 4)
FIS			0.024 5*** (0.004 5)	0.036 9*** (0.003 8)	0.036 9*** (0.005 1)		0.040 2*** (0.004 6)	0.044 2*** (0.003 9)
URB	0.138 1*** (0.002 1)	0.182 9*** (0.001 9)	0.192 5*** (0.001 6)	0.205 1*** (0.002 4)	0.191 5*** (0.003 1)	0.192 5*** (0.001 8)	0.200 3*** (0.003 2)	0.018 6* (0.003 0)
IND	0.124 6*** (0.001 9)	0.132 4*** (0.002 7)	0.142 5*** (0.002 6)	0.122 2*** (0.002 1)	0.121 4*** (0.002 0)	0.124 5*** (0.002 2)	0.136 7*** (0.002 7)	0.127 5*** (0.002 4)
RHC	0.073 5 (0.082 1)	−0.037 5 (0.051 1)	0.010 2 (0.011 8)	0.000 9 (0.001 0)	0.004 1 (0.004 5)	−0.028 8 (0.027 5)	0.019 9 (0.018 6)	0.000 3* (0.000 1)

续表

指标	模型1	模型2	模型3	模型4	模型5	模型6	模型7	模型8
JTYS	0.023 5*** (0.003 1)	0.020 2*** (0.003 9)	0.019 9*** (0.005 5)	0.022 0*** (0.004 2)	0.019 8*** (0.002 8)	0.021 0*** (0.003 4)	0.018 2*** (0.002 2)	0.027 4*** (0.001 9)
MI	0.003 4** (0.001 2)	0.014 4 (0.016 5)	0.020 5 (0.020 8)	0.003 5** (0.001 7)	0.008 8* (0.047)	−0.008 4 (0.008 6)	0.013 2* (0.006 1)	0.014 3** (0.005 8)
Dum								0.001 5** (0.000 5)
Wald值	398.75***	412.58***	356.29***	402.11***	313.52***	356.01***	389.46***	411.32***
AR(2)检验	1.688 0 [0.091 4]	1.642 0 [0.100 6]	1.886 9 [0.101 7]	1.668 7 [0.099 2]	1.692 4 [0.098 6]	1.615 7 [0.106 2]	1.679 0 [0.098 2]	1.654 2 [0.112 8]
Sargan检验	30.498 4 [0.339 8]	30.000 1 [0.363 2]	29.706 9 [0.377 4]	29.064 0 [0.409 3]	29.070 4 [0.409 0]	29.319 6 [0.396 5]	28.064 9 [0.461 0]	30.104 2 [0.358 5]

注：*、**、***分别表示在10%、5%和1%的水平上显著；()内数值为相应的标准差，[]内为伴随概率

2015年全国开始试点农村产业融合发展以后，财政金融服务及其他控制变量对农村产业融合发展的影响效应是否有所不同？为了检验这一问题，本书在模型7中加入一个哑变量(Dum)后重新估计模型，令2005—2014年Dum=0，2015—2016年Dum=1，回归结果见模型8。结果发现加入哑变量以后，财政支农(FIS)、农业信贷(FIN)和农业保险(INS)三个核心解释变量的回归系数较模型7中的值进一步增大，农村人力资本对农村产业融合发展的负效应转变为弱的正效应，市场化水平的回归系数也显著为正，其他变量的回归系数仍显著为正。这再一次说明，2015年开始的试点工作对农村产业融合发展具有显著的正效应，随着国家农业农村发展战略的持续推出和多项配套政策的大力支持，农村"能人"返乡和大学生"下乡"逐渐增多，城镇化和农村人力资本水平提升对农村产业融合发展的促进作用逐步增强。

7.3.2 协同效应检验

理论和实践均表明，金融"追本逐利"和"嫌贫爱富"的本性使得金融机构在支持农村产业融合发展的过程中缺乏主动性和积极性，政府财政的引导和支持往往可以有效地提高金融机构支农的积极性。另外，横向比较表7-4中模型的解释变量系数大小可知，模型4和模型5中农业信贷(FIN)与农业保险(INS)的系数分别为0.016 8和0.013 4，分别大于模型1和模型2中的系数0.004 8和0.012 1，财政支农(FIS)的系数分别为0.036 9和0.036 9，也均大于模型3中的系数0.024 5。模型7中农业信贷(FIN)、农业保险(INS)和财政支农(FIS)三个核心解释变量均大于模型1~6中相应的系数。财政支农真的有助于强化农业信贷和农业保险对农村产业融合发展的促进作用？为了验证这一问题，本书在模型7的

基础上逐步纳入财政支农(FIS)、农业信贷(FIN)、农业保险(INS)三者之间的交叉项,回归结果如表7-5。

首先在模型7的基础上逐步纳入财政支农(FIS)和农业信贷(FIN)、农业保险(INS)的交叉项,回归结果见表7-5。结果显示财政与信贷交叉项、财政与保险交叉项的回归系数分别为0.108 9和0.100 6,均通过显著性检验,说明财政支农与农业信贷、农业保险协同均有助于促进农村产业融合发展。在控制其他变量的情况下,财政信贷协同、财政保险协同分别每上升1个标准差,农村产业融合发展水平将上升10.89%和10.06%。在模型7的基础上加入农业信贷(FIN)和农业保险(INS)的交叉项,回归结果如模型11。结果显示信贷与保险的交叉项回归系数为0.083 9,但不显著。这说明虽然农业信贷与农业保险协同对农村产业融合发展具有一定的正向效应,但不明显。理论上,农业信贷与农业保险的协同模式主要包括农村金融机构以参加农业保险为基本授信条件、农业生产经营主体以保单为质押物申请农业贷款、保险公司为农村金融机构涉农贷款提供贷款保险等几种类型。课题组调研发现,实践中农业信贷与农业保险的协同服务机制尚未建立,农村金融机构与农业保险公司仍处于各自为战的状态,二者之间的互动往来和协同配合非常少,尚未形成协同服务合力。因此,实证结果中农业信贷与农业保险协同对农村产业融合发展的影响作用不明显也基本符合现实。在模型11的基础上进一步进入财政支农,构成财政支农、农业信贷与农业保险三者的交叉项,回归结果如模型12。结果显示财政、信贷与保险三者交叉项的回归系数为0.113 7,在1%的水平下通过显著性检验。说明在控制其他变量的情况下,财政信贷保险三者协同每上升1个标准差,农村产业融合发展水平将上升11.37%。横向比较模型9~12与模型7中核心解释变量的回归系数可以发现,加入财政支农与农业信贷、农业保险的交叉项以后,所有核心解释变量的回归系数都出现不同程度的增大,且全部通过显著性检验,说明财政支农对农业信贷和农业保险的引导作用确实有助于强化二者对农村产业融合发展的影响效应。

表7-5 财政金融服务协同对农村产业融合发展的影响效应

指标	模型9	模型10	模型11	模型12	模型13
LRICD	0.174 8** (0.082 1)	0.240 7*** (0.002 8)	0.124 7** (0.045 9)	0.196 8** (0.086 6)	0.287 9** (0.121 5)
FIN	0.061 8*** (0.002 4)	0.042 8*** (0.003 4)	0.025 8*** (0.002 7)	0.030 7*** (0.002 9)	0.009 4** (0.003 1)
INS	0.043 2* (0.019 2)	0.037 5* (0.012 3)	0.017 3* (0.010 1)	0.039 4** (0.018 2)	0.027 6* (0.013 2)

续表

指标	模型9	模型10	模型11	模型12	模型13
FIS	0.198 4*** (0.008 5)	0.156 9** (0.007 9)	0.183 4*** (0.008 8)	0.191 1*** (0.007 8)	0.116 8*** (0.008 4)
FIS*FIN	0.108 9** (0.051 1)				0.124 5** (0.058 6)
FIS*INS		0.100 6** (0.005 2)			0.082 5** (0.038 9)
FIN*INS			0.083 9 (0.102 3)		0.034 3* (0.015 6)
FIS*FIN*INS				0.113 7*** (0.055 1)	0.167 9** (0.086 4)
控制变量	控制	控制	控制	控制	控制
Wald值	593.43***	537.97***	535.02***	519.35***	377.95***
AR(2)检验	−1.090 4 (0.212 5)	−1.186 3 (0.235 5)	−1.212 3 (0.196 4)	−1.387 5 (0.210 4)	−0.233 5 (0.615 4)
Sargan检验	20.081 1 (0.262 2)	21.015 3 (0.241 6)	23.087 2 (0.265 2)	18.706 8 (0.197 2)	10.354 1 (0.313 7)

注：限于篇幅,控制变量的估计系数、Wald检验值、AR检验和Sargan检验的结果未列出,备索。其他同表7-4。

比较财政支农、农业信贷与农业保险交叉项的回归系数大小可知,财政信贷保险三者协同的系数(0.113 7)大于财政信贷协同的回归系数(0.108 9),大于财政保险协同的回归系数(0.100 6)。最后,把四个交叉项同时纳入模型重新估计,结果如模型13所示。结果发现所有核心解释变量回归系数全部通过检验,而且交叉项系数大小的排列顺序没有发生变化,这说明加强财政支农、农业信贷与农业保险的协同配合有助于农村产业融合发展,其中财政信贷保险三者协同对农村产业融合发展的促进作用最大,财政与信贷协同的促进作用次之,财政与保险协同的促进作用第三,信贷与保险协同的促进作用最小。这一实证结果与中国财政金融支持农业农村发展的现实情况基本吻合。长期以来,中国农村信贷市场和农业保险市场发展比较落后,而且金融逐利的本性和农业与生俱来的弱质性使得金融支持农业农村发展需要财政资金引导。实践中,"财政先行、金融跟进"是各地区财政金融支农的通用模式,各级政府对农业生产领域的基本建设支出和生产资料专项补贴、对涉农金融机构的财政贴息和税收优惠、对农业保险的保费补贴等各项财政支农支出也确实发挥了撬动效应,引导金融资本和社会资本有效支持农业农村发展和农民收入增长。

7.3.3 区域异质性检验

以上研究表明,财政支农、农业信贷和农业保险及其协同配合都有助于促进农村产业融合发展,但这种影响效应是否存在区域异质性还有待进一步验证。本章节接下来将全国30个省份分成东中西部、农业大省与非农业大省、粮食主产区与非粮食主产区共7个子样本来检验财政金融及其协同影响农村产业融合发展的异质性,回归结果如下。从表7-6可以看出,所有7个模型的Wald值全部显著,AR检验结果表明扰动项的差分存在一阶自相关,但不存在二阶自相关,Sargan检验在10%的水平上接受原假设"所有工具变量均有效",说明计量模型设定是合理的、有效的。被解释变量滞后一期(L.RICD)均在1%的水平下显著,与前面的结论完全一致。因此,采用动态面板数据模型以剔除前期发展水平的影响是合理的,系统GMM估计得出的结果是可信的。

财政支农(FIS)、财政信贷协同(FIS×FIN)、财政信贷保险三者协同(FIS×FIN×INS)的回归系数在7个子样本模型中全部显著为正,而且财政信贷保险三者协同的回归系数大于财政信贷协同的回归系数,这和全国样本的回归结果基本一致,不再解释。农业信贷(FIN)的回归系数在东部、中部、农业大省、粮食主产区和非粮食主产区都显著为正,但在西部地区和非农业大省为正不显著,可能的原因是中国西部地区农村金融市场落后,农村金融机构所提供的农业信贷较少,农业信贷对农村产业融合发展的促进作用不显著,而非农业大省的主要产业是第二三产业,第一产业相对薄弱,金融机构大量的信贷资金流向了二三产业,对第一产业支持较少。农业保险(INS)的回归系数仅在中部地区、农业大省和粮食主产区显著为正,在其他地区都不显著,在非粮食主产区甚至为负。财政保险协同(FIS×INS)的回归系数也仅在中西部地区、农业大省和粮食主产区显著为正,在东部和非粮食主产区不显著。信贷保险协同(FIN×INS)的回归系数在东部、中部、农业大省和粮食主产区显著为正,在西部非农业大省和非粮食主产区为正不显著。这说明当前农业保险发展水平较低,其对农村产业融合发展的影响作用比较有限,在以下财政实力较强的地区,政府财政予以保费补贴的情况下,农户参保积极性更高,保险的支农作用更明显。综上结果表明,财政信贷保险三者协同、财政信贷协同、财政保险协同对农村产业融合发展具有重要的促进作用,而且财政信贷保险三者协同的作用效果更明显,农业保险及其与财政支农、农业信贷协同对农村产业融合发展的影响效应存在明显的异质性。因此,在推进农村产业融合发展的过程中,要充分发挥地方财政的引导作用,加强财政与信贷、保险的协同配合,并根据农村金融发展状况和地方财政实力选择有效的协同服务模式。

表7-6 分样本的动态面板回归结果

变量	I 东部	II 中部	III 西部	IV 农业大省	V 非农业大省	VI 粮食主产省	VII 非粮食主产省
L.RICD	0.509 5*** (0.171 4)	0.364 8*** (0.133 9)	0.445 0*** (0.120 8)	0.677 1*** (0.107 9)	0.691 7*** (0.083 0)	0.336 8*** (0.102 5)	0.753 9*** (0.087 0)
FIN	0.677 2** (0.124 5)	0.213 1** (0.054 2)	0.135 7 (0.136 9)	0.485 1*** (0.051 4)	0.089 5 (0.286 4)	0.627 7*** (0.286 9)	0.702 7** (0.301 8)
INS	0.310 6 (0.354 6)	0.428 4* (0.284 5)	0.587 1 (0.501 4)	0.389 5** (0.164 4)	0.281 1 (0.264 3)	0.213 7** (0.008 5)	−0.001 2 (0.005 7)
FIS	0.049 2*** (0.002 8)	0.237 5*** (0.045 4)	0.121 4*** (0.010 7)	0.093 5** (0.036 3)	0.212 7** (0.084 6)	0.078 0*** (0.003 4)	0.103 7*** (0.029 4)
FIS*FIN	0.709 6** (0.002 1)	0.618 9** (0.015 4)	0.706 3*** (0.012 3)	0.584 2*** (0.024 1)	0.557 6*** (0.019 7)	0.587 4*** (0.008 9)	0.295 5** (0.005 1)
FIS*INS	0.844 3** (0.301 2)	0.690 2** (0.285 6)	0.138 2** (0.055 4)	0.325 1** (0.175 5)	0.401 8 (0.382 7)	0.419 3** (0.195 6)	0.034 9 (0.102 3)
FIN*INS	0.794 8** (0.312 2)	0.628 6** (0.275 7)	0.005 9 (0.014 3)	0.574 1** (0.281 1)	0.294 3 (0.302 1)	0.330 7** (0.187 3)	0.515 6 (0.552 0)
FIS*FIN*INS	0.821 6*** (0.005 2)	0.732 8*** (0.012 5)	0.765 5*** (0.018 6)	0.689 5*** (0.017 4)	0.702 1*** (0.112 5)	0.749 1*** (0.010 2)	0.773 7*** (0.009 5)
URB	0.032 7*** (0.004 7)	0.185 3*** (0.060 7)	0.478 1*** (0.180 8)	0.237 6*** (0.008 2)	0.040 9** (0.016 1)	0.212 2** (0.089 3)	0.011 7** (0.004 2)
IND	0.075 9** (0.027 5)	0.292 2*** (0.108 1)	−0.004 3 (0.091 7)	0.015 7 (0.085 5)	0.020 2** (0.001 6)	0.159 7** (0.078 9)	0.006 5 (0.085 8)
RHC	0.493 9*** (0.027 5)	0.186 1 (0.248 5)	0.140 4 (0.123 9)	0.063 9 (0.157 0)	0.400 4*** (0.144 3)	0.666 7*** (0.161 7)	0.340 6** (0.145 0)
JTYS	−0.212 7 (0.301 6)	0.173 1*** (0.040 7)	0.056 1** (0.027 7)	0.045 9** (0.012 6)	−0.015 9 (0.057 9)	0.127 8*** (0.014 2)	0.029 9 (0.038 4)
MI	0.006 2** (0.001 3)	0.016 3 (0.019 4)	0.001 0 (0.007 3)	0.002 6 (0.007 0)	0.012 3* (0.006 4)	0.002 4** (0.000 5)	0.007 0 (0.006 4)
Wald值	491.17***	134.33***	107.58***	138.68***	123.17***	146.03***	227.14***
AR(2)检验	1.236 5 [0.216 3]	0.800 5 [0.423 4]	1.210 4 [0.226 1]	1.390 7 [.1 643]	1.812 9* [0.069 8]	1.405 1 [0.160 0]	1.403 2 [0.160 6]
Sargan检验	27.799 9 [0.275 4]	30.419 6 [0.203 8]	33.700 4 [0.221 7]	32.301 4 [0.301 9]	22.231 1 [0.195 2]	29.826 3 [0.219 7]	38.566 4 [0.197 0]

注：*、**、***分别表示在10%、5%、1%的水平下显著；( )内数字为标准差；[ ]内数字为p值。

城镇化的回归系数在所有模型中仍显著为正,说明城镇化水平的提升对农村产业融合发展具有较强的促进作用,而且这个作用效应在不同地区广泛存在。工业化、农村人力资本和交通运输条件的回归系数在部分模型中不再显著。以工业化为例,其回归系数在东部、中部、非农业大省和粮食主产区样本模型中显著为正,在西部为负不显著,在农业大省和非粮食主产区为正不显著。尤其需要说明的是,人力资本水平的回归系数在大多数分样本模型中变得显著为正,这说明人力资本水平提升对推动农村产业融合发展是具有一定作用的,只是在不同地区其作用具有差异性。广泛开展农民职业教育、农业专业技能培训等专项教育活动,仍然是非常必要的,有助于提高新型农业经营主体的综合素质和市场参与能力。市场化程度的回归系数在东部、非农业大省和粮食主产省样本模型中显著为正,在其他地区仍不显著。具体原因不再重复阐述。

7.4 本章小结

本章节的主要目的是在前面分析的基础上,利用2008—2018年的省际面板数据,建立计量模型实证检验财政金融服务对农村产业融合发展的影响效应及区域异质性。首先,从指标选择、模型设定与估计方法、数据来源与基本检验等几个方面进行了实证研究设计。然后是采用基于PCSE的OLS估计方法和系统GMM估计方法实证检验了财政金融服务对农村产业融合发展的总体效益、协同效应和区域差异。

研究结果表明,财政支农、农业信贷和农业保险对农村产业融合发展具有显著影响作用,提高财政支农水平、农业信贷规模和农业保险深度均有助于促进农村产业融合发展,而且财政支农的促进作用最大,农业信贷的促进作用次之;财政支农对农业信贷和农业保险的影响效应具有协同作用和强化作用,加强财政支农、农业信贷和农业保险的协同配合有助于加快农村产业融合发展;农业保险及其与财政支农、农业信贷协同的促进作用存在一定的区域异质性。因此,加快推进农村产业融合发展,各省份需要不断加强财政支出、农业信贷和农业保险对农业农村农民的大力支持,同时需要充分发挥财政对信贷、保险的引导和配合,充分发挥财政支农、农业信贷、农业保险促进农村产业融合发展的协同效应。

第8章　农村产业融合发展与金融服务创新的经验借鉴

农村产业融合发展起源于日本的"六次产业化",此后不断向欧洲、美洲等国家和地区推广,并取得了诸多丰富的经验。中国从2015年正式提出要加快推进农村产业融合发展,当前仍处于探索试点阶段。因此,全面总结国内外成功的经验,并根据农业农村实际情况进行必要的扬弃、吸收和创新,可以为中国推进农村产业融合发展提供参考和借鉴。

8.1 日本"六次产业化"与金融服务创新的经验借鉴

8.1.1 日本"六次产业化"发展的经验

20世纪90年代,日本农业人口大量转移,农村劳动力严重流失,农业人口老龄化趋势不断加重,农业"过疏化"不断加剧,农业健康可持续发展受到严重考验。至此,为了解决日本农业发展的瓶颈与摆脱困境,日本学者今村奈良臣于1994年首次提出了"六次产业化"的新理念,其实质就是农村产业融合发展。今村奈良臣认为,现代农业发展要走农村一二三产业融合发展道路,通过农业生产、加工、销售和服务一体化发展,实现三次产业之间的互动耦合发展,形成农业全产业链和延长经济价值链,让农民更多地分享农业产业链延伸、农业结构转型升级带来的收益。此后,六次产业化逐渐发展成为日本现代农业的新兴模式,对推进农业发展转型和农民生活水平提质产生了积极的带动作用。早期的六次产业=第一产业+第二产业+第三产业,即6=1+2+3。后来为了强调农村相关产业的融合渗透,将其改为六次产业=第一产业×第二产业×第三产业,即6=1×2×3。

进入21世纪以后,日本农业生产发展受阻,农民收入持续下降,日本政府逐渐接受

"六次产业"发展理念并着手进行六次产业规划。2008年,日本政府提出《农山渔村第六产业发展目标》,首次在政府文件中提及"第六产业"。2010年,日本内阁会议颁布《六次产业化·地产地消法》及纲要文件,促进农产品在生产地的加工、利用和消费,以推进"六次产业化"。同年,日本政府又出台了《粮食·农业·农村基本计划》,提出要加强对农林水产技术领域的重点研发,推进农业技术创新。这些文件的出台标志着"六次产业化"作为推动日本农业发展战略正式启动实施(姜长云,2015),在推动农业产业结构转型升级、农业产业发展提质增效、农村经济活力激发、农民收入增长等方面都产生了重要的影响。此后,日本农林水产省大力推进农业"六次产业"发展战略,强调基于农业向后延伸,培育立足于地域农业资源利用的二三产业,让农林渔生产者能够分享农产品加工、流通和消费环节的增值收益,而不是让现有的工商资本前向整合或兼并农业。与之同时,日本农林水产省还提出了具体的战略方案和措施,包括成立推进委员会、实施优惠政策、加大财政金融支持力度、建立农业产业化成长基金、完善农业农村基础设施建设、加大经费投入以支持农业技术创新等。

在推进农村产业融合发展过程中,日本高度重视农工商联动发展,以工促农、以城带乡,以服务业发展带动农业经济高质量差异化发展。一是不断完善农工商协作利益联结机制。以《农工商合作促进法》为基础,多措并举推进中小企业和农林渔生产者的有机合作,提升农林渔业经营的综合价值。农工商合作的重点领域包括培养"协调者"、召开交流会、提供信息支持和技术指导等部分。同时,为了保障农林渔经营者的利益,要求限制工业和商业的出资股份不超过49%。二是注重培养具有农业技术并兼具农产品开发和销售能力的复合型人才,进而开展农产品开发、农产品品牌打造等农业产加销一体化活动。三是加大对农业生产经营的技术支持。日本农林水产省农林水产技术会议制定了"农林水产技术基本研究计划",通过产学研深度融合等方式加大对农产品加工业的技术研发支持,不断提升农产品生产技术和生产经营能力,提高农产品质量和附加值,以现代科技助力农村农业发展。四是强化农业品牌化发展。为了推进农业品牌化发展,日本组织召开生产者协会并调查农产品区域品牌化效果,构建了包括农业生产者、农副产品加工企业等多元发展主体并覆盖农业产业链各个环节的综合管理体系。旅游管理部门和农村基层联合开发乡村旅游等各种旅游品牌,激发农村休闲农业的潜在需求。

日本农业"六次产业化"战略的核心就是促进"地域制造"和"地产地消"。在深度挖掘开发地域资源、发现农村核心产业的基础上,通过利用本地原料加工代替外地产品的"引入替代",以及开发本地土特产品代替生产原料出口的"引出代替",将农业相关的工业和商业活动内化于农村地域经济网络,构建"地产地消"为主导的农工商合作体系。日本农业"六次产业化"发展呈现出产业形态多样、发展主体多元、发展内容混合化的良好态势,在提升农产品竞争力、开拓农业多功能性、增加农民收入、激发农村活力等方面取得了显著成效。从产业形态来看,日本农业"六次产业化"主要有三种典型的新兴形态,一是产地加工型,即利用本地农产品发展农副产品加工业;二是产地直销型,即由产地生产组织自行建立线上线下的农产品直销店;三是旅游消费型,即发展乡村旅游和休闲观光农业,培育地域特色品牌。从发展主体来看,日本农业"六次产业化"发展主体主要包括农业生产者主导型、社区主导型、自治体主导型、企业主导型和农工商一体化型等五类经营主体(程郁,2015)。从生产经营种类来看,农业生产经营者主要从事农产品的生产、加工和销售活动,主要包括大米、小麦、大豆等。从农业产业发展方式来看,日本在推进农村产业融合发展过程中主要呈现出农产品加工型、农副产品出口型、农副产品直销和网络营销型、农家乐等多种农工商联动形式。

8.1.2 日本金融支持"六次产业化"的经验

在推进"六次产业化"发展过程中,日本政府投资修建农田水利、农村道路等基础设施,并在农产品价格、农业保险、农业补贴等方面实施一系列的保护政策(农业部农村经济体制与经营管理司考察团,2015)。二战以后,日本建立了政策性金融、商业性金融和合作性金融紧密配合的农村金融体系,为现代农业发展提供金融支持(张红宇,2015)。其中,以政策金融公库为代表的政策性金融是支持六次产业化的主要金融机构,对推进日本农业农村发展起到了重要作用。政策性金融有效地隔离了政策性银行业务与商业性银行业务,保证了对中小企业政策扶持的有效性。日本农村合作金融主要分为三个层次,第一是中央层的农林中央金库,第二是县级层的信用农业协同组合联合会,第三是市、町、村层级的基层农业协会。具体来看,日本金融支持"六次产业化"的主要措施和手段包括两个方面。

(1)针对"六次产业化"从业主体实施财税金融优惠政策。一是日本为了推进农业"六次产业化",采用定额补贴和比例补贴两种方式加大对发展主体提供财政补贴,其中部分定额补贴采取30%的浮动区间,比例补贴针对不同发展主体有所差异。经政府批准的农产品加工项目,政府对其所需的设备、厂房等投资给予50%的补贴,对新建仓储、固定设施投资等最高提供80%的政府补贴,对农协开展公共性服务事业、有利于农业现代化的项目给予贷款贴息。通过认定的"六次产业化"经营主体获得补助资金不需要任何担保,但资金用途受限且有严格的业务要求,补助资金最高为自有资本的两倍。二是农林渔从业者或民间企业围绕农业"六次产业化"制定经营改善计划(3~5年内附加值提高5%以上),经农林水产和经济产业大臣认定后可获得无息农业改良贷款、新产品开发和新市场开拓支出补助、相关设施购置支出补助等。其中,无息农业改良贷款最长期限为10年,条件艰苦的地区可以放宽至12年,自然人每人限额5 000万日元,企业法人限额1.5亿日元,贷款需要提供担保,最高限额为自有资金的2~5倍。从2010年起,改良资金由日本政策金融公库统一提供和负责,实施对象主要包括小农户、认定农业者等十类农业从业者。中小企业与农林渔业者联合开展"六次产业化",从事"六次产业化"的中小企业可以申请最高1.6亿日元的无担保信用贷款,中小企业和农林渔业联合体可以申请最高7.2亿日元、年利率1.2%、期限20年的新事业活动促进贷款和最高额度为2.5亿日元、年利率为1.2%、期限为7年的运转资金贷款。三是成立专门的中小企业信用担保公司为中小企业提供信贷担保。信用担保公司为中小企业提供贷款担保以后,可以将相当于贷款金额的资金进行再保险,当中小企业还款困难时,信用担保公司便从保险金库领取保险金,但所取保险金不能超过应偿还贷款的80%。四是对相关经营主体实施税收优惠政策。日本政府对农协的各项税收均比其他法人纳税税率低10%左右,且对农协免征所得税、营业税和营业收益税。

(2)金融机构参与出资设立农业产业化成长基金。2013年,日本中央财政出资300亿日元,野村证券、农林中央金库等社会资本出资18亿日元,共同发起成立了318亿日元的"农林渔业成长产业化支援基金"(A-FIVE基金)。该基金再与金融机构按照1:1的比例出资设立子基金,截至2015年7月,日本共成立了53个子基金,规模达到750亿日元。"六次产业化"产业投资基金主要通过直接出资、间接出资、劣后贷款三种形式支持日本的农村产业融合发展。该基金以政府补助金形式资助六次产业化从业主体,最高可将其经营资本扩大到自有资本的2倍,或以股权投资的形式对六次产业化从业主体(多为农业企业)提供最长可达15年的资金支持,不需要担保,项目设计也比较自由,但必须保证财务制度完善,最高可将其经营资本扩大到自有资本的20倍,也可以采用"劣后贷款"的形式为六次产业化从业主体提供支持,最高可将其经营资本扩大到自有资本的5倍(程郁,2015)。目前,农业产业化成长基金主要采用投资参股方式提供支持,农业生产者、农业企业和基金公司分别按照1:1:2的比例出资成立新的农业公司,基金出资不超过15年,资金用途不限,可以根据实际情况灵活安排。

8.2 韩国农村产业融合发展及其政策体系的经验借鉴

8.2.1 韩国农村产业融合发展的经验总结

20世纪80年代开始,韩国政府开始尝试创新农业发展模式,通过开发乡村旅游、农家餐馆、农产品加工、农产品产地直销等途径提高农业产业发展质量,将农业产业链进行前后延伸,不断延伸至工业和服务业领域,进而解决农村劳动力就业、农民增收和农产品质量安全等问题,为推进农村产业融合发展打下了良好的基础。此后,韩国在其《农林食品科学技术育成中长期计划(2013—2022)》中提出,要在10年间强化农业全球竞争力、创造农业发展新动力,稳定农业粮食供应和提高国民幸福感,以推动农村产业融合发展(刘国斌、王丽娜,2016)。

韩国政府引入日本"六次产业"概念,开始重点强调在农村发展农业以外的二三产业,大力发展农产品加工、流通和销售,增加农民非农收入。随着相关实践的逐步深入,其发展内涵已超出"六次产业"的基本范畴,更加强调通过智能农业、技术农业、共同体农业等方式推进现代农业发展,发展地区特色食品产业、地方风味食品直销等新兴流通网络和相关服务业,打造涵盖加工、流通、出口、服务、旅游等产业的地方政府主导型农村产业融合体系。

总体来看,韩国农村产业融合发展总共经历了四个阶段。第一阶段是20世纪60年代到70年代的农工并进时期。这一阶段基本实现了农业增产、农民增收和粮食自给自足等政策目标,但农村劳动力不断流失、城乡发展不平衡等问题逐渐突显。于是,韩国于1967年开始推进农工并进政策,促进农业发展转型。20世纪70年代"新村运动"时期,为了促进农民增收和农村经济增长,韩国政府又出台了相关法律法规和政策。第二阶段是20世纪80年代到90年代。由于韩国农业受到农产品进口自由化政策的冲击,城乡收入差距逐步拉大,韩国政府以相关法律法规作为制度基础,不断强化农村地区工业的发展力度,从而改善农村产业结构。1999年,韩国政府制定了《农业、农村及食品产业基本法》,旨在增强农业基础产业地位,保全农村地区生产生活空间,加快农村地区开发,保护农村地区环境。第三阶段是21世纪初期(2000—2009)的农业产业培育转换阶段。韩国着力发展乡村旅游业,推动区域农业内涵式发展。2007年,韩国政府制定了《促进城市与农渔村交流的相关法律》指定"休养村",大力推进体验式旅游等乡村旅游业,促进城乡互动,强化传统食品加工业与农业有机联系。第四个阶段是2010年以后的农业"六次产业"和"农村融复合产业化"发展阶段。2014年,韩国政府制定了《培育和支援农村融复合产业的相关法律》,旨在通过促进农业与制造业、服务业等其他产业的融合发展,实现农业产业结构优化和农民收入持续增长(崔鲜花、朴英爱,2019)。

韩国农村产业融合发展主要表现为"农村融复合产业"的培育。"农村融复合产业"是指农村居民利用农产品、自然、文化等有形或无形的资源,发展食品加工等制造业和流通、旅游等服务业,提高其附加值的产业。农业产业融合发展方向多元化,主要呈横向水平发展、纵向垂直发展以及农工商一体化发展。横向水平发展主要是推进农村农业自身发展,提高农产品发展质量,扩大农业自身发展规模以及增加农林产品种类,促进农业生产的多元化。纵向垂直发展是指通过第一产业、第二产业和第三产业的叠加,延伸农业前向后向产业链,形成从农业生产、加工到销售和服务为一体的农业全产业链和价值链。农工商一体化发展是农村产业融合发展的高级阶段,即三次产业相互交叉和耦合,通过第二产业和第三产业不断带动和引导第一产业发展。韩国农村产业融合发展主要有产业链延伸型融合模式、产业交叉型融合模式、技术渗透型融合模式以及地方政府主导型融合模式四种主要类型,其中地方政府主导型融合模式是韩国农村产业融合发展的特色模式。

经过多年的实践发展,韩国农村产业融合发展取得了显著的成效。一是韩国以农户、家庭农场和农业协会为基础,以农业产业化龙头企业为引领,充分发挥农业协会在资金融通、产品销售等领域的重要作用,不断推进农村产业融合发展。利用新技术的应用,促进传统农业向高产、优质、高效的现代农业发展转型,加强信息技术与现代生物技术在品种选育、模式化栽培、配方施肥等方面的融合应用,提高农业生产效率和农业产业附加值,进而提高农业产业竞争力。二是农村产业新业态不断涌现。韩国通过现代信息技术创新及应用,不断催生"互联网+"、智慧农业、农村电子商务、互联网金融、物流配送等新产业新业态;通过农产品产地与加工结合、加工与园区结合,推进农产品精加工、深加工,把农业产业不断延伸至第二产业和第三产业;发挥农业多功能性,大力发展农村休闲度假、养生养老、现代农业园区游、农事体验等模式,将旅游业、金融业、餐饮、住宿等服务业融合起来,促进农村产业融合发展。统计数据显示,2011年和2017年,韩国指定的农村体验休养村数量分别为575个和1 022个,游客数量分别为600多万人次和1 000多万人次,旅游销售额分别达到750亿韩元和880亿韩元。在此基础上推进"一村一社"运动,建立姊妹关系的企业团体与农村体验休养村从2004年的2 400多个增加到2017年的1万多个,交流金额从40多亿韩元增加到980多亿韩元。三是农民非农收入快速增长,对农民收入的贡献比例不断上升。1998年至2018年间,韩国农户总收入以年均3.8%的速度增长,农业收入以2.3%的速度增长,非农收入以4.9%的年均增长率增长,非农收入占总收入的比重也从56.3%上升到69.3%,非农收入与农业收入之比也从1.3上升到2.3(崔鲜花,2019)。

8.2.2 韩国农村产业融合发展的政策体系

韩国农村产业融合发展无疑也得益于完善的政策体系。韩国政府为了推进农村产业融合发展,建立健全了农村产业融合发展的相关法律法规体系,并依据这些法律法规制定详细的计划。1983出台的《农渔村收入源开发促进法》为韩国农村产业融合发展提供最初的制度基础。1990年颁布的《农渔村发展特别措施法》,2009年颁布的《农民等农外收入支持法》《农渔业经营体培育及支持法》等相关法律形成了韩国农村产业融合发展相对完整的制度体系。2015年出台的《培育和支援农村融复合产业的相关法律》及其实施规则、实施令,明确规定建设农村融复合产业区。同年,还相继出台《促进城乡交流的相关法律》《有关促进地区农产品利用及促进农产品直接交易活性化的法律》等。与之同时,各地方结合本地实际情况,颁布了农村融复合产业培育及支持条例。根据《培育和支援农村融复合产业的相关法律》制定了《培育和支援农村融复合产业的基本计划》,涉及农村融复合产业发展的基本目标和推进方向,包括技术研发与普及、产品销售与营销、土地政策、农村融复合产业主体培育及支持、农产品质量及安全管理等多方面的内容。《2018—2022年农业、农村及食品产业发展计划》将农村政策的价值取向由通过农业活动获取生产生活资料转变为以人为中心的农村政策,农村政策涉及对象也从农村居民转变为全体国民,农村政策方向也从单纯提高农业生产率转变为农业、环境等多行业均衡发展。

此外,韩国政府还构建了中央和地方二元支持体系,并制定了农村产业融复合发展的综合政策。中央政府、地方政府以及民间组织负责对经营主体参与农村产业融合发展的各个环节进行技术、财政以及政策的综合支持。农林食品部负责制定鼓励创业、技术研发等相关支持政策。地方政府负责利用农村产业融合发展网站、现场咨询等方式直接对农业从事者开展技术、资金支持,农协等农民组织对农产品生产、加工、销售等各个环节提供支持。农林畜产食品部2013年制定了"六次产业化综合对策",明确了以地区共同体为中心的六次产业化模式、根据农村发展阶段构筑差别化支援体系等基本方向,并提出了具体计划。比如:农村产业融合复合发展初期阶段主要支持创业和销售等,发展阶段重点支持研发、资金、综合营销、出口等。

8.3 法国乡村旅游发展及其政策体系的经验借鉴

8.3.1 法国乡村旅游发展的经验借鉴

二战以后,法国开始了城镇化进程,大量的乡村居民不断向城镇集聚,法国农村空心化、人口老龄化、农业技术力量落后、劳动力生产效率低下等问题越发严重,农业发展受到严峻挑战。为此,法国政府开始实施"领土整治""莫内计划""伊尔斯计划"等提振农业的具体措施,将土地集中进行规模化、产业化经营。南方议员欧贝尔创造性地提出"乡村旅游",即同时发展农业与旅游业。随后,从20世纪70年代开始,法国便开始发展乡村旅游。法国乡村旅游发展迅猛,逐渐发展成为仅次于滨海蓝色旅游的第二大旅游产品,已经形成了较为完善的经营管理模式以及系统的行业标准和规范。法国乡村旅游的蓬勃发展不仅没有给农业发展造成不良影响,反而在促进农产品直销、保护农业文化遗产、调节农业收入季节性强等方面发挥了重要的作用,解决了农庄生产难题,促进了农村经济、社会、文化的可持续发展(彭青、高非,2013)。在实践过程中,法国乡村旅游发展形成了一些鲜明的特色和一系列政策支持体系。归纳起来,法国乡村旅游发展具有以下几个方面的鲜明特色。

一是始终坚持本土性和特色性,强化农产品直销,避免同质化竞争。法国乡村旅游主要涉及美食、休闲和住宿等三大类别九大系列,致力于通过乡村旅游展现现代化的新道德观念:即宁静自然的乡村环境、宾至如归的乡村体验、与当地建筑完美结合的家庭旅馆。法国乡村旅游的每个产品均力图保持乡村的原真性和独特性,让游客在休闲游乐中感受乡村的特有情趣。法国农会常设委员会与农业及旅游接待处制定了严格的乡村旅游管理条例。比如:在法国的"农产品农场",游客可以购买当地农产品,也可以享用农场美食,但每个农场销售的农产品必须是自己所生产的,主要原料原则上不可以向外采购,副材料可以来自农场之外的产区,但生产加工过程必须在农场进行,从而保证每个农场都有自己独特的农产品。而且提供餐饮的农庄必须使用本地的烹饪方法,农庄外观须遵照当地风俗,餐具应使用粗陶、瓷器等代表性材质。这些管理条例旨在促进本土农产品直销、特色化经营,保证了当地农村的原真性与独特性,凸显农场的特色,避免同质竞争。

二是实施行业自律机制,行业协会担负全方位重任。自开始发展乡村旅游以来,法国政府和行业协会关于乡村旅游便开始了合作。法国22个大区100个省均成立旅游协会,全国3.6万个市镇都建有旅游协会。法国的行业协会有力地推进了法国乡村旅游的标准化、规范化发展。各级旅游协会的职能不尽相同,但都在政府政策范围内制定行业规范、制度以及质量标准,以达到行业自律,从而实现乡村旅游可持续发展。法国农会是半官方半民间的公共职业联合机构,是连接政府与农民的重要桥梁与沟通纽带,既可以协助政府为农民提供指导、培训和帮助,也可以作为农民的"代言人"与政府进行交涉。1935年成立的农会常设委员会(APCA)代表农民利益对法国农业部的政策进行监督,其下属的多个机构为农民提供全方位的法律、营销咨询以及培训指导。

三是注重品牌认证,建立完善的营销体系。一方面遍布全国的葡萄酒庄园大多实行家族式传承、"精雕细琢"的小农作业模式,通过原产地域产品保护制度,有效保护了葡萄酒的品质和信誉。法国葡萄酒庄园不仅是种植葡萄、酿制葡萄酒、品味葡萄酒的场所,更是法国厚重的葡萄酒文化的集中体现,已经成为法国旅游业的一张靓丽名片。另一方面,法国乡村旅游通过互联网建设自己的网站,与旅行社开展合作,扩大销售范围,利用报纸、杂志等方式进行营销,吸引客流量。同时,法国乡村旅游注重与客人的沟通交流,通过会员卡、邮件宣传以及高品质的服务留住客源。

8.3.2 法国支持乡村旅游的政策体系

法国乡村旅游的经营主体不是外来投资商,而是政府引导下的"所有的农业开发者和乡村居民"。在法国乡村旅游发展早期,政府的引导作用非常明显。随着乡村旅游行业协会的成立和发展,政府的管理职能逐渐弱化,但其监管职能不断增强。纵观历程可见,法国乡村旅游发展如此迅猛无疑得益于完善的法律法规体系和政府财政支持。

一是完善的法律法规体系。早在1962年,法国政府颁布了《马尔罗法》,制定了保护历史性街区的法令,保护历史性街区内的土地使用以及设计受到一定的管制,指定区域内外的变动都受到地方委员会以及法国建筑师的监管,这不仅使古建筑受到保护,也促进了乡村旅游的发展。1974年,法国政府颁布了《质量宪章》,对民宿的住宅质量、服务质量和周边环境制定了严格的规定和标准。同时,"法国家庭农舍"品牌机构也根据相关标准制定了"一枝麦穗"到"五枝麦穗"的评定等级,最高等级"五枝麦穗"的民宿要求必须具备私人花园、停车库、网球场、游泳池、桑拿等设施。1982年,法国政府又修改了《劳动法典》,明确规定正常的工作者都拥有30个非假日的带薪年假,从而鼓励居民出游,推动乡村旅游的需求增长。

二是强有力的政府财政支持。为了促进乡村旅游业的发展,法国政府为乡村旅游的经营者制定了相关的财政补贴政策和税收优惠政策。1955年,法国政府启动了"农村家庭式接待服务微型企业"计划,为农庄提供经费资助以帮助传统风格的民宿维护与修缮。按照规定,达到"三枝麦穗"标准且10年中每年经营6个月的旅馆可以得到政府的财政补贴,补贴额度为修缮金额的10%~30%。2000—2006年,法国政府共拨款5 300万欧元修建乡村旅游景点公路,每年还拨款用于文化遗产保护及旅游资源保护和开发。此外,法国政府还为从事乡村旅游的经营主体提供税收优惠。比如,法国餐饮业的增值税仅为5.5%,同时完全取消旅馆和餐饮业的营业税,减少这些经营主体的经营成本,扩大其利润空间。

8.4 对中国农村产业融合发展与金融服务创新的镜鉴

8.4.1 中国台湾"精致农业"发展的经验总结

为了摆脱农业发展困境、促进农民收入增加和提升农产品市场竞争力,台湾于20世纪80年代就适时地提出了发展"精致农业"的口号。自2013年开始,台湾实施了"乐活农业、黄金十年"方案,提出要大力发展"新价值链农业",以产业价值链扩大农业增值空间,使农业从基础的生产事业转变成为串联产业价值链的新型农业。目前,台湾精致农业已经形成台湾民众共享的健康农业、科技领先的卓越农业、安适时尚的乐活农业体系,快速发展成为台湾六大新兴产业之一,推动台湾跨入世界先进农业行列。其中,发展"六次产业"是其中重要战略之一。具体来看,台湾农村产业融合发展主要有以下具体措施。

一是积极发展集生产、生活、生态于一体的"三生"农业,进行吃、行、游、购、娱立体式开发,大力发展休闲生态农业旅游项目,拓展农业生活生态功能。经过多年的发展,台湾农业实现了从传统种植农业发展到"现代种植+农业观光"与休闲度假的农业产业结构升级。到2014年底,台湾共划定78处休闲农业区、辅导337家休闲农场获得许可登记证,成立140个"田妈妈"农村料理班,办理亲子种稻等农业体验活动,50所学校、约7 500名学生及民众参与,共吸引游客前往农村休闲旅游2 300万人次,创造产值约102亿元新台币。启动基隆八斗子渔港碧砂休闲港区等多个兼具渔业和休闲观光功能的游艇码头,鼓励渔民结合传统技艺、丹迪饮食及文化,开发特色饮食、传统渔业技艺商品,2014年渔业休闲旅游人数达1 148万人次,产值约39亿元新台币。

二是大力发展农村特色产业。依托农村地区特色品牌,遴选特色产业服务示范点,并帮助和支持示范点积极改善服务流程,加大产品宣传,支持建立实体经营店和网上直销店等。2014年,帮助43家茶庄改善服务流程,并遴选出7家具有特色的产业服务点作为示范点;辅导23个农业酒庄制酒18.8万升,吸引观光旅游120万人次,年销售额达到1.8亿元新台币;持续举办海宴水产精品评选,每年评选水产精品20项,鼓励经营者研发生产顶级、创新、安全的水产品,创造价值约20亿元新台币;2014年遴选95家农渔会,156项优质农产品作为台湾农渔会百大精品,辅导农民用农产品时令食材开发特色农村饮食或农业旅游伴手礼,2014年共创造产值约7亿元新台币。

三是大力发展农产品加工业,不断延伸农业产业价值链。台湾特别注重利用核心企业的优势力量整合上中下游资源,以食品加工带动农业产业化、农业企业化和农业商业化,促进农业产业链延伸和农业价值链提升。2013年8月开始推动农业发展,利用"自由经济示范区"政策,依托农业研发与技术优势,设立屏东农业生物科技园区,到2014年底已经引入31家企业,带动投资约33.2亿元新台币。

四是试点发展农产品直销,构建产供销一体化的营销体系。台湾高度重视农产品市场拓展,突出营销的带动作用,积极设置户外型假日集市和室内型的农民直销店,建立了集产地、批发、零售的一条龙农产品营销系统,实现了产、加、销一体化。为促进农产品流通,"农委会"将农产品生产与流通所有环节纳入统一有序的规范管理,有效避免了多头交叉、信息不畅、资源浪费等情况,同时,从规划、建设、运行、资金、税费等方面对农产品运销体系建设予以扶持。2014年,举办台湾农业博览会等农产品促销活动118场次;整合有机蔬菜种植农户、经纪人等形成供应链,为中小学提供营养午餐;以当地食材为主题,开发特色主题游程商品。

五是建立以合作组织为核心的农业社会化服务体系,为农业生产者提供产前、产中、产后的系列化服务,包括信用、运销、科技推广、加工贮藏等。农会组织是台湾分布最广、影响最大、功能最全的农民合作组织,为农村产业融合发展起到了重要的带动作用。此外,台湾还有各种以"地缘""产缘"等为纽带的农业行业协会,与农会组织形成相互补充。

8.4.2 中国台湾金融支持农村产业融合发展的经验

普惠金融在台湾发展起步较早,支农支小经验非常丰富,尤其是在农村金融服务方面,农村普惠金融体系健全、产品和服务丰富,风险控制得当,为农业农村发展发挥了重要的作用。台湾主要的农村普惠金融供给主体包括台湾土地银行、信用合作社、农会信用部等金融组织,具体的支农金融产品主要包括农业发展基金贷款、农业天然灾害低利贷款、其他政策性专案贷款、一般农业贷款、农户生活必需费用贷款等。同时,台湾征信体系和农业信用担保体系非常完善,还专门成立了农业信用保证基金,为担保能力不足的从业主体提供融资保证,协助农户和农业经营主体取得农业生产经营资金。

台湾农村产业融合发展也得到了金融机构的大力支持,尤其是政策性金融机构和担保机构,采取农业科技园区进驻企业者优惠贷款、休闲农场贷款、农业产销经营及研发创新贷款和信用担保等多种方式为从事"六次产业"的经营主体提供支持。随着台湾农业政策逐渐由偏重农业生产转变为"新价值链农业",政策性农业项目贷款政策也随之做出了相应的调整,支持范围由农业初级生产扩大到农产品运输加工,支持对象由个别渔民扩大到农业企业。台湾于2014年和2015年两次修改《办理政策性农业项目贷款办法》,新增农业企业及休闲农场等三种相关贷款,并修正青年从农等多种贷款规定,放宽相关资格条件及用途限制。主要措施包括四个方面。

一是为农业科技园区进驻者提供优惠贷款。凡是符合农业科技园区设置管理条例规定,并取得农业生产科技园管理机关核发进驻证明的从业者都可以申请贷款。贷款期限按照贷款额度及购置设备耐用年限核实发放,资本支出最长15年,周转资金最长3~5年,年利率为1.5%,每个借款人最多可贷8 000万元新台币,其中周转金最高贷款额为1 000万元新台币,但经"农委会"同意后可以超过这一限额;资本支出贷款额最高不超过实际所需金额的70%。

二是提供休闲农场贷款。按照休闲农业辅导管理办法规定,已取得休闲农场筹设同意文件或休闲农场许可登记证的自然人或法人都可以申请办理贷款。贷款期限按照贷款额度及购置设备耐用年限核实发放,自然人的贷款利息为年息1.5%,法人的贷款年息为2%。资本支出最长期限为15年,建造改善住宿设施、餐饮设施、农产品加工厂、农产品与农村文物展示及教育解说中心,最高贷款金额为2 000万元新台币;建造改善门票收费、警卫、凉亭等其他休闲农业设施,最高贷款金额为800万元新台币;周转资金最长4年,每一贷款人最高贷款额度为1 000万元新台币。

三是提供农业产销经营及研发创新贷款。与农民或农民团体签有订单关系、配合其他农业政策的、从事农林牧渔业新品种或新技术的、从事农业科学技术试验研究改良与开发创新的农民组织及农业企业都可以申请贷款。贷款期限按照贷款额度及购置设备耐用年限核实发放,其中资本支出最长10年,周转资金最长3年,贷款利率为年息2%(汪思冰,2015)。具体流程为:农民组织及农业企业事先制定经营计划书,并将计划书递交贷款经办机构审核,贷款经办机构于3个工作日内将申请人的经营计划书递交"农委会农业金融局","农业金融局"在2个工作日内转交到"农委会"的其他产业主管机关审核,在10个工作日内完成审核并回复贷款经办机构和"农业金融局"具体审核结果。

四是提高专项贷款担保。主管机关、农业行库及农(渔)会共同捐助资金于1983年9月成立了农业信用保证基金,旨在为担保能力不足的从业主体增强授信能力和促使农业金融机构积极开展农业贷款业务。从事农林牧渔业生产经营的农民、合作组织、企业都可以申请担保,用途可以是耕作、畜牧、养殖、捕捞,也可以是加工、运输、销售、仓储等第二第三产业。农业信用保证基金根据借款人类型、信用情况、是否具有抵押物而收取不同担保费,自然人借款年担保费率为0.1%~0.7%,企业法人借款年担保费率为0.5%~1.4%。截至2020年4月,总共累计为646 650个耕作、畜牧、养殖、捕捞、加工、运输和仓储等项目提供担保,贷款金额达到4 852.76亿元新台币,担保金额达到3 912.69亿元新台币。

8.4.3 中国农村产业融合发展与金融服务创新

从国内外实践经验来看,金融支持在农村产业融合发展过程中发挥了不可替代的作用,是推进农村产业融合发展的重要支撑,其金融支持的做法以及相关的配套制度,特别是出台专门面向农村产业融合发展的金融产品和相关支持政策,形成认定与定向支持相结合的金融支持机制,对中国金融支持农村产业融合发展具有重要的借鉴意义。

(1)完善的法律法规体系和政府支持体系是推进农村产业融合发展的关键。

从国内外推进农村产业融合发展的经验来看,完善的法律法规体系和强有力的政府支持体系是快速推进农村产业融合发展的关键。日本为推进"六次产业"而颁布了《农山渔村第六产业发展目标》《六次产业化·地产地消法》《粮食·农业·农村基本计划》《农工合作促进法》等系列法律法规和政策文件;韩国为了促进农村产业融复合发展,先后颁布了《农林食品科学技术育成中长期计划(2013—2022)》《农民等农外收入支持法》《农渔业经营体培育及支持法》《农业、农村及食品产业基本法》《促进城市与农渔村交流的相关法律》《培育和支援农村融复合产业的相关法律》等多项法律法规和政策制度文件,并构建了完善的中央和地方二元支持体系和综合政策框架;法国为了推进乡村旅游发展,先后颁布了《马尔罗法》《质量宪章》《劳动法典》等法律法规,并制定了针对乡村旅游经营者的相关财政补贴政策和税收优惠政策;我国台湾于20世纪80年代推出发展"精致农业",使其在由传统农业向现代化农业的转变过程中发挥了重要作用。

(2)中长期低息贷款是政策性金融支持农村产业融合发展的重要措施。

从国内外的实践可知,按照购置设备和周转金不同,农户或小企业可以申请最长期限的贷款,为农村产业融合发展提供了有力的资金支持。这些贷款产品由政策性金融机构提供,期限和利率水平更契合农业产业融合发展周期长、回报率低的特点,能很好地解决商业性金融涉农贷款周期短、利率高的问题。政策性金融机构作为金融机构中政府行为的担当者,在配合政府各项政策推进和实施方面具有关键作用,是农村金融市场体系中的重要组成部分。2017年5月,农业部办公厅联合中国农业发展银行下发了相关的政策文件,要求加大政策性金融支持农村一二三产业融合发展的力度。

(3)金融机构参与投资设立专门基金是金融支持农村产业融合的重要途径。

设立专门的基金能够为农村产业融合发展提供强有力的融资保障,基金来源主要包括财政资金、金融机构资本和其他公司企业的社会性资本。商业性金融机构提供这一渠道为农村三产融合发展提供了资金支持,又扩大了自身的业务范围,能够获得稳定的收益。由财政资金、金融资本、社会资本共同出资设立的农村产业融合发展基金,有助于形成覆盖广泛、分工明确、互为补充的产业发展基金体系,对推进农村产业融合发展具有重要的作用。

(4)担保体系和信用体系建设助力农村产业融合发展。

抵押物和担保物不足是农业生产经营主体融资难的重要原因之一。从经验来看,充分发挥担保机构和信用贷款对促进农村产业融合发展具有重要的推动作用。加强农户、银行业金融机构与担保机构的合作能有效地降低银行贷款风险,又能解决农业生产经营主体的融资需求。发放信用贷款是解决缺乏抵押物农户和企业贷款难的治本之策,能为农村产业融合发展提供有力支持。

(5)政府部门对农业生产经营者的行为认定是重要基础。

金融支持农村产业融合发展的一项重要工作就是政府部门对农业从业主体和从业主体行为的认定,这是政策性金融发放贷款的期限和利率的重要判断标准。同时,这也有利于实现"精准"服务,将有限的资金真正投放于农村产业融合发展领域,加快农村产业融合发展进程。政府部门在这一认定过程中,主要是对支持对象进行识别,保障农村产业融合发展中真正让农民成为主体、真正受益,构建一套由农业从业者自主申报、政府认定、金融机构支持、市场化运作的机制。

8.5 本章小结

本章对日本"六次产业化"与金融服务创新、韩国农村产业融合发展及其政策体系、法国乡村旅游发展及其政策体系、中国台湾"精致农业"与金融服务创新等相关国内外经验进行了系统性总结,并提炼出国内外农村产业融合发展经验对我国金融服务农村产业融合发展的政策启示。

研究发现,日本一方面针对"六次产业化"从业主体实施了财政补贴、无息农业改良贷款、新产品开发和新市场开拓支出补贴、相关设施购置补助等财税金融优惠政策;另一方面由中央财政、金融机构等共同出资成立了农业产业化成长基金,通过直接出资、间接出资、劣后贷款等形式支持农村产业融合发展。韩国政府为了推进农村产业融合发展,建立健全了相关法律法规体系,并依据这些法律法规制定了详细的实施计划,同时还构建了中央和地方二元支持体系,中央政府、地方政府和民间组织负责对经营主体参与农村产业融合发展的各个环节进行技术、财政以及政策的综合支持。法国政府为了促进乡村旅游发展,一是颁布了《马尔罗法》《质量宪章》《劳动法典》等,建立了完善的法律法规体系;二是为乡村旅游经营者设立了相关的财政补贴政策和税收优惠政策。中国台湾农村产业融合发展也得到了金融机构的大力支持,尤其是政策性金融机构和担保机构,采取农业科技优惠贷款、休闲农场贷款、农业产销经营及研发创新贷款、专项贷款信用担保等多种方式为从事"六次产业"的经营主体提供支持。

国内外经验表明,金融支持在农村产业融合发展过程中发挥了不可替代的作用,是推进农村产业融合发展的重要支撑。第一,完善的法律法规体系和政府支持体系是推进农村产业融合发展的关键;第二,中长期低息贷款是政策性金融支持农村产业融合发展的重要措施;第三,金融机构参与设立专门基金是金融支持农村产业融合发展的重要途径;第四,担保体系和信用体系建设对促进农村产业融合发展具有重要的推动作用;第五,政府部门对农业生产经营者的行为认定是重要基础。

第9章 农村产业融合发展的金融服务路径优化与模式创新

农村产业融合发展是一项复杂的系统工程,涉及的点多面广,金融需求总量巨大且种类多样。在金融资源总量有限且整体处于抑制状态的农业农村领域,要提高金融支持农村产业融合发展的服务效率必须充分发挥政府部门、金融机构、社会组织以及农村产业融合从业主体的作用和比较优势,不断优化金融服务路径和因地制宜因势利导选择最优的金融服务模式,并不断建立健全与之相配套的协同机制。本章节将首先从核心领域、重点区域、重要主体和关键阶段等几个方面提出金融服务农村产业融合发展的路径优化,提出政银保多位一体模式、合作社内部信用合作模式、农业产业链融资模式、政策性产业发展基金模式和互联网金融模式等几种创新的金融服务模式,然后从服务帮扶机制、激励约束机制、动态监测机制等几个方面提出与之相配套的协同机制。

9.1 金融支持农村产业融合发展的服务路径优化

与乡村振兴战略背景下"三农"与日俱增的金融需求相比,农村金融产品和服务的有效供给不足问题仍显严重,新型农业经营主体融资难、融资贵、融资慢的问题仍然存在甚至愈演愈烈。在金融资源总量有限且整体处于抑制状态的农业农村领域,要提高金融支持农村产业融合发展的服务质量必须兼顾效率和公平,切忌"撒胡椒面"式的服务方式。金融机构在为农村产业融合发展从业主体提供基础金融服务的同时应把握核心、突出重点、瞄准对象、管控阶段。不同类型的金融机构要充分发挥自己的比较优势,有所为有所不为。

9.1.1 金融支持农村产业融合发展的核心领域

在中国广大农业农村领域,金融长期处于抑制状态且资源总量有限,再加上金融逐利的本性,金融服务乡村振兴必须兼顾效率和公平,在提供普遍支持和基础服务的同时将有限的金融资源精准滴灌到以下几个核心领域。

(1)乡村产业发展领域。

乡村振兴是包括产业振兴、人才振兴、文化振兴、生态振兴、组织振兴的全面振兴。其中,产业振兴是物质基础。推动乡村振兴必须把产业振兴放在首位,以产业振兴为突破口,以产业振兴带动人才振兴、文化振兴、生态振兴和组织振兴。只有实现乡村产业振兴,人才、资金等各类资源要素才会向乡村转移和集聚,乡村才能够聚拢人气、带动就业、激活市场,进而实现农业强、农村美、农民富。经过多年的发展,我国农业产业体系建设经历了农业产业化、农村一二三产业融合发展等几个重要阶段,农业发展正在由增产导向转为提质导向,普通农户小规模经营转为专业大户和家庭农场适度规模经营,传统手工种养转为标准化机械化生产,传统农户"单打独斗"转为合作社"抱团发展",农产品加工、乡村旅游、电子商务、休闲农业、乡土产业等新产业新业态蓬勃发展。金融支持乡村产业振兴必须瞄准发展空间广阔、辐射带动能力强、与农村农业农民联系紧密的农业产业化经营、农产品加工、休闲观光农业、农业电子商务、农产品仓储物流等新兴产业。

一是重点支持农业产业化经营。农业产业化经营是农村产业融合发展的基础。首先,金融支持农业产业化需要重点支持建设农业产业化示范基地以形成产业集聚区。在优势特色农产品产区引导龙头企业集群发展,创建农业产业化示范基地,大力发展一村一品、一县一业,推进农产品就地加工转化,加大经费投入支持示范基地建设公共服务平台,从而构建完整的产业链和综合服务体系。其次,金融支持农业产业化需要重点支持龙头企业兼并重组和股份制改造,进而培育一批市场竞争力强的大型农业产业化龙头企业。引导和支持农业专业合作社、农业专业协会等大力发展农产品加工、流通、仓储等新业态,延伸农业产业链。最后,金融支持农业产业化需要重点支持各从业主体深度融合以巩固利益联结机制。积极发展"公司+农户""公司+新型农业经营主体""公司+新型农业经营主体+农户""公司+一村一品专业村镇"等多种组织形式,促进各经营主体抱团发展。

二是农产品加工业。农产品加工业与农业和工商业联系紧密,是推进农村产业融合发展的重要支柱产业和中枢产业。金融支持需要因地制宜,一方面是在农产品优势特色区大力支持农产品初加工的中小企业和农民专业合作社,提升其初加工能力,提升农产品质量和新型农业经营主体的经济效益。另一方面是在农产品加工主产区大力支持农业龙头企业技术研发升级,支持龙头企业建设专用原料生产基地、完善仓储物流设备设施、健全市场营销网络和品牌化建设。

三是休闲观光农业。休闲观光农业是农村产业融合发展的新兴产业形态和新型消费业态,对促进农业提质增效、农民持续增收和促进城乡一体化发展、建设美丽乡村等方面具有重要的作用。金融支持休闲农业一方面需要重点支持农村道路、停车场、垃圾处理站、公共卫生间等基础设施建设,支持新型农业经营主体扩大产业规模、拓展服务功能、提升服务能力,推进休闲观光农业提档升级和连锁经营。另一方面需要重点支持休闲农业集聚村的产业发展规划、园区设计、农耕文化挖掘、特色创意开发、服务功能拓展,从而培育一批产业特色鲜明、生态环境良好、农民参与度高、经济效益好的休闲农业集聚村,进而推进美丽乡村建设。

四是农业电子商务。农业电子商务是互联网技术与农业生产经营融合的重要形式,对加快农业发展方式转型、农产品市场机制完善和农业农村信息化建设具有重要的作用。农业电子商务尚处于发展初期,普遍面临着基础设施建设不完善、标准化程度低、市场秩序紊乱、信用体系不健全、配套政策不完善等多重困境。金融支持农业电子商务一方面需要重点支持农业电子商务市场主体培育,尤其是要提升农产品电子商务市场主体的经营能力;另一方面需要重点支持农业电子商务线上线下公共服务体系建设、农村通信与网络信息系统建设等,为全面推进农业电子商务创造条件。

五是农产品仓储物流业。农业现代化发展对大宗农产品物流和鲜活农产品冷链物流的需求不断扩大,因此农产品仓储物流是农村产业融合发展的支撑产业。金融支持农产品仓储物流需要重点关注道路、仓库、包装等基础仓储物流设施建设,以及重要农产品物流节点的保鲜、冷藏、冷冻等冷链物流网络建设。

(2)农业农村基础设施建设领域。

完善的基础设施是对新型农业经营主体发展具有不同程度保障作用的外部条件,是振兴乡村、聚拢人气的硬件要求。薄弱落后的农业农村基础设施无法支撑现代农业发展,无法满足人民日益增长的美好生活需要,将严重制约农业农村经济增长和农民生活提质。补齐农业农村基础建设短板,需要大量资金投入。归纳起来,农业农村基础设施根据其性质可以分为纯公益性、准公益性和私益性三种不同类型。

纯公益性现代农业农村基础设施主要包括跨区域大型农田水利、农村交通设施等生产性农业基础设施,农村义务教育、农村卫生、农村文化基础设施等农村社会发展基础设施,天然林资源保护、退耕还林、种苗工程建设、农业防灾减灾系统、农业气象系统等农村生态环境建设基础设施,农业市场和农产品信息化系统、农业技术推广研发与服务系统、新型农业经营主体征信系统建设等农业服务基础设施建设。这些纯公益性质的基础设施要么是关系新型农业经营主体发展的直接投资,要么是对新型农业经营主体发展具有不同程度保障作用的外部条件,具有广泛的经济效益、社会效益和生态环境效益。纯公益性质的现代农业基础设施建设,具有很强的正外部性,难以成为逐利的商业性金融的服务对象,由私人投资提供也不现实,中央和地方政府财政投资是最有效的解决之道。

准公益性现代农业基础设施具有准公共品属性,既有显著的经济效益,还有一定的社会效益和生态效益等正外部性,既可以发挥财政的作用,也可以吸引市场主体投资,因而应建立财政与社会资本联合主导的准公益性现代农业基础设施建设模式。在农村产业融合发展过程中,诸如农村电力、饮水安全、农村燃气、新型能源等农业经营主体生产生活类基础设施,保鲜、冷链、仓储、烘干、技术服务等现代农业服务系统,农村通信及互联网等现代农业信息化系统,农村物流、农产品批发、零售与电子商务等现代农业营销系统具有投资规模大、社会需求量大、覆盖面广、受益群体多、更新换代快等特点,属于收费性基础设施。如果全部由财政投资建设,势必会加大中央与地方财政困难,甚至可能导致地方政府债务风险。因此可以采用财政投资与政策性金融协同建设模式,由地方财政和政策性金融机构共同出资建设,中央财政可以适当提供一定的补助,最后由受益农业经营者付费使用,利用所收取的费用来回收财政投资和政策性金融贷款的建设成本,并实现保本微利的目标。另外,一些基础设施诸如大型农产品批发市场、零售市场摊位等基础设施建设不仅具有准公益属性,而且具有服务对象地域限制、投资规模巨大、投资回报期长等特征。参照公共产品的竞争性和排他性两个基本特征,尽管农产品批发市场具有私人产品属性,但由于其具有较大的正外部性,能够满足社会公共利益,同时还承担着政府农产品价格调控等公益性服务职能,因而是一种准公益性产品(张德勇,2014)。农产品零售市场摊位既是农产品销售商(商贩)从事农产品零售赚取利润的主要场所,具有一定的私营私益性质,同时又是社会公众购买农产品的主要场所,政府重要的农产品市场监测点,是政府规范城乡建设的重要保障,具有较强的社会效应。针对这些同时具备经济效益和社会效益的准公益性基础设施建设,其较强的公益性和金融的"逐利性"使金融服务的作用大打折扣,但其投资规模大,仅靠财政服务的支持又远远不够。因此,由财政资金和社会资本(通常指私人资本或民间资本)共同投资的公私合作(Public-Private-Partnership,PPP)模式是该类准公益性现代农业基础设施建设的最有效途径。

在现代农业基础设施建设领域中,诸如温室大棚、农田改造、滴灌系统、办公用房、农业设施用房、农业大型专用设施、农业机器设备等基础设施是需要计入新型农业经营主体固定资产账户下的,属于新型农业经营体系的私有财产,因此属于私益性的现代农业基础设施投资。针对私人性质的现代农业基础设施投资,应按照"谁受益、谁投资"的基本原则,采用私人资本和金融资本相结合的方式,由商业性金融和合作性金融重点支持新型农业经营主体自行投资融资建设。当然,这类基础设施建设投资难免会导致新型农业经营主体出现资金短期周转不畅或投资预算不足等情况,新型农业经营主体可以充分利用自身的社会资源,向亲戚朋友进行小额借款,也可以向当地村镇银行、农业银行、农村商业银行、小贷公司等金融机构申请资产抵押贷款、信用担保贷款、机构联合贷款、联保贷款、财政贴息贷款等多种新型支农贷款。针对一些投资大、使用频率少的农业大型专用设施、农业机器设备等基础设施建设,若独自购买难免会影响新型农业经营主体的资金周转,因此可以实行按份共有的形式联合其他经营主体共同出资购买,或是直接在农业资产租赁市场进行短期租用。

9.1.2 金融支持农村产业融合发展的重点区域

区域化布局是我国现代农业发展的典型特征之一。我国地域广阔,东西南北资源禀赋和农村经济环境差异巨大,推进农村产业融合发展不可能一个模式、齐头并进,而是需要根据各地区农业现代化水平、农村经济社会条件和生态资源环境禀赋状况,对农村产业融合发展进行合理的空间布局,选择合适的地区进行先行先试,以点带面。根据区域生态资源特征和经济发展水平,可以将我国分为四种不同生态类型区:生态脆弱区、生态资源丰富区、农业优势主产区、沿海和都市区(王健、张正河,2015)。在不同的区域,推进农村产业融合发展的思路、具体路径和特征各有不同,详见表9-1。

表9-1 农村产业融合发展的空间推进格局

生态区	区域特征	发展思路	具体路径
生态脆弱区	经济发展水平较低,生态资源有制约性短板,如高寒地区的主要限制性生态资源是作物生长所需的积温;西北等干旱半干旱区域的主要限制性生态资源是水资源。	以一产、三产带二产	以环境资源保护性挖掘和开发为重点,发展具有区域特色农产品加工业,结合休闲、旅游和观光农业。既有利于区域环境保护和生态安全,又能充分利用当地的生态资源提高农业生产效益。
生态资源丰富区	光、温、水、土、气以及生物资源等生态资源较为丰富,生态环境优良,自然景观优美,但往往因为交通、区位等因素制约了当地的经济发展,经济欠发达。	以三产带一产和二产	开发优势景观资源,发展生态休闲农业。把农业生产和农产品加工业、休闲观光有机结合,相互拉动,形成第三产业联动一、二产业的模式,实现生态资源保护和当地经济的协调发展,推动传统农业向生态农业的转型。
农业优势主产区	农业生产基础条件好,经济相对发达。	以二产带一产和三产	在适度规模的基础上,重点发展以企业为主导的农产品加工业,衔接家庭农场为主体的新型经营主体,推动产地加工的发展模式,通过第二产业带动一、三产业的融合发展。

续表

生态区	区域特征	发展思路	具体路径
沿海和都市区	农业生产基础设施良好，交通便利，经济发达；农业发展具有功能多样化特征，由过去单一的生产功能向生态、旅游、休闲、教育、科普等多种服务功能转变。	以三产带一产和二产	结合农业多功能性的实际需求，大力发展观光采摘、生态餐厅、旅游休闲、保健养生、优特农产品加工等以服务为主要功能的现代都市农业，融城镇化和现代服务农业为一体，拓展现代生态农业发展空间，提升都市型现代生态农业的核心竞争力。

资料来源：作者根据王健、张正河的文章整理得到。

农村产业融合发展是一项系统性工程，涉及的点多面广，资金需求量大，金融支持农村产业融合发展不可能面面俱到，必须把握好服务的重点区域，实现以点带面。结合《全国农业可持续发展规划（2015—2030年）》和全国优势农产品、特色农产品区域布局规划，金融支持农村产业融合发展的重点区域包括农业产业化示范县、产粮大县、休闲农业和乡村旅游示范区、一村一品示范镇、农村产业融合发展示范县等。一方面这些地区现代农业发展水平较高，是推进农村产业融合发展的"高地"和"样板区"，而且其对金融需求也更强烈。另一方面国家对这些区域极为重视，相应的照顾政策也更多，金融机构在提供服务的过程中也容易享受到政策红利。

（1）农业产业化示范基地。

农村产业融合发展是农业产业化的高级阶段和升级版。随着农业产业化经营的不断加快，农业产业化龙头企业集群发展逐渐形成大量农业产业化示范基地。农业产业化示范基地在政策指引下依托试点项目，容易建成融合特色鲜明、产业集聚发展、利益联结紧密、配套服务完善、组织管理高效、示范作用显著的农业产业示范园区，是引领农业产业化发展的"高地"，有条件成为农村产业融合发展的"样板区"。从2011年开始，农业部（现农业农村部）就启动了农业产业化示范基地创建工作。

（2）产粮大县。

截至2023年底，全国产粮大县共计800个，包括黑龙江、辽宁等13个粮食主产区的680个县（市、区）和山西、浙江等11个非粮食主产区的120个粮食生产大县（市、区）。这些粮食主产县大多农业占比高，第二第三产业发展落后。在粮食主产区特别是产粮大县积极发展粮食加工和流通，将粮食生产加工的增值收益留在农村留给农民，实现粮食安全供给与农民增收的双赢，是大力推进农村产业融合发展战略的题中要义。

（3）休闲农业和乡村旅游示范县。

休闲农业和乡村旅游示范县资源要素得天独厚、农业基础条件好、知名度高、政策扶持力度大,可以依托当地特色种养殖业和农产品加工业开发设计休闲农业和乡村旅游产品,可以创建各式各样能满足市民多元化消费需求的综合性休闲农业园区、农业主题公园、观光采摘园和休闲农庄等,是促进城市资本下乡和农民收入增长的重要着力点。农业部、国家旅游局于2010年联合启动了全国休闲农业和乡村旅游示范县创建工作。

(4)一村一品示范镇。

一村一品示范镇是可以深入挖掘农业生态保护、生态涵养、文化传承等多功能的重要区域,可以大力推行农业规模化、标准化和集约化生产,有助于在推进乡村振兴战略的过程中念好"山字经"、做好"水文章"、打好"文化牌"、唱好"林草戏"、炼好"气字诀",在一村一品示范村镇大力推行农业规模化、标准化和集约化生产是实现乡村振兴战略产业兴旺、生态宜居等要求的重要途径。农业部从2011年开始启动"一村一品强村富民工程",打造了一批优势突出、特色鲜明、竞争力强的专业村镇。

(5)农村产业融合发展试点区。

自2015年提出推进农村产业融合发展以后,农业部从2016年开始不断推行农村产业融合发展试点示范工程。2016年上半年全国确立了12个农村产业融合发展示范省,2016年7月又确定了137个全国首批农村产业融合发展试点示范县,2018年1月同意148个单位创建全国首批农村产业融合发展示范园,2018年10月又确定153个农村产业融合发展先导区。2019年2月,国家发展和改革委员会等7部门联合认定了100个首批国家农村产业融合发展示范园,同年7月又认定了110个第二批国家农村产业融合发展示范园。国家对这些农村产业融合发展试点示范区给予了大量的优惠政策,包括财政补贴、利率优惠、税收减免等,旨在探索多样化的产业融合模式和利益联结机制,从而形成可复制推广的试点经验。

9.1.3 金融支持农村产业融合发展的重要主体

要加快农村产业融合发展进程,必须增强重要从业主体的带动能力,因此金融机构在提供基础服务的同时要重点照顾市场竞争力强、示范带动能力突出、发展潜力巨大的重要从业主体。有知识、善经营、懂管理的新型农业经营主体是所有主体中最活跃的引领性主体,是发展乡村产业、带动农民增收、改善乡村面貌、繁荣乡村文化的重要引擎,同时也是农村金融需求的重要主体(何广文、何婧,2018)。

首先,在金融资源总量有限的情况下,金融服务农村产业融合发展需要重点瞄准家庭农场和农民合作社。统计数据显示,中国新型农业经营主体已超过300万家,其中农民合作社和家庭农场是最主要的两类新型农业经营主体,对农民的辐射带动作用较大。截至2018年,农民合作社已超217.3万家,家庭农场已超87.7万家。当然,金融支持农村产融合发展应提高精准性,要把有限的资金和服务投放到真正的"困难户"上。现有的惠农贷等贷款产品已经全面覆盖农村普通农户,而且普通农户生产经营规模小,融资需求小,不存在融资难的问题。成熟型农业经营主体生产经营规模大,市场竞争力强,而且部分经营主体已经形成了特色品牌效应,盈利能力较强,逐渐发展成了银行类金融机构争抢的优质客户,也不存在融资难的问题。在农村产业融合发展过程中,真正需要大量融资且面临融资难、融资贵的是除去这"一头一尾"、位处中间的经营主体。这一部分农业经营主体大多处于创业初期和成长期,自身原始资本积累较少,前期资金投入巨大,对金融机构信贷支持的渴望非常强烈,但往往这类农业经营主体的项目回收期长,项目风险偏高,金融机构对此总是"惜贷""慎贷"。因此,在缺乏有效抵押或第三方担保的情况下,这类农业经营主体很难获得金融机构的融资支持,资金短缺又严重影响这类农业经营主体的可持续发展能力。可见,创业初期的家庭农场和农民专业合作社才是农村信贷市场的真"困难户",是乡村振兴战略实施过程中各类金融机构尤其是政策性金融机构的重点服务对象。因此,金融支持农村产业融合发展需要在农业部门的指导下,将有限的金融资源重点投放到这一类"困难户",提高金融支持的精准性。

其次,金融支持农村产业融合发展也需要照顾与农民紧密联系的省级重点龙头企业和农产品加工业。省级重点龙头企业和农产品加工业通过合作、合股、合体等利益联结机制带动农户进入市场,使农产品生产、加工、流通和销售有机结合,在规模经营发展和产业链延伸中让农民分享增值收益,是农业产业价值链提升的核心,是农村产业融合发展的重要带动力量。返乡创业的"能人"和到农业领域就业的新型职业农民将资金、技术、知识、经验带到农村发展新业态,将成为农村产业融合发展的主力军,是当前和未来解决"谁来种地""谁生活在农村"等棘手问题的关键群体。观光农业、体验农业、文化农业、创意农业、智慧农业、生态农业等是吸引市民下乡的新型农业业态,在延伸农业产业链、活跃农村消费市场、促进农民收入增长和城乡融合发展等方面都具有重要作用,将农业与旅游、教育、文化、养生等产业深度融合的经营主体发展潜力巨大、市场前景广阔,是推动农村产业融合发展的中坚力量,也应当被纳入金融服务重点支持对象之列。

当然,走农业现代化道路也不能忘记小农户。我国是一个普通农户占大多数的国家,目前仍有将近两亿的小规模兼业农户,还有60%多的农户仍是经营自己承包的那一小块地。这些传统的农业经营主体可以具体分为半工半农型农户、自给自足型农户、经营型农户等几类。其中经营型农户是指留守农村长期从事一定规模种植、养殖或种养结合的中老年农民家庭,他们是向家庭农场转化的最有效潜在对象(张林、冉光和,2016)。但是,农村经营型农户生产规模小,市场化程度低,盈利能力不足,抵御市场风险和自然风险的能力薄弱,而且不能提供有效抵押物,很难获得商业性金融机构的金融服务。因此,在金融服务乡村振兴中,金融机构在重点支持家庭农场和农民合作社规范发展的同时,还必须兼顾农村经营型农户、返乡创业能人和新型职业农民,尽可能满足他们的有效金融需求。

9.1.4 金融支持农村产业融合发展的关键阶段

农村产业融合发展是一项长期性、动态化的发展过程,金融支持农村产业融合发展必须瞄准关键阶段从而最大化资金效率。

一是在农村产业融合发展试点期,以"输血"形式加大对从业主体的资金支持从而增强其发展能力。在发展初期,大多数从业主体对农村产业融合发展的认知有限,参与过程中总是瞻前顾后,积极性不高;同时农村产业融合发展初期的前期资金投入较大,但大多数从业主体自身的资金积蓄和融资能力都非常有限。因此,银行类金融机构在风险可控的情况下应该针对该类主体进行直接"输血",提供一些程序简化、门槛和利息都较低的信贷支持,从而调动从业主体的参与积极性和生产积极性。农业保险公司和农业担保公司在政府财政补贴的情况下,适度降低经营主体保费承担比例和担保费率,降低交易主体金融服务获取成本。与之同时,各级财政部门也应该提供一些直接性补贴,包括资金奖补、利息补贴、保费补贴、担保费补贴、农机农器农资发放等。

二是在农村产业融合发展成长期,金融机构应提供特色专业化金融服务以增强从业主体"造血"功能。经过一段时期的发展,部分从业主体的生产经营规模不断扩大,金融需求量不断增大。金融机构不能再坚持"输血"的支持模式,简单的"输血"已不再能满足其资金需求,而且在信贷资金有限的情况下"输血"模式也不可持续,因此应当转变服务理念和服务模式以增强其"造血"功能。比如为该类从业主体提供特色理财规划服务、融资计划设计等。

三是在农村产业融合发展成熟期,部分从业主体的财富积累不断壮大,示范效应不断增强,金融支持应鼓励从业主体"供血"从而增强其带动能力。金融支持农村产业融合发展应以引导该类从业主体带动其他主体发展为核心目的,为该类从业主体提供投资项目规划、产业链包装服务、上市融资、套期保值等金融服务,从而创造更多更大的社会经济效益。

综上,金融支持农村产业融合发展应充分考虑不同阶段农业经营主体的发展特点和盈利能力而选择不同的服务模式和服务内容。金融信贷资金支持应瞄准试点初期以增强从业主体的发展能力和参与积极性,特色专业化金融服务应瞄准成长期和成熟期以增强从业主体的持续经营能力和示范带动能力。

9.2 金融支持农村产业融合发展的服务模式创新

9.2.1 政银保多位一体模式

农村产业融合发展是一项系统性复杂工程,涉及的产业层级非常复杂,对金融服务需求的多样化特征也非常明显,需要市场力量和政府作用密切配合,相互激发相互促进,需要银行业金融机构与非银行业金融机构共同发挥作用。因此,以政府、银行、保险以及其他相关社会机构为核心主体的政银保多位一体模式将是金融支持农村产业融合发展的基本模式之一(张红宇,2015;王思冰,2017)。政银保多位一体模式运用市场化手段防范、分散和化解信贷风险,在实践过程中既可以是政府部门、商业银行、保险公司、社会机构等多方共同参与的形式,又可以是以商业银行为核心,金融机构根据实际需要选择其他组织予以协助的形式。

借鉴广东佛山市三水区的金融支持模式,金融支持农村产业融合发展的政银保多位一体模式的基本运行机制如图9-1所示。政府部门充分发挥引导作用,以政府财政资金投入成立农村产业融合发展的专项基金,一方面为农村产业融合发展从业主体提供各类资金补贴和生产资料补贴,为保险公司经营农村产业融合发展领域专项保险提供保费补贴,为各类社会机构支持农村产业融合发展提供资金补贴。另一方面,政府利用财政资金建立专项基金发起成立财政性担保机构,专门为农村产业融合主体提供融资担保,当然也可以建立风险代偿基金、大灾保障基金等。当然,除了财政性担保机构以外,其他民营担保机构、股份制担保机构,以及社会其他主体共同出资设立的担保基金都可以为农村产业融合发展主体提供担保服务。政策性银行、商业性银行、合作性银行等各银行类金融机构为符合贷款条件的农村产业融合发展主体提供贷款。保险公司一方面为农村产业融合发展主体提供农业保险、农业生产设备保险、意外伤害保险和责任保险等多种保险,并以此作为农村产业融合发展主体申请贷款的基本条件;另一方面还可以为银行贷款提供保险,一旦借款人出现还款困难,保险公司代为支付保险额度内的借款。社会机构的主要功能是为农村产业融合主体提供信用评级和抵押物资产评估等服务,并在农村产业融合发展主体违约时协助金融机构处置抵押物。

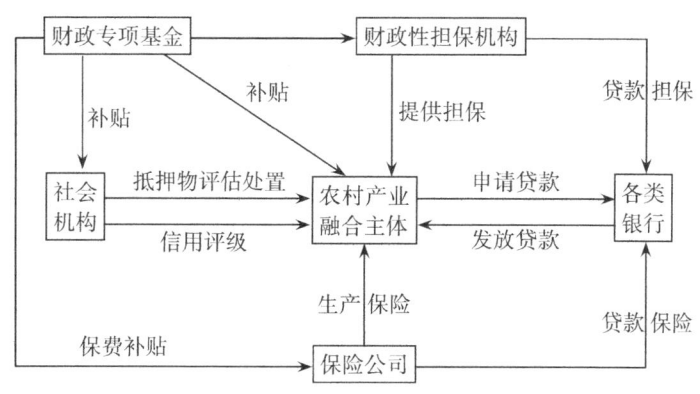

图9-1 金融支持农村产业融合发展的政银保多位一体模式

政银保多位一体模式各参与主体密切合作,多管齐下形成支持合力,有助于建立健全多部门协同服务机制,为农村产业融合发展从业主体提供全方位、系统性的金融支持,提高金融支持农村产业融合发展的效率,有助于促使各参与主体在专业分工的基础上密切合作从而获得合作的溢出效应,可以获得产业交叉融合的红利从而实现范围经济。该模式可以有效缓解农村金融机构服务农业经营主体时所面临的高风险、高成本等问题,可以在农村产业融合发展过程中起到关键作用。但在实践和推广应用过程中,该模式一方面要求政府具有一定的财政实力,需要财政部门、金融监管部门等充分发挥引导、协调和监督作用;另一方面需要各相关参与机构之间相互协调配合,防止发生区域性风险和政策风险。

9.2.2 合作社内部信用合作模式

农村产业融合发展涉及从业主体众多,而且不同从业主体的生产经营规模、范围等都存在较大的差别,一些生产规模较小、地处偏远地带、无有效抵押物的从业主体很难从金融机构获得资金支持,尤其是在信贷收紧的情况下。针对这种情况,一些生产经营规模小、无有效抵押物的经营主体依托农民专业合作社或产业联合体,按照合作金融理念开展合作社内部信用合作模式,坚持成员制、封闭性、民主管理原则,依靠成员之间的合作资金聚沙成塔调剂余缺,不对外吸储放贷、不支付固定回报。合作社内部信用合作模式是在成员内部之间信息对称的前提下,所有成员共同出资、互助使用,发挥合作"人人为我,我为人人"的内在机制,将金融机构的"一对多"运营模式转变成"多对多"的合作模式(张红宇,2015),有助于农村产业融合发展从业主体获得方便、灵活、高效、快捷的融资支持,从而在一定程度上解决农村产业融合发展从业主体的融资需求。

(1)"股金+合作资金"信用合作模式。

安徽金寨县全军乡剑毫茶叶专业合作社的"股金+合作资金"信用合作模式,其运行机制,如图9-2所示。一定地域范围内的农村产业融合发展从业主体可以根据不同的方式成立农民专业合作社或产业联合体,农民合作社或产业联合体内部可以根据需要由3~5个从业主体自愿组成联保小组(一般可以由具有血缘、亲缘、地缘或业缘关系的从业主体自愿组成)。农民专业合作社或产业联合体发起成立信用合作机构,所有成员以现金入股的形式自愿参与信用合作,成员入股期限至少一年,入股资金至少为1 000元,以后按照100的整倍数增加,可以增股和续股。信用合作机构所筹集的资金按照抵押、联保或信贷等方式发放给有资金需求的入股成员,将资金用途限制在农业生产经营上,并收取一定比例的资金使用费。成员借款只需经过借款申请、受理、调查、审批、发放几个环节,一般在3~5天内即可完成。借用资金的入股成员按照约定的方式归还资金本金和使用费。每年年终时,信用合作机构根据年度运行情况进行股权分红。

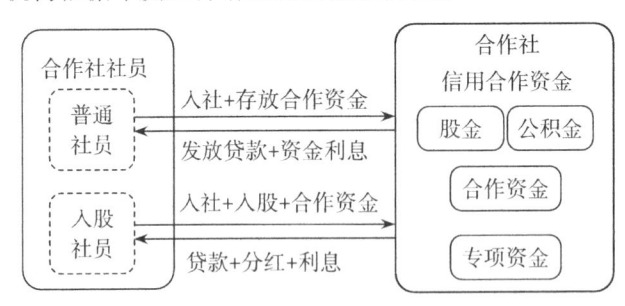

图9-2 金融支持农村产业融合发展的"股金+合作资金"信用合作模式

(2)"股金+银行资金"模式。

为了解决农村小农户小额贷款难、担保难问题,金寨县农发委与金寨徽银村镇银行创新开展"股金+银行资金"信用合作模式试点,其运行机制如图9-3所示。该模式以社员小额入股合作社、银行为社员多倍放大贷款额度的方式,有效解决了合作资金不足和抗风险能力弱的问题,可以形成"银社联手、合作共管、支持产业、多方共赢"的局面。由县农发委选择推荐农业产业发展较好、群众资金需求迫切的行政村,由村两委干部选择有意愿、信誉好、有产业、有规模的村民自愿缴纳股金加入合作社成为正式社员,社员自愿缴纳0.3万元到1万元不等的资金入股成立"××村惠民农业服务专业合作社"并在工商部门登记注册,合作社为所有入股社员发放"股金证",合作社内部建立健全监事会和理事会。在农业部门的协调下,农业服务专业合作社与金寨徽银村镇银行签订合作协议,明确双方权利和义务,合作社理事会负责管理合作社内部事务,负责收集社员信息,负责推荐初审社员贷款,向合作银行报告社员个人表现。合作社封闭运行,只有入股社员才能申请贷款,而且贷款期限一般为一年以下,贷款利息为月息7‰;社员之间实行互保模式,2~3名贷款人组成互保小组,同时合作社为社员贷款承担连带保证责任。当入股社员需要贷款时,首先向合作社申请,理事会对贷款人进行初审,符合贷款条件的报送到合作银行再审,社员从贷款申请到发放一般不多于5个工作日。每个社员单笔贷款额度不超过10万元,只有当所有贷款还清后才能再次申请。在同一时期内,如果贷款人数较多,合作资金不能满足贷款需要时,合作银行补充资金不足部分。贷款发放以后,合作银行和合作社共同负责联系和贷后检查。这种"股金+银行资金"的合作模式一方面充分借助了银行金融人才和银行风险防控能力的优势,运行过程中由银行指导,风险把控能力较强,另一方面充分发挥了农村能人优势,在解决农户融资难担保难问题的同时又促进了乡村治理,有效地支持了当地茶叶、猕猴桃、蔬菜、粮油等产业的发展。

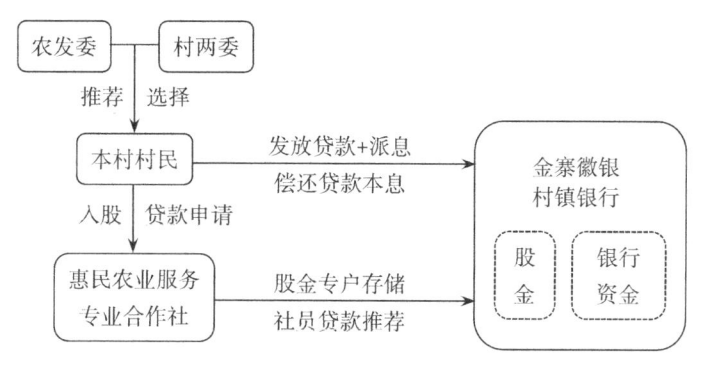

图9-3 金融支持农村产业融合发展的"股金+银行资金"信用合作模式

注:农发委指农业发展委员会;村两委指村党支部委员会和村民委员会

(3)产业信用协会互助模式。

以湖南省沅陵县产业信用协会互助融资担保模式为例,其运行机制和操作步骤如图9-4所示。由县金融办同意,乡镇人民政府组织,由乡镇区域内的农业龙头企业、农民专业合作社和专业大户等发起成立产业信用协会,县财政部门为每个产业信用协会注入20万元风险基金。会员入会先提出申请,经协会评级授信审核通过后缴纳不低于5 000元的信用保证金入会。会员缴纳的信用保证金和政府专项风险基金共同组成"混合性"担保互助基金,由产业信用协会统一存入当地农村商业银行,实行专款专户专存,农村商业银行对产业信用协会进行信用评级,并按照信用等级放大8~10倍规模为产业信用协会进行授信。会员发展产业出现资金周转困难时,向协会提出担保互助申请,并将房屋、土地经营权及附着物、棚舍、农机具等资产作为反担保物由协会托管。产业信用协会理事会实行一人一票制对贷款项目、信用状况进行评估审议,会员信用等级越高,放大倍数越大,担保的贷款越多,但单个会员的放大倍数不超过个人信用保证金的12倍,担保金额最高不超过30万元。审查通过后以协会的名义向银行出具担保函,银行按照程序向会员发放贷款,会员按时偿还贷款。会员贷款出现风险时,银行根据合作协议扣除信用保证金代偿贷款,协会在内部变现处置托管资产(由本协会中从事同类产业、又愿意扩大生产规模的其他几个会员接管产业或收购抵押物)以弥补担保基金和偿还剩余贷款。同时,协会对发生代偿贷款的会员降低信用等级直到取消资格,被取消资格的会员5年内不能再次入会。对代偿付率达到150%的信用协会,银行停止办理新业务。

农民专业合作社或产业联合体的内部信用合作模式是一种典型的内生性合作金融,能够低成本、便利化地为合作者提供融资服务,有效拓宽了从业主体的融资渠道。而且农民专业合作社或产业联合体内部成员之间相互熟悉、信息对称,又通过血缘、亲缘、地缘、业缘关系约束道德风险,有效解决了正规金融机构无法避免的信息成本和借款人道德风险问题,以草根金融的形式实现对正规金融的替代和补充。当然,该模式的实施需要良好的农村社区信用环境和一个内部管理制度比较完善的农民专业合作社,在实践过程中要严格控制在相关法律政策边界内,防止非法吸存和非法集资。农民合作社内部信用合作模式的服务对象只能是参与合作入股的社员,而且其依靠成员自身积累的筹资方式难以满足长期、大额的资金需求,但如果能够得到政府资金的投入或是金融资本、社会资本的加入,农民内部信用合作组织还可以发挥"放大器""批发站"等作用。

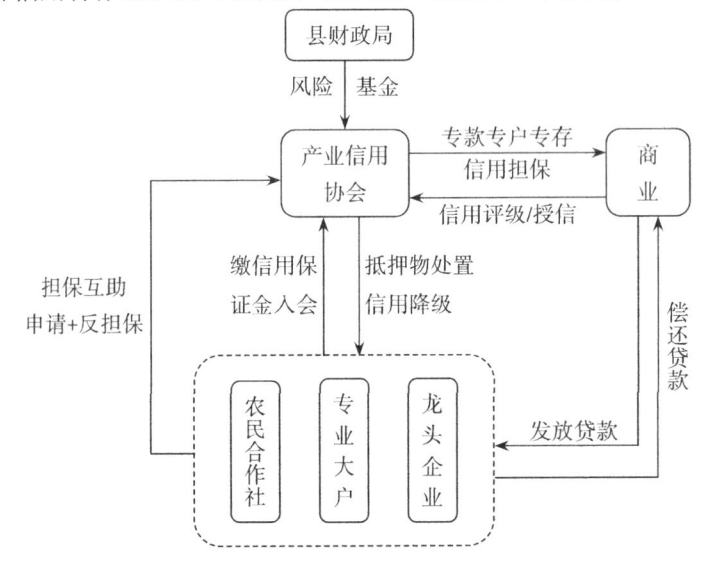

图9-4 基于产业信用协会的互助融资担保模式

9.2.3 农业产业链融资模式

农村产业融合发展最大的特征就是新型农业经营主体的经营范围不断向上下游延伸,将农业生产资料供应、农产品生产及加工、农产品储藏与运输、农产品销售等多个环节集于一体,形成独特的农业产业链,即农村产业融合发展最大的特点就是产业链的整合和延伸。产业链金融是推进农业产业链整合和价值链提升的重要金融支持模式,正好契合农村产业融合发展的特点和发展趋势(吴刘杰,2017)。农业产业链金融就是指商业银行以农业龙头企业、农业协会、农民专业合作社等核心从业主体为依托和支撑,利用农业企业(协会或合作社)的信用为农户的信用增级,将单个主体的不可控风险转变为供应链整体的可控风险,针对产业链中的各个环节设计个性化、标准化、综合性的金融服务与金融产品,是满足农业产业链上各环节各主体融资需求的一种系统性金融服务模式。农业产业链上下游企业之间相互依存、交易活跃,同一层级的不同企业之间相似性非常高,金融机构可以根据特征制定标准化、综合性金融服务方案,实施批量化处理以节约经营成本。该模式必须以良好的信用环境为基础,依托在整个产业链中具有一定的市场地位和话语权的核心企业,主要为本村或邻村从事同一产业或关联产业的农户提供金融服务。

产业链金融的主要运作模式包括"农业企业+农户+金融机构""农业企业+专业合作社+农户+金融机构""农业企业+农业协会+农户+金融机构""农业企业+农业园区(基地)+农户+金融机构"等。以"专业合作社+农户+农业企业+金融机构"的产业链融资模式为例,其运行过程和机制为:首先由本村农户申请加入农民专业合作社,并交纳股金成立由合作社和农户共同持股的资金互助部,合作社将部分股金作为保证金存入当地农村商业银行,农村商业银行按照比例放大授信额度。这个过程中,还可以邀请第三方担保机构提供贷款担保,第三方担保机构可以与合作社签订回购协议规避市场风险,或通过与农户签订反担保协议规避信用风险。合作社借助内部交易信息数据库对社员进行信用评级,并根据信用评级结果确定入股农户的最高贷款金额。农业生产开始后,由合作社为农户提供关键性的生产资料和各种技术服务;当社员出现资金困难时可以向合作社申请贷款,可以按照"以产定贷"的方式提出资金互助申请,由合作社管理人员、互助资金部工作人员和社员代表组成的资金使用评议小组审查决定,具体发放额度参照社员信用等级,以现金、实物折抵两种方式记入社员账户。当资金互助部信用合作资金不足时,合作社可以出具担保函帮助社员申请银行贷款。农产品收获后,由合作社统一销售并取得销售收入,扣除农户贷款本息以后将剩余的资金支付给农户,贷款本息由合作社统一偿还给金融机构,对确实有困难的社员给予一定的延展期。每年年底,合作社先从盈余中提取一定比例的风险准备金,剩下盈余对社员按股分红。

以湖南省沅陵县凉水井镇王家岭养鸡专业合作社为例,其运行机制和操作步骤如图9-5所示。湖南省沅陵县凉水井镇王家岭养鸡专业合作社于2014年成立资金互助部,共吸收入股资金400万元,其中合作社占股60.0%,社员占股40.0%。合作社将部分股金作为保证金存入当地农村商业银行,农村商业银行按照1:10的比例放大授信额度,当信用合作资金不够内部借贷时,社员按照"以产定贷"的方式提出申请,资金使用评议小组审查通过后向银行出具担保函,贷款到期后由合作社负责统一偿还。合作社借助内部交易信息数据库对社员进行信用评级,一级信用户最高贷款额为10万元,二级信用户最高贷款额为5万元,三级信用户最高贷款额为2万元。合作社、农户、政府按照4:3:3的比例承担保费购买农业保险,为互助资金建立风险保障。当社员出现资金困难时可以向合作社申请贷款,合作社互助资金部实行"以产定贷"的互助方式,按照蛋鸡养殖户社员10元/只鸡、蔬菜种植户社员5 000元/亩的标准提出资金互助申请,具体发放额度参照社员信用等级,由合作社管理人员、互助资金部工作人员和社员代表组成的资金使用评议小组审查决定,以现金、实物折抵两种方式记入社员账户。为了保证互助资金的安全,合作社对每个社员的单次贷款金额、期限、年利率等都做了严格的规定。互助金到期后,由合作社从统一销售社员生产的蛋鸡、肉鸡、蔬菜的货款中直接抵扣并统一还款,对确实有困难的社员给予一定的延展期。每年年底,合作社先从盈余中提取20%的风险准备金,剩下盈余对社员按股分红。沅陵县这种产业链金融模式实质是一种"产业依托、社员合作、结构稳定、资金互助"的"产业合作+信用合作"融资模式,有效地解决了农户融资难和银行信贷资金安全问题,实现了合作社、农户和银行的多方共赢。

产业链融资模式实质是一种"产业依托、社员合作、结构稳定、资金互助"的"产业合作+信用合作"融资模式,可以充分发挥产业链上核心主体的"发展极"作用,实现合作社、农户和银行的多方共赢。一方面将核心组织的信用引入上下游企业的授信服务,既增加了上下游企业的融资可获得性,也降低了其与金融机构的交易成本;另一方面有助于金融机构实施批量化、标准化、综合性金融服务,并利用所收集的及时准确的规范化信息设计信贷产品,从而保证资金安全并节约经营成本。

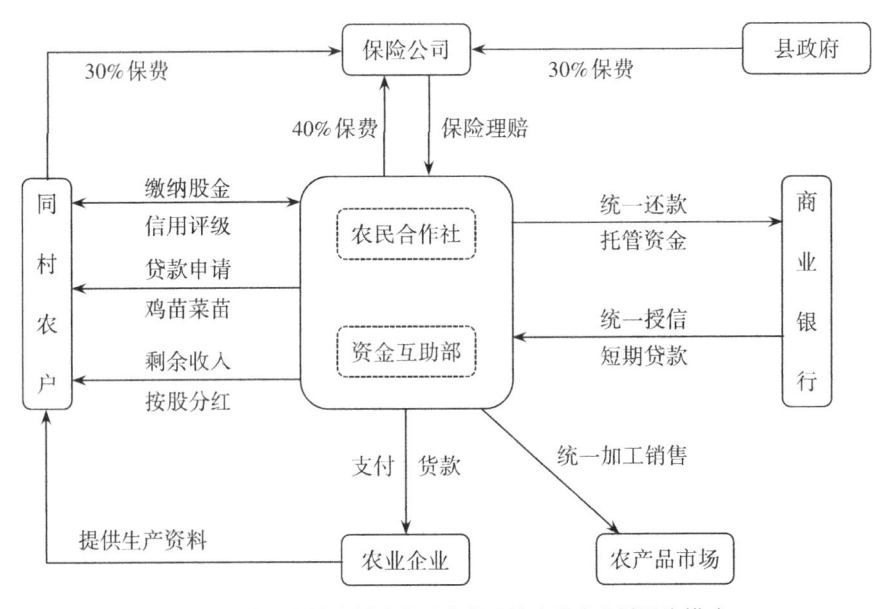

图9-5 金融支持农村产业融合发展的农业产业链融资模式

9.2.4 政策性产业发展基金模式

农村产业融合发展是以农业为基础的产业渗透和升级,对促进农村经济增长和农民增收等多个方面都具有显著的作用,即农村产业融合发展具有明显的正外部性,而且农村产业融合发展当前处于起步探索阶段,因此需要政府的引导和大力支持。财政资金是政府支持农村产业融合发展的最有效手段,但仅靠政府财政资金难以满足农村产业融合发展巨大的资金需求,急需金融资本和社会资本的参与和补充以拓宽经营主体的直接融资渠道。借鉴国内外的实践经验,建立以政府财政资金或政策性银行为主导,以商业金融资本和社会资本为补充的政策性农村产业融合发展基金,是当前金融支持农村产业融合发展的重要模式之一,为金融资本和社会资本参与支持农村产业融合发展提供了切入口。

由政府财政或政策性银行主导,吸引商业性金融资本和社会资本参与(发展基金也可以由财政或政策性银行全部出资),共同成立政策性农村产业融合发展基金,以股权投资、低息长期贷款等形式直接为家庭农场、专业大户、农民专业合作社、龙头企业等农村产业融合发展从业主体提供资金支持,促进农产品加工业、休闲观光农业、农产品电子商务、农产品仓储物流等新兴产业业态的快速发展,进而促进农村一二三产业融合发展。政策性发展基金在为农村产业融合发展从业主体提供资金支持的同时,可以获得股权分红、利息收入,实现自身的保值增值和可持续发展。鉴于农村产业的弱质性和农村产业融合发展处于初期的现状,股权分红率和贷款利率都需要维持在较低水平,降低农村产业融合发展主体的融资成本。政策性发展基金获利以后,少部分的利润作为回报归财政或政策性银行所有,大部分利润让渡给商业金融资本和社会资本,保护商业资本和社会资金的正常利益,增强商业资本和社会资本参与积极性。

由财政部联合中国农业发展银行、中国信达资产管理股份有限公司和中国中信集团有限公司共同出资成立的中国农业产业发展基金,其运行机制如图9-6所示。2012年12月,由国务院批复,财政部联合中国农业发展银行、中国信达资产管理股份有限公司和中国中信集团有限公司,每家单位出资10亿元发起成立了中国农业产业发展基金,总规模40亿元,存续期15年。中国农业产业发展基金通过与中国农业银行、中国建设银行、交通银行和中国光大银行等多家金融机构签订战略合作协议,以投贷结合的方式撬动约700亿的信贷资金,发挥了财政"引子"资金"四两拨千斤"的效应,引导社会金融资本向农村农业领域流动,投资农业产业化龙头企业、重点农村服务业企业等农村产业融合发展从业主体,有效地扩宽了农村产业融合发展从业主体的融资渠道。中国农业产业发展基金自成立以来,总体运营顺利,首年便实现盈利,截至2013年年底已投资9个项目,总投资额为14.470亿元,2013年和2014年分别实现净利润0.092亿元和0.388亿元,国有资本保值增值率为100.1%和102.4%,基金净资产2014年年末已达到40.500亿元,初步实现了可持续发展目标。中国农业产业发展基金严格把控项目遴选,筛选比例近60:1,主要投资农业产业化龙头企业,项目涉及农业种植、养殖、农产品加工、农资和农机等五大门类。这种模式充分发挥了政府"有形的手"的作用,将资金投向和产业发展战略有机结合,有效地克服了利润导向和风险规避背景下商业性金融支持农村农业不足的问题,以政府的公益性和公共性弥补了市场失灵,有效地提高了农村产业融合发展从业主体的资金可得性。

政策性产业发展基金模式带有政府背景色彩,充分发挥了政府"有形的手"的作用,将资金投向和产业发展战略有机结合,有效地克服了利润导向和风险规避背景下商业性金融支持农村农业不足的问题,以政府的公益性和公共性弥补了市场失灵,有效提高了农村产业融合发展从业主体的资金可得性,既可以增强农村产业融合发展的可持续发展和抗风险能力,又能增强金融资本和社会资本的参与意愿和积极性,从而形成良性循环。

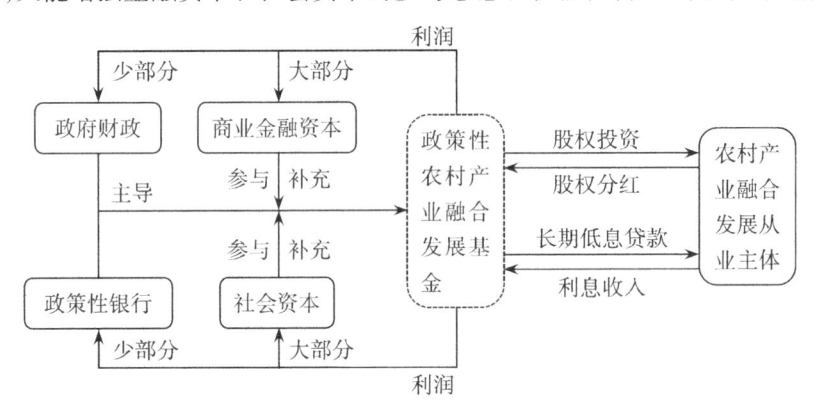

图9-6 金融支持农村产业融合发展的政策性产业发展基金模式

9.2.5 互联网金融模式

农村产业融合发展的本质就是要拓展农业生产经营的范围和格局,将传统的种粮养猪卖产品扩展到卖服务、卖体验、卖感受、提供新媒体、新业态,把传统意义上"傻大黑粗"的大路货式农产品销售转变为讲故事、讲理念、讲情怀的农产品生产销售全过程,让城市消费者更加了解农业,更加向往农村,更加信任农民。在"互联网+"背景下,随着物联网和互联网的迅速发展和广泛使用,国内很多优秀的互联网企业纷纷把农村作为未来发展的重点,农产品电商、农产品微商等多种新兴业态迅猛发展,为互联网金融支持农村产业融合发展提供了新通道和切入口。互联网金融使投资理财变得更加便捷,使融资贷款变得更加高效,现代金融将随之进入"自金融""微金融""全民金融"的新时代。在农村产业融合发展进程中,互联网金融可以有效地放大城市居民对农村农业农民的了解和信任,从而有助于集聚城市消费者的力量,为农村产业融合发展形成独特而有力的支撑。

农村产业融合发展的互联网金融模式是以互联网平台为基本依托,城市消费者通过P2P、股权众筹、商品众筹等方式为农村一二三产业融合发展从业主体提供资金支持,获得分红或商品及服务。互联网金融支持农村产业融合发展的具体形式包括天使投资、私募股权投资、消费者"私人订制"、会员预付费认购、社区支持农业等。农村产业融合发展从业主体通过互联网电商平台(淘宝、京东、拼多多、美团等)、众筹平台、自有网站、微店、微博、微信、QQ等渠道发布融资需求,并详细准确地说明利率回报或商品服务等具体回报方式。有意投资的社会群体通过互联网借出或投入资金,并按照约定方式收回本息或得到相应的商品与服务。如果农村产业融合主体的信用水平较高,社会声誉好,而且贷款人或投资人对从业主体非常了解和信任,那么双方可以选择不需要担保,采用完全信用形式;如果是新的从业主体,社会知名度不高,借款人或投资人不太了解的情况下,可以由第三方机构提供担保从而控制风险。

以苏宁大闸蟹众筹为例,互联网金融模式的具体运行机制,如图9-7所示。苏宁金融大力发展农业众筹,提供农业众筹平台连接上游农民和下游消费者,打破传统农产品产销模式,创新双向惠民模式。通过农业众筹,一方面解决了农户的资金难题,同时保障了农户的产品销售,帮助农民增收。另一方面,消费者可以通过众筹平台获得质量上乘、价格合适的新鲜农产品。2015年秋季上线的阳澄湖大闸蟹众筹项目,168元可以购买到228元阳澄湖大闸蟹礼盒套装。截至2019年3月,苏宁众筹阳澄湖大闸蟹项目已有1万多人参与,筹集资金超过600万元,完成率2215%,远超预期目标。

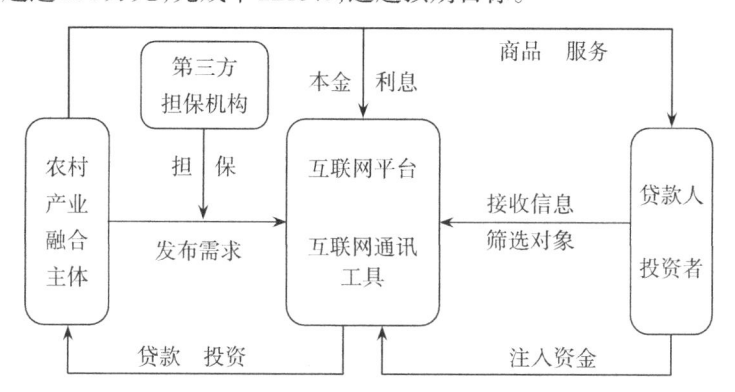

图9-7 金融支持农村产业融合发展的互联网金融模式

互联网金融模式实质顺应了当前"互联网+"深入推进的宏观背景,通过互联网作用的有效发挥,将信任变为信用,将"粉丝"变为投资人或合伙人,资金需求方和供给方直接对接,是一种新型的直接融资模式,在降低农村产业融合发展从业主体融资成本的同时还提高了其信贷可得性。与此同时,互联网金融模式为社会公众的闲散资金开辟了支持实体经济、促进农村发展、实现保值增值的渠道,能有效释放社会公众资金的活力。当然,在实施互联网金融支持农村产业融合发展的过程中,农村产业融合主体信用评级体系不健全,配套的法律和政策制度不完善,在运行过程中要注意守住底线,远离非法吸收存款和非法集资。

9.3 金融支持农村产业融合发展的配套机制设计

完善的配套机制是农村产业融合发展的金融服务路径优化和模式创新的必备条件。基于农村产业融合发展与金融服务的现状与问题,并借鉴国内外先进经验,本研究认为金融支持农村产业融合发展的过程中需要建立和完善配套的服务帮扶机制、激励约束机制和动态监测机制。

9.3.1 服务帮扶机制

目前,农村产业融合发展尚处于试点初期,相关的政策和制度文件都还处于完善过程中,金融机构对农村产业融合发展的支持也处于探索阶段。因此,要加大金融对农村产业融合发展的支持,优化金融服务路径,提高金融服务效率,必须建立相关的服务帮扶机制,为各类从业主体提供强有力的针对性服务。促进农村产业融合发展的服务帮扶机制主要包括结对帮扶、公共服务、土地流转、农产品营销等几个方面,具体如图9-8所示。

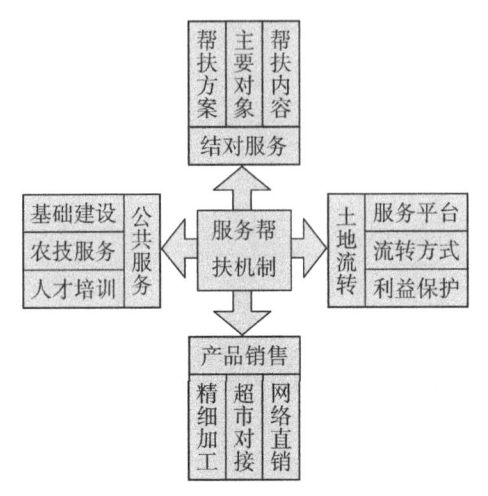

图9-8 金融支持农村产业融合发展的服务帮扶机制

一是建立农村产业融合发展服务帮扶机制的首要任务是开展结对帮扶活动。结合农村经济社会外部环境、各地区地形地貌等外部自然条件,以及农村产业融合发展现状和各试点乡镇地区人力、物力、财力的基本情况,探索开展"县级主管部门+乡镇领导干部+农技人员+产业融合发展产业主体""政府部门+金融机构+社会组织+产业融合发展从业主体"等多种帮扶方案,对农业协会、农民专业合作社、龙头企业等重要的从业主体实施"一对一"帮扶,指导重点从业主体开展项目谋划、营销包装、品牌建设、技术更新等经营活动,提高从业主体的自身发展能力和农户带动能力。

二是要重点抓社会化公共服务,建立完善的公共服务体系。建立健全"三位一体"的基层农业公共服务体系,推广农业生产经营全程社会化服务。加快完善农村地区道路、水利、环保、医疗、运输、仓储等基础设施建设,为农村产业融合发展营造良好和谐的外部社会环境。增加农村科技特派员数量,强化科技特派员的考核制度,提升科技特派员服务质量;实施农业生产技术促进工程,开展免费的农业技术专题讲座,政府财政出资邀请农技专家下田手把手指导,鼓励农技专家义务帮扶指导。依托市农业科学研究院、相关农业院校及农业培训机构等平台,采取"请进来""送出去"相结合的方式,加大农村产业融合发展主体的生产技能、经营理念、管理方法、风险防控技术培训,培养有思想、懂技术、善管理、会合作的新型职业农民或新型农业经营主体。鼓励和支持大中专毕业生下乡就业创业,外出务工"能人"返乡创业就业。

三是要健全既有利于农村产业融合发展产业主体又能保护相关主体合法利益的土地流转机制。在农村产业融合发展过程中,土地流转是一种常见的、必要的活动,健全的土地流转机制对促进农村产业融合发展至关重要。需要根据当地实际情况,打造土地流转专业化服务平台或成立专业的土地流转服务机构,在转包、出租、互换、入股等方式的基础上创新出更多样化的流转方式,从而有利于从业主体通过流转土地扩大生产经营规模,实现规模经济效益。同时,要保护土地转出者的合法利益,要建立从业主体之间紧密的利益联结机制,防止少数下乡创业的城市资本中途"跑路"。

四是扩宽农村产业融合发展从业主体的产品销售渠道。随着农村产业融合发展主体生产经营规模的不断扩大,农产品销售问题也随之而来。因此帮助建立多元化的产品销售渠道对农村产业融合发展产业主体至关重要。鼓励新型农业生产经营主体延伸产业链,从事农产品粗加工和精细加工,自己生产的农产品直接由自己加工,或者鼓励新型农业经营主体与现有的农产品加工业合作,形成一对一的联结,新型农业经营主体之间将农产品销售给合作的加工业或委托加工业专门负责农产品精深加工,鼓励从事蔬菜、水果等种植的新型农业经营主体与超市、合作社、龙头企业等建立"农业企业+合作社+新型农业经营主体""新型农业经营主体+超市"的利益联结模式,推广"订单管理"模式。鼓励新型农业经营主体组团参加大型农产品交易会、西部博览会,拓展销售平台。加快农村网络建设,引导电子商务进农家,鼓励新型农业经营主体在淘宝、京东等互联网平台上开网店或微店,从事农产品网上直销。

9.3.2 激励约束机制

构建合理的激励约束机制,有助于加强不同类型金融机构的专业分工,并充分调动金融机构支持农村产业融合发展的积极性,同时对相关行为和事件进行合理的约束,保障金融支持农村产业融合发展合法有序。一般情况下,激励约束机制的实质是激励约束主体、客体、目标、制度、手段以及金融支持农村产业融合发展过程中激励约束主体与客体之间相互作用的过程和方式的总和,又可以细分为激励机制和约束机制。

在市场经济条件下,激励机制有别于行政命令机制,激励手段的结果是激励主体事先可以预料到的,而行政命令手段的结果具有不确定性。当然,约束机制也有别于行政处罚或经济制裁,行政处罚或经济制裁是当不良行为和事件出现以后对行为或事件的发生者实施惩罚,而约束机制更多的是要预防和控制不良行为或事件的发展,是事先预警行为。在金融支持农村产业融合发展的过程中,尤其是农村产业融合发展探索初期,有效的激励机制和约束机制至关重要。金融支持农村产业融合发展的激励机制和约束机制,主要由激励原则和激励手段、约束方式和约束对象等内容构成,具体如图9-9所示。

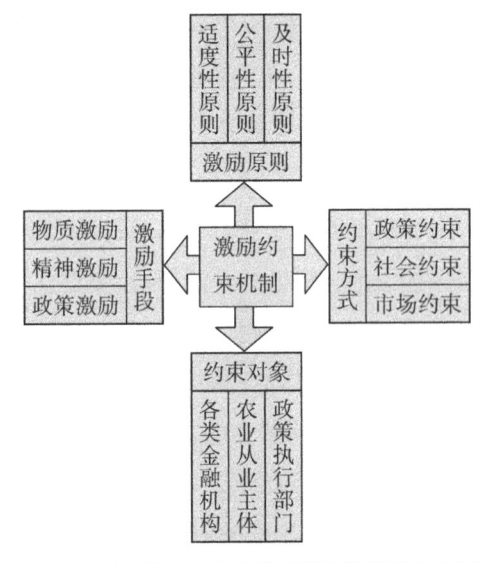

图9-9 金融支持农村产业融合发展的激励约束机制

金融支持农村产业融合发展的激励机制主要包括激励原则和激励手段两个核心内容。一般来讲,激励原则主要包括适度性原则、公平性原则和及时性原则。适度性原则是指根据目标本身的大小确定激励的强度,既不能过大也不能太小。激励强度过大会导致金融机构、从业人员等激励客体产生过激行为甚至非法行为,适得其反;若激励强度太小,又不能提高各客体的积极性,不能得到理想的激励效果。公平性原则是指对各类激励客体在进行奖励时必须公平公正,如对同一地区相同行业的不同主体实施相当的激励内容,既不能只照顾大型企业,忽视小型企业和私营企业,又不能只顾"关系型"企业,忽视非关系型企业。当然,在遵循公平性原则的过程中并非绝对相同而无任何差异,反而应当大同小异,适度差异。及时性原则是指激励主体在做出激励承诺或颁布激励政策以后,当激励对象完成相应的任务或达到相应的目标时,激励主体应及时主动按照约定实施激励手段。激励手段主要包括物质激励、精神激励和政策激励。物质激励主要是指激励主体为激励客体提供物质资料补贴、费用补贴、物质奖励、各种奖金、利息贴息、税收减免等,以提高金融机构参与支持农村产业融合发展的积极性和各类农业生产经营主体的生产积极性。精神奖励的实质就是充分利用客体的情感而实施的一种非物质性激励手段,是指激励主体在所有客体中挖掘典型、塑造先进,并广为宣传和颁发荣誉证书、赋予先进企业、优秀个人等各类荣誉称号,号召其他客体向先进单位和个人观摩、交流和学习。政策激励主要是通过颁布各种优惠政策来激励客体。比如:农村产业融合发展从业主体在金融机构办理业务时享受VIP待遇不排队取号,达到某个条件的从业主体可以享受无抵押无担保的信用贷款,农村产业融合发展从业主体的合格产品享受政府"兜底"的销售政策,等等。在具体的实践过程中应配合使用物质激励、精神激励和政策激励以及其他激励手段,充分调动金融组织、社会群体、新型农业生产经营主体等各类激励客体的积极性和能动性。

在实施激励机制的同时,必须配有约束机制。金融支持农村产业融合发展的约束机制主要包括约束方式和约束对象两部分核心内容。实施约束机制的主要目的是保证金融支持农村产业融合发展过程中的各类行为合规合法。主要约束对象包括各类金融机构、农村产业融合发展从业主体、政策执行部门或个人等相关群体。约束方式包括政府约束、社会约束和市场约束。政府对金融支持农村产业融合发展的实践过程实施约束主要通过行政手段、法律手段和经济手段对各类活动、行为进行监管。行政手段是指政府部门通过行政机构采取带强制性的行政命令、指示、规定等措施来调节和管理金融机构和农业生产经营主体的行为;法律手段是指政府依靠各种法律法规等制度性文件,包括从国家宪法到银行法、证券法、保险法、信托法、公司法、税法、会计法等来规范各类主体的生产经营活动;经济手段是指政府利用财政、税收等手段来调控各类从业主体的经营活动,以实现既定的目标。社会约束是政府约束的补充,指社会力量出于维护社会稳定和对自身利益的密切关注,以及在购买各类产品与服务和对相关企业信誉、作风和实力的评价基础上,对农村产业融合发展从业主体施加直接的、间接的、有形的、无形的约束。市场约束是在市场经济条件下,建立严格合理的市场进退制度和完善的企业信息披露制度,减少政府的过多干预,严格遵循"优胜劣汰"的基本市场规律,保证市场的合理合法竞争,推动经济社会效益好、竞争力强、市场前景好的农村产业融合发展从业主体快速发展。

9.3.3 动态监测机制

健全的动态监测机制对金融支持农村产业融合发展具有重要的战略意义,它不仅可以了解金融支持农村产业融合发展的现状以及农村产业融合发展进程,还可以将金融支持农村产业融合发展过程中的新问题以及支持效果及时反馈给政策决策部门,辅助决策部门根据问题及效果实施动态化调整,从而促进金融支持与农村产业融合协调发展。金融支持农村产业融合发展的动态监测机制包括多方面的内容,如监测目的、监测方式、监测内容、监测制度等,具体的动态监测机制如图9-10所示。

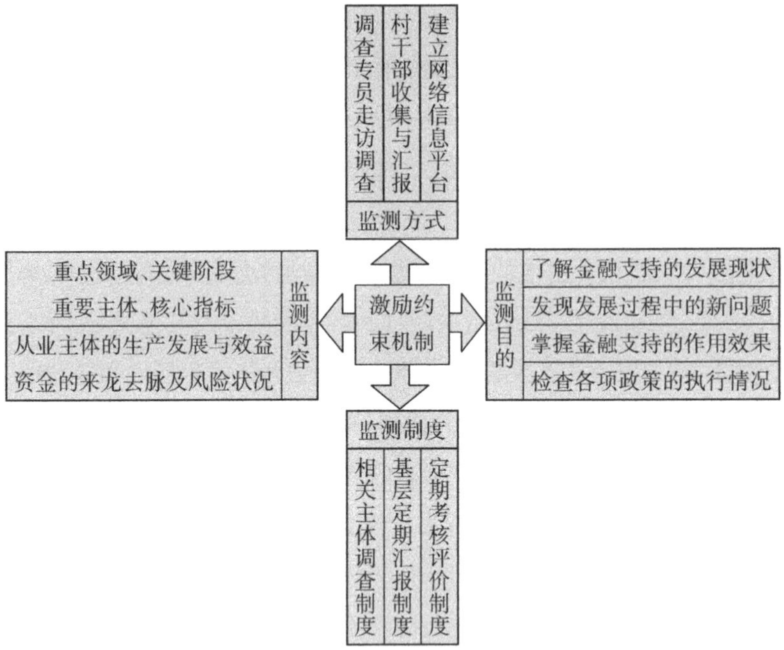

图9-10　金融支持农村产业融合发展的动态监测机制

核心监测目的包括四个方面:及时了解金融支持农村产业融合发展的现状,发现金融支持农村产业融合发展过程中的各种新问题,掌握金融支持农村产业融合发展的作用效果,检查各种政策的执行情况。

主要监测内容包括:由于农村产业融合发展涉及的领域和主体都非常多,而且每个主体都具有不同的发展阶段,不可能面面俱到,因此在实际监测过程中一定要明确所需要监测的重点领域、关键阶段、重要主体和核心指标。因此,金融支持农村产业融合发展过程中的动态监测内容主要包括:负责区域内农村产业融合发展主体数量、主要的生产经营范围、动态发展变化及经济社会效益、农村产业融合发展主体的金融需求及相应的金融供给,农村产业融合发展主体资金使用状况、还款能力及资金风险状况。

主要监测方式包括三种:一是成立专业的调查小组和调查专员,每个调查专员负责一个或几个乡镇,调查专员根据上级安排到各自负责的区域走访调查;二是建立村干部收集信息和汇报制度,要求每个乡镇和村的基层干部及时收集本区域内的农村产业融合发展现状和问题,并及时向上级主管部门汇报;三是在有条件的乡镇,建立专业网络信息平台,由农村产业融合发展主体独立按时在专有网络系统上填报基本资料、各种需求、政策建议、经验教训等。

基本监测制度包括:一是要制定农村产业融合发展主体与金融机构的基本情况调查

制度,要求调查专员和村干部以"周记"的形式记录辖区内农村产业融合发展主体的发展状况及金融支持状况;二是要制定定期汇报制度,要求调查专员和村干部定期及时向上级主管部门汇报调查报告和各类信息、数据,以及工作开展过程中的困难等,并由县级及乡镇主管部门帮助解决困难,保障调查工作的顺利开展;三是制定定期考核制度和评价体系,根据考核结果对工作认真负责、踏实肯干的调查专员和村干部给予一定的物质和精神奖励。

9.4 本章小结

在金融资源总量有限且整体处于抑制状态的农业农村领域,要提高金融支持农村产业融合发展的服务效率必须不断优化金融服务路径、创新金融服务模式并设计相应的配套机制。本章节主要结合当前中国农业农村发展的现实情况提出了农村产业融合发展的金融服务路径优化和金融服务模式创新,以及配套机制。

关于农村产业融合发展的金融服务路径,本研究认为金融支持农村产业融合发展需要把握核心、突出重点、瞄准对象和管控阶段。首先,金融服务农村产业融合发展需要把握好核心领域,一是乡村产业发展领域,包括农业产业化经营示范、农产品加工业、休闲观光农业、农业农村电子商务和农产品仓储物流业;二是农业农村基础设施建设领域,包括区域大型农田水利、农村交通设施、农村义务教育、农村卫生、农村文化基础设施等纯公益性基础设施,农村电力、饮水安全、农村燃气、新型能源、大型农产品批发市场、零售市场摊位等准公益性基础设施,温室大棚、农田改造、滴灌系统、办公用房、农业设施用房、农业大型专用设施、农业机器设备等私益性基础设施。其次,金融服务农村产业融合发展必须突出重点区域,主要包括农业产业化示范基地、产粮大县、休闲农业和乡村旅游示范县、一村一品示范乡镇和农村产业融合发展试点示范区。再次,金融服务农村产业融合发展需要瞄准重要主体,包括家庭农场、农民专业合作社、省级龙头企业、农产品加工业经营主体、返乡创业农民、经营型农户。最后,金融服务农村产业融合发展需要管控好关键阶段,在农村产业融合发展试点期以"输血"形式加大对从业主体的资金支持从而增强其发展能力,在农村产业融合发展成长期,金融机构应提供特色专业化金融服务以增强从业主体"造血"功能,在农村产业融合发展成熟期,金融支持应鼓励从业主体"供血"从而增强其带动能力。

在金融支持农村产业融合发展的服务模式创新方面,一是可以借鉴广东佛山市三水区农林牧渔局联合三水信用社、人保财险三水支公司发展起来的政银保多位一体模式;二是以安徽金寨县全军乡剑毫茶叶专业合作社的"股金+合作资金"信用合作、金寨县农发委与金寨徽银村镇银行创新开发"股金+银行资金"信用合作、湖南省沅陵县产业信用协会互助融资担保等为典型的合作社内部信用合作模式;三是以湖南沅陵县凉水井镇为王家岭养鸡专业合作社创新探索出的"专业合作社+农户+农业企业+金融机构"的产业链融资模式;四是由财政部联合中国农业发展银行、中国信达资产管理股份有限公司和中国中信集团有限公司共同出资成立的中国农业产业发展基金模式;五是以互联网平台为基本依托的互联网金融模式。

在配套机制方面,本研究认为金融支持农村产业融合发展需要建立和完善配套的服务帮扶机制、激励约束机制和动态监测机制。其中,服务帮扶机制主要涉及结对服务、公共服务、土地流转、产品销售等方面,激励约束机制主要是完善激励原则和激励手段、约束方式和约束对象,动态监测机制主要包括监测目的、监测方式、监测内容、监测制度。

第10章 农村产业融合发展与金融服务创新的政策建议

政策研究是本项目的价值归宿。金融支持农村产业融合发展,仅仅依靠服务路径优化和服务模式创新远远不够,还需要构建完善的配套政策框架予以协同。本章节将从完善配套政策为农村产业融合发展保驾护航、营造有利于农村产业融合发展的外部环境和公共服务、多措并举多力合作提升农村产业融合的发展水平、加快金融服务创新与市场体系完善以满足多元化需求、加强各类项目资金的流向监管以提高资金精准性、加快构建多部门协同服务机制提高金融服务效率等几个方面提出农村产业融合发展与金融服务创新的政策建议。

10.1 加快完善配套政策为农村产业融合发展保驾护航

第一,创新管理体制,加强部门协作与分工。推进农村产业融合发展涉及多个部门和机构,需要从宏观上加强统筹协调和规划引导,打破部门分割和行业垄断,为农村产业融合发展创造良好的制度环境。一是借鉴日本、韩国等国家的经验,由农业农村部牵头成立农村产业融合发展推进委员会,专门负责农村产业融合发展的规划编制、政策制定、信息沟通、区域协调和监督指导,以及试点示范区创建、评估和验收等工作,充分发挥政府的宏观调控、引导和支持作用,形成多部门有效协作机制。二是强化相关部门的职责分工。在相互协作的基础上,充分发挥各职能部门的优势,细化实化国家发展改革委、财政部、农业农村部、工业和信息化部、商务部、科技部等多个相关部门的职能分工,并明确相应的责任和义务,防止实践中存在缺位和叠加现象,提高效率。同时,要加强对试点省、示范区、先导区等试点示范区发展规划的指导,协助做好经验总结和及时纠偏。

第二,加快完善农村产业融合发展的土地制度。土地约束是限制农村产业融合发展的主要瓶颈。一是要加大对农村产业融合发展建设用地的政策倾斜。在GDP"锦标赛"中,各地方政府往往优先满足对当地经济发展贡献大的工商业项目用地,导致农业相关产业发展的建设用地严重不足。为了顺利推进农村产业融合发展,各地方政府可以对农产品产地初加工、农产品产地批发市场、农产品电商、农产品仓储物流、乡村旅游等项目的建设用地实施计划指标单列。同时在农村集体经济组织同意和不改变土地性质的前提下允许新型农业经营主体依法使用农村废弃用地、闲置宅基地等农村集体建设用地和四荒地来发展农村产业融合发展项目。对试点示范园区和重大项目可以开辟绿色通道,优先满足建设用地需求。二是支持和引导土地有序流转。坚持依法、自愿、有偿等基本原则,鼓励农民采取转包、转租、转让、互换、抵押等多种形式流转土地承包经营权。加快创新土地流转方式,培育农村土地流转中介服务组织,完善农村土地承包经营权流转市场,健全流转价格的市场形成机制,建立健全土地流转纠纷调解仲裁体系,落实耕地质量保护监督检查制度,努力解决好农民土地流转后的住房、就业、养老等民生问题。三是适当提高设施农用地规模。加快完善设施农用地管理办法,将农产品仓储物流、农产品产销、休闲农业等项目纳入农业设施用地范畴,根据不同类型从业主体的特征合理确定其农业生产设施和附属设施用地标准,切实保障农村产业融合主体的合理用地需求。

第三,完善农村专项人才政策。推进农村产业融合发展的关键是人才,有人的地方才有活力,因此需要加快完善农村专业人才的引进机制和农村外出劳动力的回流机制,加快实现乡村人才振兴。设立专项基金建立复合型人才定向培养机制,建立由政府组织、农业部门主导、农科教结合、社会广泛参与的农民教育培训网络系统,实施农民培训工程,鼓励农林院校和科研院所开设跨领域、懂技术、善经营、会管理的复合型人才培养专业和相关课程。采取产教结合,鼓励农林院校在农村产业融合发展试点示范区建立教学和实训基地。建立健全农村创业就业的政策保障体系,吸引农林院校大学毕业生、退伍军人、城市资本家等主体下乡,吸引外出农民工中的能人、非公司制企业主等主体返乡,并主动对接农村产业融合发展项目;同时加快整合财政、农业、教育等各类农业教育专项资金,为专业大户、家庭农场、农民合作社的负责人、龙头企业管理者、农民企业家、农村个体经营户开展农业生产技术、专业技能、经营管理理念的培训教育,努力打造一支懂农业、爱农村、善经营、会管理的职业农民队伍,提高农村人力资本水平。完善新型职业农民教育培训体系,鼓励各地开展网络化、开放式新型职业农民教育和技能培训,举办新型职业农民技能比赛,培养覆盖农村农业经济各行各业的、具有一定专业技能的实用型科技骨干农民队伍。

第四，强化农业科技创新政策，灵活运用多种手段激励农业科技创新。科技是第一生产力，农业农村发展尤其是现代农业发展离不开科学技术的广泛使用。一方面是要不断提升农业科技创新能力。加大农业科研经费投入，确保每年财政用于农业科技投入的增幅明显高于经常性财政收入的增长幅度，建立和完善以"三农"科技发展投入为主、与各地区经济发展水平相适应的科技投入稳定增长机制，灵活运用财政手段激励农业科技创新；建立人才培育和创业支持基金，鼓励参与产业融合发展的科技人员参加各种培训与交流，加大经费支持他们领办或参与农村产业融合发展项目研发，对做出重大创新成果者给予重奖。完善农业科技特派员制度，强化对基层科技人员的辅导和帮扶，鼓励和支持科技人员到新型农业经营主体任职、兼职或担任技术顾问。二是要加快农业科技创新成果转化。加强知识产权保护，支持农村产业融合发展过程中的新技术新品牌申请专利，加快农村知识产权交易平台建设，完善知识产权入股参股的相关制度；强化农村知识产权保护和监督执法，完善农村维权援助机制，加大对农村侵权行为的惩罚力度。建立农业科技创新成果转化专项基金，完善农业科技成果推广应用政策，加快推进互联网技术、物联网技术、新能源技术、新材料技术等在农村产业融合发展领域的应用。改革农业科技成果转化收益分配机制，适当提高科技人员在成果转化收入分配中的比例，增强其研发积极性。

10.2 营造良好环境增加服务供给助力产业融合发展

良好的外部环境和完善的公共服务是推进农村产业融合发展的必要条件。因此，加快推进农村产业融合发展，需要努力营造有利于农村产业融合的外部环境和公共服务，为农村产业融合发展奠定基础。

第一，全力推进农村新型城镇化和农业工业化进程，为实施农村产业融合发展创造条件。持续推进包容性新型城镇化，促进城乡产业的均衡化合理化发展，推动地区特色产业和支柱产业的快速发展；促进城乡要素的自由流动、高效配置，加快要素价格的市场化形成，充分发挥市场的调节配置功能；促进城乡居民的充分互动友好往来，推动城乡消费市场的一体化发展，增强城镇居民下乡的体验感和满意度。强化"工业反哺农业、城市带动农村"战略，建立农村工业产业园区，引导城镇农产品加工企业向农村转移或办分厂，支持家庭农场和农民专业合作社开办农产品加工企业，推进农村地区尤其是偏远乡镇的农业工业化进程，将更多的农业增值收益留在农村留给农民。

第二，加快农村基础设施建设和公共服务供给。鉴于农村基础建设和公共服务的强外部性,以财政资金为主导,加快乡村道路的新修、扩建、硬化,努力实现公路入村入户,为农业生产资料运输、农产品销售、城镇居民下乡、农村居民入城提供便利,充分发挥交通对农村产业融合发展的带动作用。加快推进产粮大县高标准农田建设,支持符合条件的新型经营主体开展中低产田改造、土地整治、原料生产基地等项目建设,继续推进现代灌区、农田水利设施和节水灌溉设施建设。改善涉农仓储、保鲜、烘干等设施条件,加强各类农产品加工园区基础设施建设,在农产品集中产区改扩建一批集散功能强、辐射范围广的农产品产地批发市场。加强农村自来水、垃圾回收站、污水处理池、网络通信基站、便民服务网点、精神文明活动广场等基础设施建设和公共服务供给,改善农村人居环境,增强农村生活的幸福指数。根据休闲农业和乡村旅游发展需要,建设交通导引牌、乡村停车场,强化休闲农业集聚区周边环境整治。支持农村电网改造升级,提高农村电力保障能力,实施农村绿化亮化工程,率先实现水电气等进村入户;推进山水林田湖综合治理,加快推进农村垃圾污水处理设施和标准公厕建设,采取政府购买服务、引导村民缴费等方式,切实解决乡村保洁运营经费,改善农村医疗卫生和文化娱乐设施,配套建设游客服务设施和土特产商店。

第三,完善农村环保政策,促进绿色农业发展。围绕农村产业融合发展,促进生产、生活、生态"三生"一体化协同发展。建立健全现代农业标准化认证体系,加大对发展循环农业、绿色农业、有机农业的支持力度,加快推进测土配方施肥技术的推广和使用,鼓励农民使用有机肥、农家肥,提高有机肥使用比例;加强农药使用管制,对高毒农药实行实名制和定点购买,支持企业研发生产并补贴农民使用低毒、低残的高效农药。针对农村产业融合发展项目特征和实际情况,制定完善有效的环保标准,强化规划环评和项目环评的联动机制,允许将循环农业产业链的上、中、下游产业关联项目实行联合环评,提高环评审批效率。落地落实农村环境污染防控政策,加强对农产品加工垃圾处理、洗涤烘干、污水处理等相关环节的污染控制,加强耕地重金属污染治理、农业面源污染综合防治、农村生产生活垃圾处理等方面的政策支持力度,提高农村环境污染防控和治理水平。全面实行农作物秸秆、畜禽粪便等农业废弃物综合利用按量补助,推动农业向无害化、减量化、资源化方向发展。

第四,强化政府财政对金融机构的引导、支持和鼓励,为金融机构支持农村产业融合发展营造良好环境。由农业部门联合金融部门、社会机构认定农村产业融合发展主体,建立从业主体名录并实施分类管理,明确需要金融机构重点支持的主体名单。鼓励建设创新型互联网平台、互联网支付机构、网络借贷平台、股权众筹融资平台,在工商登记、增值电信业务经营许可、民间借贷登记、资质认定、知识产权保护、人才引进、财政支持引导等方面予以政策支持,并进行适度监管。加大奖励补助力度,完善涉农贷款财政奖励制度,落实县域金融机构涉农贷款增量奖励政策,完善农村金融机构定向费用补贴政策和税收优惠政策,降低农户和新型农业经营主体的融资成本;延续并完善支持农村金融发展的计提贷款损失准备金等有关税收政策,降低金融机构支持农村一二三产业融合发展贷款成本。采取分层次、差异化监管模式,适度放宽对金融机构支持涉农贷款的监管要求,在风险可控的前提下,提高对农村三次产业融合发展的贷款不良率的容忍度,优化绩效考核机制,推行尽职免责制度,调动金融机构投放农村一二三产业融合发展贷款的积极性。

10.3 多措并举、多力合作提升农村产业融合发展水平

农村产业融合发展目前尚处于探索试点初期,面临着资金短缺、认知不足、理解不深、瞻前顾后等多重问题,多措并举、多力合作为农村产业融合发展创造条件营造环境。

第一,加快建立对从业主体的引导机制和激励机制,构建支持政策和从业主体经营效益的共享机制。加强政府领导,建立健全"一村一品"和"一镇一业"的协调机制和推进机制,引导各村各镇结合当地实际有序开展计划工作。加大财政支农投入力度,将农业综合开发资金、脱贫攻坚资金等各类财政支农资金向农村产业融合发展项目倾斜,建立健全农村三产融合的财政投入保障机制,重点支持符合条件的、带动能力强的家庭农场和农民专业合作社。对于当地政府和老百姓高度认可的融合主体,及时把它们的成功做法总结提炼,加强宣传推介和培训推广,发挥正向的典型示范作用,同时成立专门针对农村产业融合发展的产业扶持基金和风险补偿基金,加大从业主体财政资金补贴力度和补贴范围,支持和引导更多的新型农业经营主体向这些方面发展。积极探索建立国家支持政策的共享机制,将补贴资金量化给农民后以入股方式参与农业产业化经营,让农民成为股东获得一二三产业融合发展的更多收益。培育和发展农业产业化联合体,以龙头企业为核心、农民合作社为纽带、家庭农场和专业大户为基础,双方、多方或全体协商达成契约约定,形成更加紧密和更加稳定的新型农业组织联盟,共享农村产业融合发展的增值效益。做细做实农村土地承包经营权确权颁证工作,稳妥推进积极发展农民股份合作赋予农民对集体资产股份权能改革试点,建设以县域为主、多种形式的交易市场,建立抵押物处置机制及农村产权抵押贷款风险补偿基金。搞好特色产业的基础设施建设,兴建特色产业园区和特色产业基地,鼓励农村乡镇企业和产业入驻产业园,培育产业集群。充分发挥产业组织政策、产业结构政策、产业技术政策和产业布局政策等的协同作用,优化区域产业结构,为特

色产业群的形成创造有效竞争的条件和环境,着力塑造特色产业的竞争优势,为特色产业注入新鲜科学技术,引导特色产业向"高、精、尖"发展。

第二,创新农村产业融合发展模式,促进不同模式之间的优势互补、有机共生和协同发展。要坚定不移按照农业市场化、信息化、品牌化的新要求,利用城市的市场优势、技术优势、信息优势和人才优势,有效解决市场主体培育不充分、市场配置资源能力不强等问题,不断满足人民日益增长的美好生活需要。要把握实施乡村振兴战略对现代农业提出的新要求,坚持农业农村优先发展,坚持改革创新。以农牧结合、农林结合、农渔结合、循环发展为导向,形成农业内部紧密协作、循环发展的复合型农业生产方式,促进农业内部各产业之间的交叉融合,从而拓展农业增值空间。以生产、加工、销售为关键环节,以区域特色产业和支柱产业为核心,大力发展"产—加—销—储"一体化模式、"农—旅—文—历"融合模式等多种全产业链融合发展模式,不断延伸农业产业链和提升农业价值链。坚持农业的基础地位,不断拓展农业功能,推进农业与旅游、教育、文化、康养等产业的深度融合,培育休闲农业、旅游农业、文化农业、创意农业等新型业态,打造一批农业精品工程、特色乡镇和农业强镇。大力推进互联网、物联网、云计算、大数据、人工智能、数字信息等现代技术在农业农村的集成应用,加快农村产业转型升级和农村新业态、新模式的成长,实现农业高质量发展。

第三,始终坚持"基在农业、惠在农村、利在农民"的基本原则,以农民合理分享农业增值收益和持续增进农民福祉为核心,建立健全利益联结机制,形成利益共享、互利互惠、包容互促的利益共同体。按照"公司+基地+农户"方式,加快发展订单农业。引导农业龙头企业依法自愿与新型农业经营主体签订农用生产资料购买、农产品购销合同,鼓励新型农业经营主体与农产品电商平台发展"互联网+订单农业"模式,支持新型农业经营主体探索实施农产品消费会员、预购、订购等模式。支持农民以劳动力、土地、林地、资金等入股农民合作社,鼓励科研机构、高等院校、工商企业以资金、知识、技术、品牌入股新型农业经营主体,创新发展多形式、多领域的股份合作。支持各类新型农业经营主体建立稳定的技术资本服务协作机制,企业根据生产需要向农民提供资金扶持、技术指导,农民按合同向企业提供优质农产品原料。要充分发挥新农民新技术创业创新的引领作用,制定好落实政策的"施工图",切实改善市场环境,加快农业科技创新和培育新农民队伍,为现代农业发展提供新动能。

10.4 加快金融创新和市场体系完善以满足多元化需求

农村产业融合发展产业复合、主体多元,需要全方面多层次的金融产品和金融服务。金融产品和金融服务供需结构失衡、直接融资渠道狭窄、直接融资占比过小、农业保险市场不完善等是农村产业融合发展从业主体融资难、融资贵、融资慢的主要原因。因此,创新与农村产业融合发展主体金融需求特征相适应的多元化金融产品和服务,加快农村资本市场和保险市场建设,拓宽从业主体直接融资渠道,提高农村金融风险保障水平,是金融支持农村产业融合发展的基础和条件。

第一,加快农村金融机构的信贷产品创新。首先,设计多种期限结构的信贷产品,满足不同融资需求。政策性金融机构在强化政策性功能定位、安排政策性支农资金的同时,在年度总资金中确定一定比例用于设立专门的中长期低息贷款,重点支持农村水利、道路、农田改造、批发市场、商品集散中心等大型基础设施建设项目;采用税收优惠等方式鼓励商业银行根据大中型从业主体生产经营特征提供1年期、2年期、3年期、5年期等多种不同期限的信用贷款;采用财政补贴等方式鼓励农村合作性金融为中小型从业主体提供三个月期、半年期的周转资金贷款。其次,根据产业融合发展从业主体的特征开发设计新型贷款产品。开发设计农村承包土地经营权抵押贷款、农民住房财产权抵押贷款、集体经营性建设用地使用权抵押贷款、农村电商经营贷款、原料收购贷款、休闲农业经营户贷款、土地流转收益保证贷款、应收账款质押贷款、农民工返乡创业贷款、农户联保小额贷款、大学生农村创业贷款、农村社团家庭财产担保贷款、龙头企业担保贷款、农村小微企业联保贷款、商品融资贷款、农村企业固定资产抵押贷款、农机器抵押贷款等多种贷款形式。当然,在开发创新各种金融信贷产品的过程中,要注意尽可能减少农村产业融合发展主体的信贷手续和流程,降低从业主体融资成本。最后,针对农村产业融合发展过程的产业链延伸,以供应链核心企业为中心,捆绑上下游中小企业、农户和消费者,发挥供应链的联合增信功能,探索开发"公司+合作社+家庭农场+银行+政府+科技""农业协会+农户""农业龙头企业+农户""农业生产园区+农民合作社""农民专合组织+农户""特色产业+经营农户"等多种新型贷款模式。

第二,加快农村金融机构金融服务创新,提高金融服务覆盖范围。鼓励和支持各类金融机构建立专业针对农村产业融合发展领域的业务部,设置绿色通道并配置经过特殊培训的专业人员。大型银行利用机构和网点优势,按照战略事业部模式建立农村产业融合发展小微专业支行或小微业务部,专门负责相关业务的深度开发,独立核算、独立审批、独立授信。支持中小型银行优化网点渠道建设,下沉服务重心,强化农村社区零售金融服务，在新型农村社区或居民集中居住区开展"惠民兴村"工程，布设ATM、POS、EPOS等自动终端服务设施，为农民提供查询、转账、汇款、小额提现、网上缴费等基础金融服务，将金融服务延伸到乡镇村社。积极开展财务制度服务、金融管理服务、贷款手续办理、财务规划制定、产业链整体包装服务、融资计划设计等多项金融咨询和经营辅导服务。加大网络小额贷款、P2P网络借贷、股权众筹对农村一二三产业融合发展的支持力度，将主营农产品电子商务从业主体的电子信用"变现"，增加贷款投放。运用互联网、云计算、大数据等新技术创设网络终端普惠金融服务，开发专门针对农村产业融合发展从业主体的电子银行、网络银行、手机银行等信息化服务；开设农村产业融合发展绿色通道，发行与农村产业融合发展相应的信用卡，提供跨地域电话支付结算、视频转账等新型服务，促进金融科技与农村金融规范发展。

第三，完善农村资本市场建设，提高从业主体直接融资比重。加速农村产权制度改革，促进农村土地、房屋、山林等农村资产通过出租、抵押、合作或者入股等方式实现农村资产资本化或证券化。注重发挥股票市场、股权投资、发行债券等融资方式的作用，支持成熟的、符合条件的农业龙头企业通过兼并、重组、收购、控股等方式组建大型企业集团，鼓励和支持符合条件的从事农村一二三产业融合发展的合作社和龙头企业上市融资、吸引风险投资、发行企业债券和私募债券，扩宽农村产业融合发展从业主体的直接融资渠道，形成直接融资与间接融资的配合补充。鼓励和支持推广农业产业链金融模式、农村互联网金融模式、农村数字普惠金融模式等新型金融服务业态，扩宽新型农业经营主体融资渠道。成立农村产业融合发展专项基金，重点支持特殊产业、特殊领域、特殊区域的从业主体。借鉴供水、交通等领域的经验，在农业产业化经营、农产品加工业、休闲农业等涉及的基础设施建设环节开展PPP实践，强化社会资本的参与和支持。完善拓宽融资租赁范围，将农村一二三产业融合发展需要的工厂化农业生产设施、农产品加工仓储冷链运输设施设备、餐饮住宿设施设备、直销门店等纳入融资租赁范围。积极探索发展大宗农产品期货市场，不断创新农产品期货种类，发展商品期权、商品指数，完善市场品种结构，丰富产业链上中下游品种组合，鼓励农业龙头企业等从业主体利用农产品期货市场实现套期保值。

第四，完善农业保险体系，扩大农业保险覆盖面。加大农业保险推广宣传，对购买农业保险的农民和农业企业直接给予财政补贴，支持农民和农业企业参与农业保险。完善农业保险的相关法律法规体系，通过采用对商业保险公司涉农保险收入免税、减税、补贴等多种方式鼓励保险公司开展涉农保险；鼓励更多保险公司开展涉农保险，建立健全农业再保险体系，逐步建立以财政支持为主导的农业再保险、巨灾基金、巨灾风险证券化等风险转移分散机制。通过研发投入支持和鼓励保险公司开发适合农村产业融合发展特点和实际需求的保险产品,扩大价格保险、产量保险、收入保险、天气指数保险等新型保险产品试点范围,在生猪、玉米、小麦、水稻等品种基础上,继续拓展到其他重要农产品,将农业保险保障水平提高至全面覆盖物化成本,逐步探索覆盖地租成本和劳动力成本。积极推进调控通俗化和服务标准化,在风险可控和法律允许范围内适当简化涉农保险流程,降低保险公司经营成本和从业主体的投保理赔成本。积极推动农业保险公司转变发展方式,加强保险公司从业人员职业素质技能培训,提高保险服务质量。

10.5 加强各类项目资金的流向监管提高资金精准性

在资源总量有限的情况下,提高资金的使用效率和服务精准性对推动农村产业融合发展至关重要。金融支持农村产业融合发展,既要"子弹充足",又要"弹无虚发",因此需要加强项目资金的流向监管、确保金融信贷资金真正用在"刀刃"上以提高项目资金使用效率和精准性。

第一,加快建立农村产业融合发展财政专项资金监管平台。在推进农村产业融合发展过程中,财政部联合农业农村部不断努力向农村产业融合发展主体注入资金,对推动农村产业融合发展从业主体起到了重要的作用。首先是要提高财政专项资金预算管理的科学化、精细化水平,指出不同类型、不同地区从业主体的补贴标准、先后顺序以及相应的条件,明确需要重点照顾的主体类型、关键领域、重要阶段和核心区域,明确资金的使用流程和使用范围。利用"互联网+"技术与理念,高标准打造全省统一的、集"报备备案、公开公示、预警监管、信息共享、政策宣传、统计分析"等多功能为一体的农村产业融合发展财政专项资金监管平台(App)。平台设置多个栏目,将所有的相关政策、惠农补贴信息"晒"在网上,从业主体可以随时随地登录访问平台,精准查询财政补贴资金的使用去向和发放详情。为了预防资金发放和使用过程中的不正之风和潜在的腐败问题,确保专项资金能全额流到从业主体手中,应从源头开始监管资金发放流程,由市相关部门负责人员统一"发货",并电话通知各从业主体提醒"收货",各区县相关人员负责具体的资金"派送",各从业主体"验货"后在平台上点击"确认收货"。如果资金没有在规定的时间内顺利达到相关从业主体手中,系统将自动发出风险预警提醒。系统上设置匿名举报窗口,任何普通农户和从业主体都可以在系统上匿名举报挪用、乱用资金等不正之风和基层官员贪污受贿行为。

第二,加强金融机构涉农贷款的追踪调查和管理。同贷前审查一样,贷后追踪调查和监管也是金融机构预防不良贷款的主要手段。一方面,制定针对农村产业融合发展专项贷款的管理办法,明确责任要求。规范专项贷款资金的监管流程、明确主管部门和业务经理的监管职责、监督检查的方式和程序;明确贷款追踪调查的主要内容、调查报告撰写及上报程序;业务经理及相关管理人员的职责范围、绩效考核办法以及相应的奖惩办法,使专项贷款监督管理工作责任分工明确。另一方面,要加强业务经理和主管人员的业务技能培训,特别是贷后调查的分析判断能力。强化业务经理的职责意识,要求业务经理经常主动与从业主体保持联系,经常到从业主体的生产基地和家中走访考察,了解从业主体发展动态和财务变化情况,评估从业主体的还贷能力,掌握从业主体贷款资金的使用去向,并与贷款合同中的相关栏目进行对比,发现问题及时上报并提出相关解决办法,并协助主管领导处理和催收贷款。

10.6 加快构建多部门协同服务机制提高金融服务效率

农村产业融合发展是一项复杂的系统性工程,需要多个部门的协同支持。目前不同部门之间尚未建立协同服务机制,仍处于各自为营、单打独斗的局面,未形成支持农村产业融合发展的合力,导致服务效率偏低。

第一,建立各类金融机构之间的协同服务机制,充分发挥各自的比较优势。明确政策性金融、商业性金融与合作性金融之间的分工与合作,防止错位、缺位、叠加并存的现象。探索建立"主办行"制度,加强银行业金融机构与证券机构、保险公司、租赁公司等金融同业的合作,通过专项营销推介、联合研发产品,在贷款、上市融资、债券发行等方面为不同发展阶段和水平的从业主体提供更有针对性的全方位便捷式金融服务,降低从业主体金融服务获取成本。加强银行、保险、证券、担保等金融机构的协同服务,支持金融机构联合创新小额贷款保障保险、特色产业信用担保贷款、农业保险保单质押贷款等新模式。积极探索建立涉农信贷与涉农保险的互动机制,商业银行可以将涉农保险投保情况作为授信要素,扩展涉农保险保单质押的范围和品种,保险公司也可为商业银行提供涉农信贷资金保险。

第二,建立健全金融机构与政府部门、社会服务组织之间的协同服务机制。首先,全力保证财政金融政策持续稳定和落地生根,加快形成财政资金优先保障、金融资本重点跟进、社会资本积极参与的多元投入格局,建立农业产业融合发展基金,开设农村产业融合发展中长期专项贷款,将财政资金变"补"为"投"。其次,加强政府与担保公司和信用评级公司的协同服务。建立政府支持的担保机构体系,加大对担保机构的财政税收支持力度,引导各担保机构秉承保本微利经营原则调低融资担保和再担保业务收费标准,为农村产业融合发展从业主体提供有效的贷款担保服务。开展新型农业经营主体信用信息征集评价,推进信用区域创建,加强信息共享与应用,建立守信激励和失信惩戒相结合的长效机制。再次,要加强银行类金融机构与信用评级机构、抵押物评估交易处置机构等部门之间的协同服务、风险共担、收益共享机制,在风险可控和法律允许范围内简化服务流程和手续,不断扩宽农业经营主体有效抵押物范围,解决新型农业经营主体融资难、融资贵、融资慢等问题。最后,要加强金融机构与科技部门的合作。在农业现代化和农村产业融合发展过程中,科技发挥着不可替代的作用。在全社会营造"尊重知识、尊重人才、重视农业、重视科技"的氛围,金融机构开设农业科技绿色通道,为农业科技公司提供中长期低息贷款和一些免费的财务咨询、融资计划等金融服务,为从事农业基础研究和农业科技攻关研究的科技人员提供低息信用贷款,简化对农业科技公司和科技人员的金融业务流程,为他们节约时间和金钱,使得农业科技人员可以将更多的时间和精力投入到农业科技研发事业上。

参考文献

[1] 白雪秋,聂志红,黄俊立,等.乡村振兴与中国特色城乡融合发展[M].北京:国家行政学院出版社,2018.

[2] 蔡海龙.农业产业化经营组织形式及其创新路径[J].中国农村经济,2013(11):4-11.

[3] 蔡洁,刘斐,夏显力.农村产业融合、非农就业与农户增收——基于六盘山的微观实证[J].干旱区资源与环境,2020,34(2):73-79.

[4] 陈朝阳.深化农业产业化经营组织创新的政策分析——基于供给侧结构性改革视角[J].福建师范大学学报(哲学社会科学版),2017(5):1-9.

[5] 陈池波,贾澎,张攀峰.农业产业化水平与农村金融供给的关系研究——以河南省为例[J].东北师大学报(哲学社会科学版),2011(2):26-28.

[6] 陈东平,钱卓林.资本累积不必然引起农村资金互助社使命漂移——以江苏省滨海县为例[J].农业经济问题,2015(3):40-46.

[7] 陈放.乡村振兴进程中农村金融体制改革面临的问题与制度构建[J].探索,2018(3):163-169.

[8] 陈国生.湖南省农村一二三产业融合发展水平测定及提升路径研究[J].湖南社会科学,2019(6):79-85.

[9] 陈胜伟,冯叶.基于熵值法和TOPSIS法的农村三产融合发展综合评价研究——以山东省为例[J].东岳论丛,2020,41(5):78-86.

[10] 陈学云,程长明.乡村振兴战略的三产融合路径:逻辑必然与实证判定[J].农业经济问题,2018(11):91-100.

[11] 陈相云.社会工作与乡村振兴:实践困境、价值亲和与专业突围[J].理论月刊,2018(4):151-156.

[12]陈秧分,王国刚,孙炜琳.乡村振兴战略中的农业地位与农业发展[J].农业经济问题,2018(1):20-26.

[13]陈野华.西方货币金融学说的新发展[M].成都:西南财经大学出版社,2001.

[14]陈岱孙,商德文.近现代货币与金融理论研究——主要流派理论比较[M].北京:商务印书馆,1997.

[15]陈英华,杨学成.农村产业融合与美丽乡村建设的耦合机制研究[J].中州学刊,2017(8):35-39.

[16]程莉,孔芳霞.长江上游地区农村产业融合发展水平测度及影响因素[J].统计与信息论坛,2020,35(1):101-111.

[17]程郁.日本发展"六次产业"的主要做法与启示[J].中国产业经济动态,2015(18):13-18.

[18]崔艳娟,刘旸.我国包容性金融发展水平评价研究——基于我国省际数据的分析[J].大连理工大学学报(社会科学版),2017,38(2):66-70.

[19]崔鲜花.韩国农村产业融合发展研究[D].长春:吉林大学,2019.

[20]崔鲜花,朴英爱.韩国农村产业融合发展模式、动力及其对中国的镜鉴[J].当代经济研究,2019(11):85-93.

[21]方行明,李象涵.农业企业规模扩张与金融成长创新——基于雏鹰公司产业化模式的调查[J].中国农村经济,2011(12):35-43.

[22]范香梅,张晓云,辛兵海.中国金融包容性发展与收入公平分配的因果关系研究[J].当代经济研究,2015(9):60-68.

[23]冯海发.推动乡村振兴应把握好的几个关系[J].农业经济问题,2018(5):4-7.

[24]冯伟,石汝娟,夏虹,等.农村一二三产业融合发展评价指标体系研究[J].湖北农业科学,2016,55(21):5697-5701.

[25]冯兴元,孙同全,韦鸿.乡村振兴战略背景下农村金融改革与发展的理论和实践逻辑[J].社会科学战线,2019(2):54-64.

[26]傅巧灵,赵睿,杨泽云.京津冀地区普惠金融发展水平测度与比较研究——基于13个城市的测算[J].经济纵横,2019(4):111-120.

[27]葛新权,和龙.促进我国农村产业融合发展的政策取向[J].经济纵横,2017(5):80-85.

[28]关浩杰.农村产业融合发展综合评价指标体系如何构建[J].人民论坛,2016(20):52-54.

[29]国家发展改革委宏观院和农经司课题组.推进我国农村一二三产业融合发展问题研究[J].经济研究参考,2016(4):3-28.

[30]郭佳莲.农村金融支持乡村振兴战略的路径选择:基于全国11家省级农信的案例[J].西南金融,2019(8):54-62.

[31]顾宁,张甜.普惠金融发展与农村减贫:门槛、空间溢出与渠道效应[J].农业技术经济,2019(10):74-91.

[32]韩晓莹.演进式视角下农村产业融合发展的中国式探索[J].商业经济研究,2017(5):189-192.

[33]何广文,何婧.农村金融转型发展及乡村振兴金融服务创新研究[J].农村金融研究,2018(12):14-18.

[34]何广文,刘甜.乡村振兴背景下农户创业的金融支持研究[J].改革,2019(9):73-82.

[35]何海鹰,赵俐佳.中国农村金融包容性评价体系研究[J].海南金融,2015(3):76-78.

[36]何宏庆.数字金融助推乡村产业融合发展:优势、困境与进路[J].西北农林科技大学学报(社会科学版),2020,20(3):118-125.

[37]何劲,祁春节.家庭农场产业链:延伸模式、形成机理及制度效率[J].经济体制改革,2018(2):78-84

[38]何欣,朱可涵.农户信息水平、精英俘获与农村低保瞄准[J].经济研究,2019,54(12):150-164.

[39]胡冬生,余秀江,王宣喻.农业产业化路径选择:农地入股流转、发展股份合作经济——以广东梅州长教村为例[J].中国农村观察,2010(3):47-59

[40]胡锦娟.包容性金融发展与产业升级关系研究[J].财会月刊,2016(33):79-83.

[41]胡联,汪三贵.我国建档立卡面临精英俘获的挑战吗?[J].管理世界,2017(1):89-98.

[42]黄红球.农业产业化经营评价指标体系设置及评价方法研究——基于广东省的证据[J].农业技术经济,2013(7):110-117

[43]黄祖辉、林本喜.基于资源利用效率的现代农业评价体系研究——兼论浙江高效生态现代农业评价指标构建[J].农业经济问题,2009(11):20-27

[44]黄祖辉.在促进一二三产业融合发展中增加农民收益[J].上海供销合作经济,2015(5):22-24.

[45]胡海,庄天慧.共生理论视域下农村产业融合发展:共生机制、现实困境与推进策略[J].农业经济问题,2020(8):68-76.

[46]蒋辉,张康洁,张怀英,等.我国三次产业融合发展的时空分异特征[J].经济地理,2017,37(7):105-113.

[47]蒋例利,王定祥,苏婉茹.财政金融服务与新型农业经营体系构建的协同性研究[J].重庆大学学报(社会科学版),2018(1):34-45.

[48]蒋远胜,徐光顺.乡村振兴战略下的中国农村金融改革——制度变迁、现实需求与未来方向[J].西南民族大学学报(人文社科版),2019,40(8):47-56.

[49]姜长云.十八大以来党中央关于农村产业融合思想的形成发展及创新价值[J].全球化,2017(12):25-33.

[50]姜长云.推进农村一二三产业融合发展的路径和着力点[J].中州学刊,2016(5):43-49.

[51]姜长云.农业产业化龙头企业在促进农村产业融合中的作用[J].农业经济与管理,2017(2):5-10.

[52]姜长云.实施乡村振兴战略需努力规避几种倾向[J].农业经济问题,2018(1):8-13.

[53]蒋永穆,高杰.我国农业产业化经营组织的形成路径及动因分析[J].探索,2012(3):105-109

[54]蒋一卉.农村产业融合评价指标体系及应用——以北京市为例[J].经济界,2017(2):83-90.

[55]江泽林.农村一二三产业融合发展再探索[J].农业经济问题,2021(6):8-18.

[56]焦瑾璞,黄亭亭,汪天都,等.中国普惠金融发展进程及实证研究[J].上海金融,2015(4):12-22..

[57]雷德雨,张孝德.美国、日本农村金融支持农业现代化的经验和启示[J].农村金融研究,2016(5):50-54.

[58]李莉,景普秋.农村网络式产业融合动力机制研究——基于城乡互动的视角[J].农业经济问题,2019(8):129-138.

[59]李建军,卢盼盼.中国居民金融服务包容性测度与空间差异[J].经济地理,2016(3):118-124.

[60]李姣媛,覃诚,方向明.农村一二三产业融合:农户参与及其增收效应研究[J].江西财经大学学报,2020(5):103-116.

[61]李明贤,刘宸璠.农村一二三产业融合利益联结机制带动农民增收研究——以农民专业合作社带动型产业融合为例[J].湖南社会科学,2019(3):106-113.

[62]李乾,芦千文,王玉斌.农村一二三产业融合发展与农民增收的互动机制研究[J].经济体制改革,2018(4):96-101.

[63]厉无畏,王振.中国产业发展前沿问题[M].上海:上海人民出版社,2003.

[64]李伟.农业产业化对农业碳排放绩效的影响效应分析——以河北省为例[J].世界农业,2017(6):53-59.

[65]李晓龙,陆远权.农村产业融合发展的减贫效应及非线性特征——基于面板分位数模型的实证分析[J].统计与信息论坛,2019(12):67-74.

[66]李晓龙,冉光和.农村产业融合发展的创业效应研究——基于省际异质性的实证检验[J].统计与信息论坛,2019(3):86-93.

[67]李晓龙,冉光和.农村产业融合发展如何影响城乡收入差距——基于农村经济增长与城镇化的双重视角[J].农业技术经济,2019(8):17-28.

[68]李芸,陈俊红,陈慈.北京市农业产业融合评价指数研究[J].农业现代化研究,2017(2):204-211.

[69]李芸,陈俊红,陈慈.农业产业融合评价指标体系研究及对北京市的应用[J].科技管理研究,2017(4):55-63.

[70]李云新,戴紫芸,丁士军.农村一二三产业融合的农户增收效应研究——基于对345个农户调查的PSM分析[J].华中农业大学学报(社会科学版),2017(4):37-44.

[71]李治,王东阳.交易成本视角下农村一二三产业融合发展问题研究[J].中州学刊,2017(9):54-59.

[72]林春,康宽,孙英杰.中国普惠金融的区域差异与极化趋势:2005—2016[J].国际金融研究,2019(8):3-13.

[73]林春,孙英杰.中国城市普惠金融发展的空间特征及影响因素分析——基于272个地级及以上城市面板数据[J].西南民族大学学报(人文社会科学版),2019(6):129-138.

[74]林峰,罗晓楠,王征征,等.乡村振兴战略规划与实施[M].中国农业出版社,2018.

[75]林乐芬,法宁.新型农业经营主体融资难的深层原因及化解路径[J].南京社会科学,2015(7):150-156.

[76]刘畅,高杰.基于共生理论的中国农业产业化经营组织演进[J].农村经济,2016(6):45-50

[77]刘刚.互联网供应链金融助力乡村振兴战略研究[J].理论探讨,2019(6):118-123.

[78]刘国斌,王丽娜.日韩农村产业融合发展的经验及启示[J].哈尔滨商业大学学报(社会科学版),2016(6):46-52.

[79]刘海洋.农村一二三产业融合发展的案例研究[J].经济纵横,2016(10):88-91.

[80]刘海洋.乡村产业振兴路径:优化升级与三产融合[J].经济纵横,2018(11):111-116.

[81]刘合光.激活参与主体积极性,大力实施乡村振兴战略[J].农业经济问题,2018(1):14-20.

[82]刘克春.欠发达地区农业产业化创业环境与创业绩效研究——以江西省为例[J].江西农业大学学报(社会科学版),2009(4):48-52

[83]刘晓东,陈江.乡村振兴视阈下农村金融供给改革与制度创新[J].西南金融,2020(1):54-61.

[84]刘彦随.中国新时代城乡融合与乡村振兴[J].地理学报,2018(4):637-650.

[85]刘亦文,丁李平,李毅,等.中国普惠金融发展水平测度与经济增长效应[J].中国软科学,2018(3):36-46.

[86]刘宇鹏,赵慧峰.农业产业化机制创新提高农民收入的实证分析——以坝上地区为例[J].中国农业资源与区划,2016(1):73-79.

[87]陆凤芝,黄永兴,徐鹏.中国普惠金融的省域差异及影响因素[J].金融经济学研究,2017(1):111-120.

[88]卢千文,姜长云.关于推进农村一二三产业融合发展的分析与思考——基于对湖北省宜昌市的调查[J].江淮论坛,2016(1):12-16.

[89]罗富民,朱建军.农业产业化发展的金融支持研究——理论阐释与个案分析[J].农业经济,2007(2):55-56

[90]吕勇斌,肖凡.县域金融包容的测度及其反贫困效应的空间分析[J].中南财经政法大学学报,2018(5):105-113.

[91]马健.产业融合理论研究评述[J].经济学动态,2002(5):78-81.

[92]马晓河.推进农村一二三产业深度融合发展[J].中国合作经济,2015(2):43-44.

[93]马晓河.推进农村一二三产业融合发展的几点思考[J].农业经营管理,2016(3):28-29.

[94]马彧菲,杜朝运.普惠金融指数测度及减贫效应研究[J].经济与管理研究,2017(5):45-53.

[95]欧阳胜.贫困地区农村一二三产业融合发展模式研究——基于武陵山片区的案例分析[J].贵州社会科学,2017(10):156-161.

[96]彭建刚,徐轩.农业产业化与普惠金融的耦合关系及协调发展——以湖南省为例[J].财经理论与实践,2019(5):19-26.

[97]齐成喜,陈柳钦.农业产业化经营的金融支持体系研究[J].农业经济问题,2005(8):43-46.

[98]齐文浩,朱琳,杨美琪.乡村振兴战略背景下农村产业融合的农户增收效应研究[J].吉林大学社会科学学报,2021(4):105-113.

[99]齐文浩,李佳俊,曹建民,滕超.农村产业融合提高农户收入的机理与路径研究——基于农村异质性的新视角[J].农业技术经济,2021(8):105-118.

[100]邵娴.农业供应链金融模式创新——以马王堆蔬菜批发大市场为例[J].农业经济问题,2013(8):62-68.

[101]任碧云,张彤进.包容性金融发展与个人职业选择及收入变动:理论与经验研究[J].金融经济学研究,2015(5):16-28.

[102]沈丽,张好圆,李文君.中国普惠金融的区域差异及分布动态演进[J].数量经济技术经济研究,2019(7):62-80.

[103]谭燕芝,彭千芮.普惠金融发展与贫困减缓:直接影响与空间溢出效应[J].当代财经,2018(3):56-67.

[104]唐超,胡宜挺.农村产业融合收入效应分析——来自北京市的经验数据[J].新疆农垦经济,2016(11):12-19.

[105]田聪华,韩笑,苗红萍,等.新疆农村一二三产业融合发展综合评价指标体系构建及应用[J].新疆农业科学,2019(3):580-588.

[106]田杰.新型农村金融机构、资金外流与乡村振兴[J].财经科学,2020(1):29-41.

[107]万宝瑞.我国农业三产融合沿革及其现实意义[J].农业经济问题,2019(8):4-8.

[108]万伦来,马娇娇,朱湖根.中国农业产业化经营组织模式与龙头企业技术效率——来自安徽农业综合开发产业化经营龙头企业的经验证据[J].中国农村经济,2010(10):27-35

[109]王波,郑联盛.绿色金融支持乡村振兴的机制路径研究[J].技术经济与管理研究,2019(11):84-88.

[110]王丹玉,王山,潘桂媚,等.农村产业融合视域下美丽乡村建设困境分析[J].西北农林科技大学学报(社会科学版),2017(2):152-160.

[111]王刚,黄丽华,高阳.基于方法集的农业产业化综合评价模型[J].系统工程理论与实践,2009(4):161-168.

[112]王健,张正河.空间布局应依据资源禀赋和发展水平[J].农业工程技术,2015(29):27.

[113]王婧,胡国晖.中国普惠金融的发展评价及影响因素分析[J].金融论坛,2013(6):31-36.

[114]王乐君,寇广增.促进农村一二三产业融合发展的若干思考[J].农业经济问题,2017(6):82-88.

[115]王丽纳,李玉山.农村一二三产业融合发展对农民收入的影响及其区域异质性分析[J].改革,2019(12):104-114.

[116]王玲.江苏省农村产业融合水平测度与区域差异分析[J].农业经济,2017(6):21-22.

[117]王蔷,郭晓鸣.新型农业经营主体融资需求研究——基于四川省的问卷分析[J].财经科学,2017(8):118-132.

[118]王谦,董艳玲.中国实体经济发展的地区差异及分布动态演进[J].数量经济技术经济研究,2018(5):77-94.

[119]王四春,许雪芳.推进绿色金融助力乡村振兴[J].人民论坛,2020(8):106-107.

[120]王兴国.推进农村一二三产业融合发展的思路与政策研究[J].东岳论丛,2016(2):30-37.

[121]王修华,何梦,关键.金融包容理论与实践研究进展[J].经济学动态,2014(11):115-129.

[122]王修华,陈茜茜.农户金融包容性测度及其影响因素实证分析——基于19省份的问卷调查数据[J].农业技术经济,2016(1):108-117.

[123]汪思冰.苏州互联网金融支持小微企业融资现状及问题探讨[J].商业经济研究,2015(32):144-145.

[124]汪思冰.日本、台湾地区金融支持农村一二三产业融合发展的经验借鉴与启示[J].金融经济,2016(18):58-59.

[125]汪思冰.金融支持农村产业融合发展问题研究——以苏州为例[J].商业经济研究,2017(23):174-176.

[126]汪伟,艾春荣,曹晖.税费改革对农村居民消费的影响研究[J].管理世界,2013(1):89-100.

[127]王修华,赵亚雄.中国金融包容的增长效应与实现机制[J].数量经济技术经济研究,2019(1):42-59.

[128]汪艳涛,高强,苟露峰.农村金融支持是否促进新型农业经营主体培育——理论模型与实证检验[J].金融经济学研究,2014(5):89-99.

[129]文丰安.新时代乡村振兴战略推进之理性审视[J].重庆社会科学,2018(4):16-24.

[130]温涛,董文杰,何茜.财政支农政策促进城乡经济一体化发展的效率评价与路径探析[J].当代经济研究,2018(2):63-72.

[131]温涛,何茜.中国农村金融改革的历史方位与现实选择[J].财经问题研究,2020(5):3-12.

[132]温涛,何茜.新时代中国乡村振兴战略实施的农村人力资本改造研究[J].农村经济,2018(12):100-107.

[133]温涛,朱炯,王小华.中国农贷的"精英俘获"机制:贫困县与非贫困县的分层比较[J].经济研究,2016(2):111-125.

[134]翁舟杰.关系型贷款、市场结构与小额贷款公司使命漂移[J].管理科学学报,2018(4):102-113.

[135]吴本健,罗兴,马九杰.农业价值链融资的演进:贸易信贷与银行信贷的替代、互补与互动[J].农业经济问题,2018(2):78-86.

[136]吴比,张灿强.实施乡村振兴战略对农村金融的需求[J].农村金融研究,2017(12):40-41.

[137]吴迪.农村金融服务与现代农业发展探究[J].经济研究导刊,2012(31):54-57.

[138]吴刘杰.推进农业产业链金融的思考与建议[J].武汉金融,2017(2):72-73.

[139]武翠芳,刘金霞,王向东,等.论转变农村金融发展模式[J].金融理论与实践,2012(5):73-76.

[140]索晓霞.乡村振兴战略下的乡土文化价值再认识[J].贵州社会科学,2018(1):4-10.

[141]夏荣静.推进农村产业融合发展的探讨综述[J].经济研究参考,2016(30):46-53.

[142]肖卫东,杜志雄.农村一二三产业融合:内涵要解、发展现状与未来思路[J].西北农林科技大学学报(社会科学版),2019(6):120-129.

[143]谢家智,王文涛,李尚真.包容性金融发展的产业结构升级效应[J].当代经济研究,2017(3):74-83.

[144]徐维祥,舒季君,唐根年.中国工业化、信息化、城镇化和农业现代化协调发展的时空格局与动态演进[J].经济学动态,2015(1):76-85.

[145]徐宗阳.资本下乡的社会基础——基于华北地区一个公司型农场的经验研究[J].社会学研究,2016(5):63-87.

[146]闫磊,刘震,朱文.农业产业化对农民收入的影响分析[J].农村经济,2016(2):72-76.

[147]杨歌谣,周常春.农村产业融合对农户多维贫困的影响——基于云南省红河州调查实证[J].统计与决策,2021(3):9-15.

[148]杨晶,丁士军.农村产业融合、人力资本与农户收入差距[J].华南农业大学学报(社会科学版),2017(6):1-10.

[149]杨军,张龙耀,马倩倩,等.县域普惠金融发展评价体系研究——基于江苏省52个县域数据[J].农业经济问题,2016(11):24-31.

[150]杨仪青.城乡融合视域下我国实现乡村振兴的路径选择[J].现代经济探讨,2018(6):101-106.

[151]尹朝静.城镇化、工业化对农业全要素生产率增长的影响研究——来自重庆37个县(区)面板数据的证据[J].重庆大学学报(社会科学版),2020(6):58-68.

[152]尹志超,彭嫦燕,里昂安吉拉.中国家庭普惠金融的发展及影响[J].管理世界,2019(2):74-87.

[153]余涛.农村一二三产业融合发展的评价及分析[J].宏观经济研究,2020(11):76-85.

[154]于建嵘.乡村产业振兴要因地制宜[J].人民论坛,2018(17):64-65.

[155]张冰.财政金融服务与民营企业科技创新成果转化研究[D].重庆:重庆大学,2015.

[156]张德勇.论农产品批发市场的公益性——基于公共财政视角[J].中国流通经济,2014(7):11-16.

[157]张贵年.金融支持新型农业经营主体研究——基于乡村振兴战略背景下的视角[J].山西财经大学学报,2018(S2):46-48.

[158]张珩,罗剑朝,郝一帆.农村普惠金融发展水平及影响因素分析——基于陕西省107家农村信用社全机构数据的经验考察[J].中国农村经济,2017(1):2-15.

[159]张红宇.金融支持农村一二三产业融合发展问题研究[J].新金融评论,2015(6):148-160.

[160]张红宇.加快推动中国特色乡村产业振兴[J].中国党政干部论坛,2018(4):32-35.

[161]张红宇等.金融支持农村一二三产业融合发展问题研究[M].北京:中国金融出版社,2016.

[162]张建刚.新时代乡村振兴战略实施路径——产业振兴[J].经济研究参考,2018(13):75-79.

[163]张军.乡村价值定位与乡村振兴[J].中国农村经济,2018(1):2-10.

[164]张莉萍,王鼎.基于农户参与视角的农业产业化经营组织绩效评价及优化研究——以贵州省为例[J].中国农业资源与区划,2016(9):205-209.

[165]张林,冉光和.经营型农户向家庭农场转化的意愿及影响因素研究——基于川渝地区876户农户的调查[J].财贸研究,2016(4):42-51.

[166]张林,冉光和.金融包容性发展的产业结构优化效应及区域异质性[J].经济与管理研究,2018(9):41-52.

[167]张林.金融业态深化、财政政策激励与区域实体经济增长[D].重庆,重庆大学,2016.

[168]张林,罗新雨,王新月.县域农村产业融合发展与农民生活质量——来自重庆市37个区县的经验证据[J].宏观质量研究,2021(2):100-113.

[169]张林,温涛.财政金融服务协同与农村产业融合发展[J].金融经济学研究,2019(5):53-67.

[170]张林,温涛.农村金融发展的现实困境、模式创新与政策协同——基于产业融合视角[J].财经问题研究,2019(2):53-62.

[171]张林,温涛.中国实体经济增长的时空特征与动态演进[J].数量经济技术经济研究,2020(3):47-66.

[172]张林,温涛,刘渊博.农村产业融合发展与农民收入增长:理论机理与实证判定[J].西南大学学报(社会科学版),2020(5):42-56.

[173]张林,张雯卿.普惠金融与农村产业融合发展的耦合协同关系及动态演进[J].财经理论与实践,2021(2):2-11.

[174]张首魁.一二三产业融合发展推动农业供给侧结构性改革路径探讨[J].理论导刊,2016(5):68-71.

[175]张彤进,任碧云.包容性金融发展与劳动收入份额的关系:来自中国的经验证据[J].南开经济研究,2016(3):90-105.

[176]张婷婷,李政.我国农村金融发展对乡村振兴影响的时变效应研究——基于农村经济发展和收入的视角[J].贵州社会科学,2019(10):159-168.

[177]张晓芳.江苏省农业产业化经营的优化路径选择[J].中国农业资源与区划,2016(10):146-150

[178]张晓山.实施乡村振兴战略的几个抓手[J].人民论坛,2017(33):72-74.

[179]张义博.农业现代化视野的产业融合互动及其路径找寻[J].改革,2015(2):98-107.

[180]赵凯,魏珊,毕影.农户加入不同农业产业化经营模式意愿的影响因素分析[J].华中农业大学学报(社会科学版),2013(3):53-58

[181]中国人民银行西宁中心支行课题组.区域包容性金融发展评价指标体系研究——基于青海的实证分析[J].青海金融,2015(2):11-16.

[182]赵磊,方成.中国省际新型城镇化发展水平地区差异及驱动机制[J].数量经济技术经济研究,2019(5):44-64.

[183]赵霞,韩一军,姜楠.农村三产融合:内涵界定、现实意义及驱动因素分析[J].农业经济问题,2017(4):49-57.

[184]钟真,黄斌,李琦.农村产业融合的"内"与"外"——乡村旅游能带动农业社会化服务吗?[J].农业技术经济,2020(4):38-50.

[185]朱桂丽,洪名勇.农村产业融合对欠发达地区农户收入的影响——基于西藏532户青稞种植户的调查[J].干旱区资源与环境,2021(1):14-20.

[186]朱海鹏.供应链金融服务乡村产业振兴的路径研究[J].农业经济,2019(11):117-118.

[187]朱泓宇,李扬,蒋远胜.发展村社型合作金融组织推动乡村振兴[J].农村经济,2018(1):21-27.

[188]朱建华,洪必纲.试论农业产业化与农村金融改革的良性互动[J].财经问题研究,2010(7):122-125

[189]朱文韬,栾敬东.农村产业融合发展的影响因素与路径选择——基于安徽省巢

湖市12乡镇的模糊集定性比较分析[J].云南民族大学学报(哲学社会科学版),2020(5):52-59.

[190]朱信凯,徐星美.一二三产业融合发展的问题与对策研究[J].华中农业大学学报(社会科学版),2017(4):9-12.

[191]周立,李彦岩,王彩虹,等.乡村振兴战略中的产业融合与六次产业发展[J].新疆师范大学学报(哲学社会科学版),2018(3):16-24.

[192]周小川.践行党的群众路线 推进包容性金融发展[J].求是,2013(18):11-14.

[193]ADAMS M,HILLIER D. The Effect of Captive Insurer Formation on Stock Returns: An Empirical Test from the UK [J]. Journal of Banking & Finance,2000,24(11):1787-1807.

[194]ARELLANO M,BOND S. Some Tests of Specification for Panel Data: Monte Carlo Evidence and an Application to Employment Equations [J]. The Review of Economic Studies,1991,58(2):277-297.

[195]AMBARKHANE D,SINGH A S,Venkataramani B,Developing a Comprehensive Financial Inclusion Index [J]. Management and Labour Studies,2016,41(3):216-235.

[196]AWOJOBI O,BEIN M A.,Microfinancing for Poverty Reduction and Economic Development: a Case for Nigeria [J]. International Research Journal of Finance and Economics,2011(72):159~168.

[197]BANERJEE A,DUFLO E,Glennerster R,et al. The Miracle of Microfinance? Evidence from a Randomized Evaluation[J]. American Economics Journal: Applied Economics,2015,7(1):22-53.

[198]BECK T,DEMIRGUC-KUNT A,PERIA M S M. Reaching Out: Access to and Use of Banking Services across Countries [J]. Journal of Financial Economics,2007,85(1):234-266.

[199]BINSWANGER H P,KHANDKER S R,The Impact of Formal Finance on the Rural Economy of India[J]. Journal of Development Studies,1995,32(2):234-262.

[200]BLUNDELL R,BOND S. Initial Conditions and Moment Restrictions in Dynamic Panel Data Model[J]. Journal of Econometrics,1998(87):115-143.

[201]CHAKRAVARTY S R,PAL R. Financial Inclusion in Indian: An Axiomatic Approach [J]. Journal of Policy Modeling,2013(35):813-837.

[202]CHURCHILL S A. The Macroeconomy and Microfinance Outreach: a Panel Data Analysis[J]. Applied Economics,2019,51(21):2266-2274.

[203]O'TOOLE C M, NEWMAN C, HENNESSY T. Financing Constraints and Agricultural Investment: Effects of the Irish Financial Crisis [J]. Journal of Agricultural Economics, 2014, 65(1): 152-176.

[204]CNAAN R A, MOODITHAYA M S, Handy F. Financial Inclusion: Lessons from Rural South India [J]. Journal of Social Policy, 2012, 41(1): 183-205.

[205]DAGUM C. A New Approach to the Decomposition of the Gini Income Inequality Ratio [J]. Empirical Economics, 1997, 22(4): 515-531.

[206]DING H Y, QIN C, SHI K. Who Benefit from Government-led Microfinance Projects? Evidence from Rural China. Journal of Comparative Economics, 2018, 46(4): 1253-1272.

[207]DUONG P B, YOICHI I, Rural Development Finance in Vietnam: A Microeconometric Analysis of Household Surveys[J]. World Development, 2002, 30(2): 319-335.

[208]FEDER G, LAU L J, LIN J Y, et al. The Relationship between Credit and Productivity in Chinese Agriculture: A Microeconomic Model of Disequilibrium [J]. American Journal of Agricultural Economics, 1990, 72(5): 1151-1157.

[209]FUNGACOVA Z, WEILL L. Understanding Financial Inclusion in China [J]. China Economic Review, 2015(34): 196-206.

[210] Galor O, ZEIRA J, Income Distribution and Macroeconomics [J]. The Review of Economic Studies, 1993, 60(1): 35~52.

[211]GREENWOOD J, JOVANOVIC B. Financial Development, Growth, and the Distribution of Income [J]. The Journal of Political Economy, 1990, 98(5): 1076~1107.

[212]GUPTE R, VENKATARMANI B, GUPTA D. Computation of Financial Inclusion Index for India [J]. Social and Behavioral Sciences, 2012(37): 133-149.

[213]GWALANI H, PARKHI S. Financial Inclusion- Building a Success Model in the Indian Context [J]. Procedia-Social and Behavioral Sciences, 2014(133): 372-378.

[214]HENRY O I. Reviving the Debate on Micro Finance as a Poverty Reduction and Development Policy Instrument: Edo State Micro Credit Scheme Revisited [J]. Developing Country Studies, 2015, 5(8): 37-45.

[215] KING R G, LEVINE R. Finance, Entrepreneurship, and Growth-Theory and Evidence [J]. Journal of Monetary Economics, 1993, 32(3): 513-542.

[216]HAWORTH L, BRUNK C, JENNEX D, et al. Sue Arai. A Dual-Perspective Model of

Agroecosystem Health:System Functions and System Goals.[J]. Journal of Agricultural and Environmental Ethics ,1997,10(2):127-152

[217]LEWIS W A. Economic development with unlimited supplies of labour[J]. The Manchester School,1954,22(2):139-191.

[218]LEYSHON A,THRIFT N. The restructuring of the U.K. financial services industry in the 1990s:a reversal of fortune? [J]. Journal of Rural Studies,1993,9(3):223-241.

[219]MATIN I,HULME D,RUTHERFORD S. Finance for the poor:from microcredit to microfinancial services[J]. Journal of International Development,2002,14(2):273-294.

[220]MCKINNON R I. Money and capital in economic development[J]. American Political Science Association,1974,84(334):422-423.

[221]ODEDOKUN M O. Alternative Econometric Approaches for Analysing the Role of the Financial Sector in Economic Growth:Time-series Evidence from LDCs [J]. Journal of Development Economics,1996,50(1):119-146.

[222]ONLTSUKA K,HOSHINO S. Inter-community Networks of Rural Leaders and Key People:Case Study on a Rural Revitalization Program in Kyoto Prefecture,Japan [J]. Journal of Rural Studies,2018,61(7):123-136.

[223]PATRICK H T:Financial Development and Economic Growth in Developing Countries [J]. Economic and Cultural Change,1966,14(2):174 - 189.

[224]RAJAN R G,ZINGALES L. Financial Dependence and Growth [J]. The American Economic Review,1998,88(3):559-586.

[225]SAHAL D. Technological Guideposts and Inovation Avenues. Research Policy[J]. Reserch Policy,1985,14(2):61-82.

[226]SARMA M.Index of Financial Inclusion [R]. Working paper,New Delhi:Indian Council for Research on International Economic Relations,2008.

[227]SCHWITTAY A F. The financial inclusion assemblage:subjects,technics,rationalitie [J]. Critique of anthropology,2011,31(4):381-401.

[228]SILVERMAN B W. Density Estimation for Statistics and Data Analysis [M]. London:Chapman and Hall,1986.

[229]KLOSE S L,OUTLAW J L. Financial and Risk Management Assistance:Decision Support for Agriculture [J]. Journal of Agricultural & Applied Economics,2005, 37 (2): 415-423

[230]STOCK J H,WATSON M W. Introduction to Econometrics[M]. 3rd edition.Boston: Addison Wesley Longman,2011.

[231]TSAI K S. Imperfect Substitutes: The Local Political Economy of Informal Finance and Microfinance in Rural China and India [J]. World Development,2004,32(9):1487-1507.

[232] ZHANG J. Analysis on Development Pathway of Farmer Organization under the Background of Rural Revitalization [J]. Asian Agricultural Research,2018,10(5):18-21.